SHANGHAI MAP

양푸 구

푸동신 구

# 안녕, 상하이

# 안녕, 상하이

**초판 1쇄 인쇄**   2023년 9월 15일
**초판 1쇄 발행**   2023년 9월 25일

**지은이**   한재은

**펴낸이**   주혜숙
**펴낸곳**   역사공간
**등록**   2003년 7월 22일 제6-510호
**주소**   04000 서울특별시 마포구 동교로 19길 52-7 PS빌딩 4층
**전화**   02-725-8806
**팩스**   02-725-8801
**이메일**   jhs8807@hanmail.net

ISBN   979-11-5707-605-5  03910

# 안녕, 상하이

## 상하이의 역사와 문화, 그리고 사람

한재은

역사공간

많은 사람들이 해외로 여행을 갑니다. 여행은 새로운 것과의
만남이면서, 삶의 활력과 변화를 가져오는 계기가 되기도 합니다.

나의 생애 첫 해외 여행지는 중국 상하이였습니다. 중학교
겨울방학 때 상하이에서 3박 4일을 머물렀습니다. 짧은
일정이었고, 또 오랜 시간이 흘렀지만 첫 해외여행이라서 그런지
아직도 그 순간들이 생생하게 기억납니다. 처음으로 익숙한
공간을 벗어나 새로운 공간으로 들어가 본 경험이기 때문입니다.
처음 먹어 보는 음식에 인상을 찌푸리기도 했고, 낯선 풍경에
마냥 신기하기도 했으며, 말이 통하지 않아 답답함을 느껴보기도
했습니다. 여행을 다녀온 뒤, 저는 무척이나 궁금해졌습니다.
상하이에서 맞이하는 다른 계절의 모습들은 어떨까 하고.

그로부터 5년 후, 나는 상하이와 또 인연을 맺게 되었습니다.
12년 동안 상하이에서 공부를 하게 된 것입니다. 낯선 환경에
힘든 일들도 있었지만 지낼수록 상하이라는 도시가 익숙해졌고,
나도 모르게 그곳에 서서히 스며들었습니다. 상하이를 떠날 때가
되자 계속 머물고 싶은 마음에 아쉬움이 컸습니다.

오랜 기간 상하이에 머물렀던 만큼 도시 구석구석을 누비며
찬찬히 둘러볼 기회가 많았습니다. 2010년 상하이 엑스포가

열리며 상하이 곳곳에서 벌어지는 대규모 공사와 새 단장하여 달라진 모습도 보았고, 해마다 거미줄처럼 점점 늘어나는 지하철 노선도 보았습니다. 전자상거래와 공유경제가 활성화되며 상하이가 다방면으로 변화하는 모습도 볼 수 있었습니다.

그러다 문득 짧은 여행과 실제로 거주하는 것은 적지 않은 차이가 있다는 것을 느꼈습니다. 상하이에 오래 살며 느낀 감정은 여행 왔을 때 느꼈던 새로움과 신기함, 설레는 감정과는 사뭇 달랐습니다. 즐겁고 기쁜 일도 있었지만, 미처 생각지도 못했던 부분에 직접 부딪치고 살면서는 힘들게 느껴지기도 했습니다. 또한 상하이 사람들을 만나 보고, 잘 알려지지 않은 도시 속 숨어있는 이야기들을 들어보면서 낯설고 아리송했던 상하이의 모습들이 점점 이해되기도 했습니다. 내 삶의 20대 시간을 상하이에서 보내며 여러 가지 감정들을 겪어낸 후, 상하이의 이야기를 진작에 알았더라면 이곳에서의 생활이 더욱 풍성하지 않았을까 하는 생각이 들었습니다. 그리고 그동안 이곳에서 보고 듣고 겪은 이야기들을 이대로 마음속에만 간직하기에는 못내 아쉽다는 생각이 들어 상하이에서의 이야기를 글로 써야겠다고 생각했습니다.

사람들은 저마다 각자의 사연을 갖고 있기 마련입니다. 한 사람의 성장환경과 경험은 쌓이고 쌓여 지금의 모습을 만들어냅니다. 그 사람의 사연을 알고 나면 그에 대해 더 이해할 수 있게 됩니다. 사연이 있는 건 도시도 마찬가지입니다. 세계 각국의 도시나 지역의 공간들도 마찬가지로 삶이 켜켜이 쌓여 오늘날 도시의 이야기를 만들어냈습니다. 사람들이 도시라는 일정한 공간 안에 머물며 살아가는 모습은 문화가 되고, 이들이 걸어온 시간은 쌓여서 역사가 됩니다. 그 시간들을 훑어보면 현재의 모습이 이해가 되는 것입니다. 저는 이 책에서 상하이라는 도시가 걸어온 시간과 공간, 그리고 문화와 사람들의 이야기를 하고 싶었습니다.

상하이는 서울보다 면적이 10배나 넓고, 2,500만 명의 인구가 있는 대도시입니다. 상하이의 복잡함은 어제오늘의 일이 아닙니다. 일찍이 상하이에는 특수한 역사적 공간인 조계지가 형성되면서 세계 각국에서 온 여러 나라 사람들과 상하이로 이주해 온 타지역 사람들을 수용했습니다. 다양한 사람들이 한 공간에 살아가면서 일어나는 갈등과 마찰은 피할 수 없었기 때문에 이곳은 그 누구보다도 융합에 대해 많은 고민을 했던 공간이라고 할 수 있습니다. 이런저런 시행착오 끝에 결국 다양한 사람과 문화를 포용하며, 다양성을 이해하는 것이 공존을 위한 길이라는 것을 깨달았습니다. 즉, 상하이는 일찍이 다양함이 어우러져 융합되어 온 역사가 담긴 공간입니다. 그리고 오늘날 상하이는 '천의 얼굴', '백 가지 모습'을 담고 있는 다양한 모습을 우리에게 보여주고 있습니다.

상하이는 중국의 대도시이자 중국 경제의 중심지, 국제도시라는 다양한 수식어를 가지고 있습니다. 상하이의 경제발전과 휘황찬란한 도시의 변화는 하루아침에 형성된 것이 아닙니다. 바다와 인접한 이곳은 주로 어업이 이루어지던 어촌이었고, 점차 상업과 무역의 중심지로 발전해나갔습니다. 또한 1840년대 발발한 아편전쟁으로 서양 열강이 상하이라는 땅에 침투하며, 중국의 고유문화와 섞이기도 했습니다. 그때의 기억이 없다면, 지금의 상하이는 없을지도 모릅니다. 오늘날 상하이의 모습은 동방의 파리이자 명주(明珠)인 역사가 있었기 때문에 가능한 것이라고 할 수 있겠습니다. 또한 상하이는 한국인에게도 매우 의미가 있는 곳입니다. 상하이에 우리 역사의 흔적들이 묻어있기 때문입니다.

중국에 '무대 위 1분의 공연을 위해 10년의 노고가 필요하다(臺上一分鍾, 臺下十年功)'라는 말이 있습니다. 그동안 쌓아온 이야기가 있었기 때문에 지금의 상하이가 만들어질 수 있었던 것입니다. 현재 상하이의 모습이 무대 위에 올라가 있다면, 우리는 그 무대를 만든 오랜 세월의 노고와 노력을 보아야 할 것입니다. 높은 곳으로 올라갈수록 전경이 잘 보이는 것처럼 상하이라는 공간과 시간 속에 담긴 이야기들을 알게 된다면, 상하이에서 머무는 시간이 더욱 재밌어지지 않을까 생각합니다. 이 책을 읽는 분들도 상하이에서 자신만의 이야기를 만드시길 소망합니다.

이 책이 세상에 나올 수 있도록 많은 도움을 주신 주혜숙 대표님, 성미애 편집장님께 감사드립니다. 항상 많은 힘이 되어주는 나의 가족에게도 고마움을 전합니다.

● 차례 ○

상하이를
엿보다

1

# 상하이에 흐르는 강

어릴 때부터 지도 보는 게 좋았다. 이 세상에서 내가 어디에
있는지 공간적 위치를 파악할 수 있어서 안도감이 들었고, 아직
가보지 않은 미지의 장소에 대해 상상해보는 재미도 있었다.
무엇보다 넓은 세상을 한눈에 볼 수 있는 것이 흥미로웠다.
지도를 보고 있으면, 세계가 내 손 안에 담겨있는 것 같아 감정이
벅찼다.

우리나라에서도 가본 곳보다 가보지 못한 곳이 훨씬 많고, 다른
지역으로 이동하려면 자동차를 타고 한참을 가야 해서 좁다고는
생각하지 않았는데, 세계지도에서 본 우리나라는 생각보다 작았다.
도대체 세상은 얼마나 넓은 곳일까. 지도를 보다 보면 우리나라
옆에 있던 광활한 대륙 중국에 눈길이 가곤 했다.

지도에서 보는 우리나라의 모습은 호랑이 형상과 비슷하다고
한다. 왼쪽으로 몸을 틀고 양팔을 위로 들어 올린 용맹한
호랑이의 모습이다. 그렇다면 중국은 어떨까. 중국의 지도
모양은 닭의 형상을 닮았다고 한다. 헤이룽장성(黑龍江省)과
네이멍구성(內蒙古省)의 볼록 튀어나온 부분은 꼭 닭볏 같고,
하이난섬(海南島)은 닭의 다리와 발 같으며, 신장성(新疆省)은

닭의 꼬리 깃털과 비슷해 보인다는 것이다. 중국을 닭으로
표현했을 때, 이 책에서 이야기할 상하이는 닭의 배 부분에
위치해 있다고 할 수 있겠다. 게다가 배 안에는 생명체에서
중요한 내부 장기인 오장육부가 있지 않은가. 상하이도
오장육부가 다 들어있는 배 부분처럼, 도시 공간 안에 오밀조밀
없는 것 없이 알차게 꽉 들어있는 도시다.

상하이에 가기 전, 이곳은 과연 어떤 곳일까 지도로 한 번
찾아봤다. 닭의 배 위치쯤에서 상하이를 발견했다. 상하이
오른편에는 동중국해라고 불리는 바다가 있고, 상하이의
위쪽에는 긴 강이 흐르고 있다. 이 강의 이름은 창강(長江)으로,
우리에게는 양쯔강(揚子江)으로 더 잘 알려진 강이다. 이름과
걸맞게 창강은 중국에서 가장 긴 강이다. 서쪽의 티베트고원에서
발원하여 중국 한가운데를 6,300km나 굽이굽이 흐른 후
동중국해로 빠져나간다. 바꿔 말하면, 상하이는 중국 내륙과
연결된 창강, 그리고 세계를 향해 나아갈 수 있는 동중국해와
인접해 있는, 지리적 우세를 갖추고 있는 도시라고 할 수 있다.

그러나 막상 상하이에 사는 동안에는 지도에서 보았던
바다와 긴 강이 옆에 있다는 사실을 까맣게 잊고 지냈다.
동중국해와 창강이 상하이시 중심가나 사람들이 주로
거주하는 공간에서 많이 떨어져 있기 때문이다. 창강에 인접해
있는 바오산구(寶山區)나 총밍구(崇明區)를 굳이 찾아가지
않는 이상 창강을 직접 보기란 어렵다. 바다도 마찬가지다.

상하이 푸동신구(浦東新區)의 오른편에 동중국해가 위치해
있는데, 이곳에는 상하이 푸동 공항과 동그란 인공호수인
디수이호(滴水湖), 공원이 조성되어 있고, 나머지는 거의 밭으로
사용되고 있다. 인천에서 출발하는 비행기를 타고 상하이 푸동
공항으로 착륙할 때에서야 상하이 옆에 바다가 있다는 사실이
비로소 실감이 났다.

하지만 굳이 바다와 긴 강이 아니더라도 상하이에 살면서
물과 특별한 인연이 있는 도시라는 것을 느낄 수 있었다. 조금만
관심을 갖고 둘러보아도 이곳저곳에서 흐르는 크고 작은 강물을
쉽게 볼 수 있기 때문이다. 상하이에는 상하이 시내를 관통하는
황푸강과 쑤저우강(蘇州河)이 흐르고, 그 지류로 자그마한
실개천이 상하이 시내 곳곳을 흐른다. 물은 살아 숨 쉬는
생명체로서의 역할을 톡톡히 한다. 특히 상하이에서 가장 큰 강인
황푸강에서는 마치 혈관을 흐르는 혈액처럼 하루에도 수많은
배들이 오가는 것을 볼 수 있다. 그리고 이 황푸강을 오가는
배들은 창강이나 동중국해로 빠져나간다.

상하이라는 도시 이름도 물과 관련이 있다. 상하이는
'상하이포(上海浦)'라고 부르던 수로에서부터 시작되었다.
상하이포라는 이름이 언제부터 생겨났는지는 분명하지
않지만 북송시기 문헌에서 이 명칭을 찾을 수 있다. 사람들은
상하이포라는 작은 강줄기로부터 이름을 따서 상하이라는 지명을
지었다. 재밌게도 상하이포 부근에는 '샤하이포(下海浦)'도

황푸강과 쑤저우강 교차지점 야경

흐르고 있었다. 어쩌면 오늘날 상하이의 이름이 상하이 대신에 '샤하이'로 불릴 수도 있지 않았을까 하고 잠시 엉뚱한 생각도 들었다. 오늘날 이 두 수로는 모두 길로 메워져 흔적을 찾아볼 수 없지만 오늘날 황푸강과 쑤저우강이 교차하는 부근에 있었다고 전해진다.

상하이는 강과 바다를 마주한다는 지리적 이점이 있었다. 그러나 명과 청나라에서 몇 차례 실시한 해금 정책으로 해상무역은 커다란 타격을 입었다. 이후 해금 정책이 해제되고 나서야 상하이가 갖고 있던 지리적 우세를 충분히 발휘할 수 있었다. 상하이는 항구로써 상업을 일으켰고, 상업으로 시장을 일으키며 동부 연해에서 가장 큰 항구 도시이자 중국 남북양(南北洋) 무역의 중요한 중계무역의 중심지, 교통 중추로 자리 잡았다. 상하이는 개항 이전부터 이미 중국과 동아시아에서 손꼽히는 최대 규모의 부두였던 것이다.

상하이 개항 이전, 영국의 '애머스트(Lord Amherst)호'가 중국 연해 지역을 조사한 사건은 이미 널리 알려진 사실이다. 1832년, 영국의 함장 린제이(Huyh Hamilton Lindsay)와 귀츨라프(Karl Friedrich August Gutzlaff) 선교사는 영국 동인도회사 소유의 로드 애머스트호를 타고 마카오에서 출발하여 중국 연해지역을 조사한 적이 있다. 린제이 함장의 보고에 따르면, 상하이는 우월한 지리를 갖춘 곳으로 기록된 바 있다. 그는 상하이가 국제 항구로서의 커다란 잠재력을 갖고 있음을 예상했다고 한다.

상하이가 개항하기 이전부터 영국인들은 이곳 일대를 눈여겨보고 있었다고 해도 과언이 아닐 것이다.

상하이의 지리적 이점은 이뿐만이 아니다. 물이 풍족하기 때문에 주변 지역인 장쑤성(江蘇省), 저장성(浙江省)과 함께 창강 중하류 지역의 '물의 고장(水鄉)'으로 손꼽히기도 한다. 물의 고장답게 상하이 시내에는 크고 작은 강줄기가 여러 갈래로 흐른다. 마치 각 나라의 대도시인 서울에는 한강이, 런던에는 템스강이, 파리에는 센강이 흐르는 것과 같이 상하이에는 황푸강과 쑤저우강이 흐르는 것이다.

사실 오랜 역사를 간직한 중국의 베이징(北京), 시안(西安), 항저우(杭州), 난징(南京)을 비롯한 고도에 비하면 상하이의 역사는 그리 오래된 편이 아니다. 그러나 상하이가 이처럼 짧은 시간에 국제적인 대도시로 성장할 수 있었던 이유는 위에서 살펴본 상하이의 지리와 더불어 황푸강 덕분이라고 해도 과언이 아닐 것이다. 상하이는 도시의 젖줄인 황푸강과 쑤저우강을 중심으로 발달하였고, 이 두 줄기의 강은 상하이의 발전에 중요한 역할을 하였기 때문이다.

먼저 황푸강은 상하이에 다녀갔다면 꼭 한 번쯤은 보셨을
것이다. '와이탄(外灘)'은 상하이의 빼놓을 수 없는 관광명소인데,
그 앞을 흐르는 강이 바로 황푸강이다. 서울의 한강이 남쪽과
북쪽을 가로질러 흐르는 반면, 상하이의 황푸강은 동쪽과 서쪽을
관통한다. 상하이의 황푸강을 중심으로 서쪽을 푸시(浦西),
그리고 동쪽을 푸동(浦東)이라고 부른다.

와이탄 강변 산책로는 황푸강을 감상하기에 가장 멋있는
장소임에 틀림없다. 또한 이곳은 상하이의 과거와 현재,
그리고 미래를 한눈에 볼 수 있는 곳이기도 하다. 구부러진
활처럼 부드럽게 곡선을 이루는 와이탄에는 유럽식 건축물들이
건재하게 서 있다. 와이탄은 우리에게 1840년대 개항부터
시작된 약 180년에 걸친 상하이의 옛 모습을 보여준다. 그런가
하면 건너편의 푸동은 1990년대부터 30여 년간 이룩한 '푸동의
기적'과 눈부신 발전, 그리고 상하이의 미래를 보여주는 장소라고
할 수 있다. 와이탄에서 푸동 루자주이(陸家嘴)로 건너가면
몇십 년의 역사를 훌쩍 뛰어넘은 듯한 느낌이 든다. 이처럼
상하이에서는 황푸강을 사이에 둔 채 과거와 현재, 그리고 미래가
함께 공존하고 있다.

와이탄 산책로의 하루는 어슴푸레한 새벽빛이 떠오를 때부터
시작된다. 아직 채 걷히지 않은 새벽안개 속에는 사람들의 형상이

황푸강 위의 배들

황푸강 강변에서 춤추는 사람들

하나둘씩 희미하게 보인다. 홀로 느린 동작의 태극권을 연마하는 할아버지, 긴 연을 날리는 아저씨, 한 손에는 부채를 들고 음악에 맞춰 함께 춤을 추는 아주머니들, 귀에 이어폰을 꽂고 새벽 공기를 마시며 조깅하는 청년들 등, 저마다 산책로 옆 황푸강을 배경으로 상쾌한 아침을 맞이한다.

와이탄은 상하이를 대표하는 곳인 만큼, 밝은 낮에도 와이탄 경치를 보러 온 관광객들로 항상 가득 차 있다. 그리고 휘황찬란한 조명이 켜지는 밤이면 더 많은 사람들로 북적거린다. 나 역시 가끔은 상하이에 여행 온 여행객처럼 와이탄 산책로 난간에 기대어 이 아름다운 경치를 만끽하곤 했다. 낮이면 눈부신 태양은 푸동의 높은 빌딩에 그대로 반사되는데, 그 모습이 마치 은회색 빛의 철갑을 두른 늠름한 장군 같아 보인다.

조명이 더해진 푸동의 야경은 낮보다 더 아름답다. 해가 저물어 어둠이 드리워질 때면, 와이탄의 고풍스런 건축물과 강 건너편 푸동의 고층빌딩에는 마치 이 순간만을 기다렸다는 듯이 조명이 켜진다. 상하이의 풍경을 담은 엽서에서 볼 수 있는 멋진 야경이 눈앞에 펼쳐지는 순간이다. 이때 푸동 빌딩 숲의 모습은 반짝반짝 빛나는 보석으로 치장한 어여쁜 숙녀 같아 보인다. 형형색색의 조명은 황푸강에 그대로 비추어 한 폭의 수채화가 된다. 이처럼 와이탄 풍경은 매시간마다 각기 다른 매력을 자아내고, 황푸강은 이 아름다운 풍경에 깊은 여운을 더한다.

사실 황푸강이 지금처럼 상하이 시민들에게 편안한 휴식

와이탄에서 바라본 푸동의 낮과 밤

1930년대 와이탄의 모습(위)
황푸강과 와이탄(아래)

공간을 마련해주고, 관광객들에게 멋진 풍경을 보여주는 관광명소가 되기까지는 여러 우여곡절이 있었다. 강줄기를 따라 그 역사를 찬찬히 들여다보면, 오랜 시간의 흔적을 곳곳에 간직한 채, 상하이 시민들과 함께 희노애락을 느끼며 흘러가는 상하이의 역사를 발견할 수 있다.

와이탄의 남쪽 끝자락에는 오랜 역사를 간직한 스류푸(十六鋪) 부두가 있었다. 스류푸 부두는 상하이가 개항하기 이전부터 이미 극동에서 가장 큰 부두였다고 한다. 중국의 남쪽과 북쪽의 특산물을 실은 채 오가는 크고 작은 배가 모두 이곳으로 집결하여 거대한 항구를 이루었다고 하니 말이다. 특히 수심이 깊지 않은 황푸강에는 배의 바닥이 평평하여 오고 가기 쉬운 사선(沙船)을 중심으로 사선업이 주를 이루었다. "먼저 스류푸 부두가 있었고, 상하이탄은 그 후에 생겨났다(先有十六鋪, 後有上海灘)"는 말이 있듯이, 이곳은 상하이의 오랜 역사를 간직한 곳이다. 또한 부두에는 수상 교통을 이용하는 사람들로 붐비기도 했다. 스류푸 여객 운수가 가장 전성기였을 때는 매일 4만여 명의 연인원이 이곳을 오갔다. 오늘날 상하이의 푸동 공항이나 홍치아오(虹橋) 공항, 그리고 상하이 기차역처럼 당시 스류푸 부두는 상하이를 찾는 사람들이 가장 먼저 밟게 되는 상하이의 관문 역할을 했던 것이다. 이 부두는 1900년대 후반까지도 이용객들의 발길이 줄을 이었다고 한다.

1840년대에 들어서며 상하이에는 상전벽해를 방불케 할 정도로 비약적인 발전이 시작되었다. 상하이가 개항한 후, 지금의 와이탄 일대를 시작으로 조계지가 형성된 것이다. 세계 여러 상인들이 이곳을 찾으며 세계적인 항구로 급부상하였고, 와이탄에 세워진 유럽풍 건축물 안에는 외국 은행과 외국 회사가 입주하기 시작했다. 산책로를 중시하는 외국인들은 황푸강이 보이는 곳에 산책 공간을 조성하면 좋겠다고 생각하였다. 이 때문에 건축물은 황푸강에서 조금 뒤로 물러나 산책로의 공간을 남긴 뒤 건설하도록 설계되었다. 이러한 설계 덕분에 오늘날 사람들은 와이탄 산책로에서 관광과 휴식을 즐길 수 있게 된 것이다.

그러나 황푸강의 기능이 줄곧 낭만적이었던 것만은 아니다. 황푸강은 많은 공업용수를 필요로 하는 공장이 들어서기에 제격이었고, 해상운송이 편리하여 공장에서 필요한 물자를 쉽게 운반할 수 있다는 장점도 있었다. 곧이어 황푸강 양안 곳곳에는 공장이 들어서며 공업단지가 형성되었다. 중국 최초의 발전소와 상수도 시설, 그리고 중국 최대의 조선소도 황푸강 강변에 지어졌다. 우뚝 솟은 굴뚝에서는 줄곧 희뿌연 연기를 내뿜었고, 조선소에서 들리는 배 만드는 소리와 배가 오고 가는 기적소리, 그리고 코를 찌르는 기름 냄새가 한데 뒤엉켜 황푸강 주변을 가득 채웠다고 한다.

쑤저우강

삶의 애환이 담긴 쑤저우강

상하이의 또 다른 젖줄인 쑤저우강 역시 상하이에서 중요한
역할을 하는 강이다. 쑤저우강은 우송강(吳淞江)이라고도
부르는데, 이는 이전부터 사용되었던 본래의 명칭이다. 그렇다면
우송강이라는 이름이 있었음에도 왜 쑤저우강이라는 또 다른
명칭이 생겨난 걸까? 이 강을 따라가면 결국에는 쑤저우(蘇州)에
도달할 수 있는데, 외국인들은 이것을 알고 "쑤저우로 통하는
강"이라는 의미로 Soo zhou Creek, 즉 쑤저우강이라고 불렀다.

그리하여 이 명칭이 오늘날까지 전해져 사용되고 있는 것이다.
와이탄의 북단에 1907년에 세워진 '와이바이두교(外白渡橋)'라는
다리가 있다. 이곳은 황푸강과 쑤저우강의 교차 지점이기 때문에
이곳에 가면 황푸강과 쑤저우강을 동시에 볼 수 있다.

20세기 황푸강에 굵직한 중공업이 발달하였다면, 쑤저우강에는
경공업과 중국 민족 공업이 발달했다. 1900년대 초반에는
쑤저우강을 중심으로 경공업이 발전하여 여러 공장과 창고가
세워졌다. 주로 밀가루 공장, 방직 공장, 성냥 공장 등이
밀집했다고 한다.

쑤저우강은 옛사람들의 삶의 애환이 담겨있는 곳이기도
하다. 전쟁이 계속되자 각 지역에서는 여러 난민들이 상하이로
피난을 오게 되었는데, 이때 적지 않은 이주민들이 이 강을 통해
상하이로 들어왔다. 그들은 하나둘씩 쑤저우강에 정착하였다.
강변에 누추한 집을 짓고 여럿이 함께 살며 빈민촌을 형성한
것이다. 이들 중 일부는 뱃사람으로, 강 부근에 배를 남겨두어
운송이나 고기잡이 같은 수상생활을 이어나가기도 했다. 본래
쑤저우강은 물고기가 많이 잡히던 맑고 깨끗한 강이었지만
공장의 폐수와 주민들의 생활 오수가 흘러 들어가며, 하수
질량이 급속도로 악화되었다. 때문에 쑤저우강은 상하이 근대
공업발전의 중심지인 동시에 악취가 풍기는 강이기도 했다.

1949년 중화인민공화국이 성립되고, 중국 공산당이 정권을
획득하면서 상하이는 공업도시로 변모했다. 당시 상하이는

황푸강과 쑤저우강이
교차하는 지점에 있는
와이바이두교

자본주의가 만연한 부패와 죄악의 도시라는 오명을 쓰고
배척을 당하기도 했다. 중국 정부는 상하이가 기존에 갖고 있던
자본주의적 도시 기능에서 탈피시켜 공업기지로 변화시키고자
도모하였다. 공장과 창고들은 더 빽빽하게 들어섰고, 상하이
젖줄의 오염은 더욱더 심각해졌다. 또한 10년에 걸친
문화대혁명을 겪으며 상하이의 도시 기능은 그대로 마비되기도
했다. 과거 '동방의 파리'라고 불렸던 이곳은 대도시로서의
기능을 상실해버린 것이다.

   긴 잠을 자듯 정체되어 있던 도시가 깨어나기 시작한 것은
1978년 개혁개방 이후의 일이다. 오늘날 상하이 지도에서 보았을
때, 황푸강은 상하이의 중심부를 관통하여 흐른다. 하지만 당시만
해도 푸동 지역은 개발이 되어 있지 않았다. 황푸강은 상하이에
번영을 가져다주는 황금 수로였지만, 다른 한편으로는 푸동과
푸시 양쪽의 교류를 단절시키기도 했던 것이다.

   1990년 4월, 중국공산당중앙위원회와 국무원은 상하이 푸동
지역의 개발 정책을 결정하였다. 푸동 지역의 개발은 급물살을
타듯 추진되었다. 푸동 지역이 발전하게 되면서 황푸강에는
푸시와 푸동을 연결하는 여러 대교가 놓였고, 황푸강 밑으로는
하저터널을 뚫어 편리하게 양안을 오갈 수 있는 연결고리가
만들어졌다. 푸동 지역이 개발되면서 차차 지금의 모습을
갖추어가게 된 것이다.

상하이 도시계획 전시관에 전시된 상하이 전경 모형

오늘날 변화된 황푸강과 쑤저우강

황푸강과 쑤저우강의 옛이야기를 뒤로 하고 강줄기를 따라
거닐어본다. 그저 소리 없이 흐르는 강이라고 생각했던 이곳에는
상하이 역사의 흔적이 숨바꼭질하듯 곳곳에 숨어있다. 과거
번성한 항구였던 스류푸 부두는 점점 쇠락하여 2004년 말,
발파하여 철거되었고 사람들의 옛 기억 속에만 남게 되었다.
지금 이 자리에는 현대식 '스류푸 여행 부두'가 생겨 황푸강
유람선 관광의 중심 역할을 하고 있다. 또한 조선소가 있던

자리는 금융허브인 루자주이(陸家嘴)와 시민들의 휴식 공간인
빈장공원(濱江公園)로 탈바꿈하였고, 철강공장이 있던 자리는
2010년 상하이 세계박람회 부지로 선정되면서 공장 대이동이
이루어지기도 했다. 푸동 지역이 발전하기 시작하면서 황푸강의
기능에도 변화가 일어나기 시작한 것이다.

이처럼 황푸강 일대가 금융의 중심지와 휴식, 관광의 공간으로
바뀌었다면, 쑤저우강은 주거와 예술의 공간으로 바뀌었다.
강변의 공장과 창고는 대부분 이전하거나 철거되었고, 남아있는
곳에는 문화와 예술을 담은 창의적 공간으로 재탄생시켰다.
대표적으로 모간산로(莫干山路)의 M50 문화예술단지가 있다. 또한
여러 난민들이 정착하여 빈민촌을 이루었던 곳은 높은 거대한
아파트 숲이 들어서며 거주 조건이 크게 개선되었다.

만약 1920~1930년대 쑤저우강의 모습이 궁금하다면 쑤저우강
강변에 있는 쑤저우강 공업 문명관(蘇州河工業文明館)을 방문하는
것도 좋은 방법이다. 당시의 역사를 생생하게 담아낸 상하이
할아버지 할머니 연배의 아련한 추억을 자극하기도 한다.

19세기 거대한 항구 중심의 도시는 20세기에 도시 발전과
생존을 위한 공업 중심의 도시를 거쳐, 21세기로 접어들었다.
오늘날 상하이는 세계적인 경제·금융의 중심지는 물론 사람이
중심이 되는 문화와 관광 중심의 도시로 거듭났다. 상하이 역시
대외적으로 열강의 침략을 경험하기도 했고, 중공의 혁명시기에
위기를 경험한 바 있다. 그러나 1930년대의 상하이는 열강에

의해 유입된 대자본과 물자로, 현대의 상하이는 중국 제2의
개혁개방의 최일선의 대도시로서 생기를 얻고 있다. 상하이는
시대적 조류의 부침 속에서 도시의 부흥과 외견도 함께 부침을
겪었다. 상하이는 강으로 엮인 그 길의 흐름에 따라 내륙과
해양, 과거와 미래, 국내와 해외의 변화를 온몸으로 수용하며
상하이만의 독특한 색깔과 백 가지의 다양한 모습으로 우리를
맞이하고 있다. 그리하여 상하이만의 특별한 모습인 해파(海派)
문화로 재창조되었다.

상하이는 모든 강물을 받아들이는 바다와 그 모습이 닮아있다.
중국 내륙을 향해, 그리고 세계를 향해 활짝 열려 있는 상하이의
지리적 위치와 더불어 바다를 통해, 혹은 강물을 통해 상하이에
도착한 외국인과 이민자들을 수용했다. 또한 조계 역사와 함께
유입된 서양 문물과 타지역의 문화를 수용하기도 했다. 이처럼
상하이라는 도시가 가진 가장 큰 특징으로는 개방과 포용, 수용을
손꼽을 수 있을 것이다. 따라서 상하이를 가장 잘 형용할 수 있는
단어로는 모든 것을 포용하는 넓은 바다와 같은 마음을 지닌
해납백천(海納百川)이 아닐까 싶다.

누군가 상하이가 가진 가장 큰 매력에 대해 궁금해한다면,
이렇게 말할 수 있을 것이다. 과거와 현재, 그리고 미래가
공존하며, 동양과 서양의 문화가 융합되어 조화를 이루는 도시,
시·공간을 초월한 모든 것을 포용할 줄 아는 도시가 바로
상하이라고 말이다.

# 쉬자후이와
# 명나라의 서광계

　상하이에서 길을 걷다 보면 기다란 길이건, 짧은 길이건 길
이름이 쓰여 있는 표지판이 보인다. 한국에서 사용되고 있는
도로명 주소처럼 상하이에도 길마다 이름이 있는 것이다.
길 이름이 적힌 표지판이 군데군데 세워져 있던 덕분에 처음
찾아가는 곳이더라도 어렵지 않게 찾아갈 수 있었다.

　상하이의 지도를 펼쳐 길 이름을 살펴보면 한 가지 재미있는
사실을 발견할 수 있다. 대부분의 길 이름이 중국의 크고 작은
도시 이름이라는 점이다. 번화가만 보더라도 난징로(南京路),
화이하이로(淮海路), 광동로(廣東路), 베이징로(北京路),
푸저우로(福州路) 등 중국의 지명에서 이름 붙여졌다는 걸 알
수 있다. 그리고 거리가 길면 동쪽 혹은 서쪽 방향을 넣어
베이징동로(北京東路), 베이징시로(北京西路) 이런 식으로 부른다.

　그렇다고 상하이의 모든 길 이름이 꼭 지명에서 얻어진 것만은
아니다. 역사적 사건에 의해서 길 이름이 만들어진 경우도 있다.
내가 다니던 학교 주변에는 궈딩로(國定路), 궈췐로(國權路),
궈순로(國順路), 그리고 정통로(政通路), 정리로(政立路),
정민로(政民路) 등등, 궈(國)나 정(政)으로 시작하는 길이 유난히

도로명 표지판

많았다. 하루는 궁금한 마음에 작정을 하고 학교 주변의 '궈'와 '정'으로 시작하는 길을 모조리 세어본 적이 있는데 각각 19개, 17개나 되었다. 우연이라고 하기에는 신기하리만큼 너무 많지 않은가 싶었다. 알고 보니 이는 난징국민정부가 1929년 양푸구 장완(楊浦區 江灣) 지역 일대를 상하이의 새로운 중심으로 만들기 위해 시행했던 '대 상하이 계획(大上海計劃)'과 관련이 있었다. 1930년대 일본의 잦은 침략으로 이 계획은 실패로 끝났지만, 이때 '국, 민, 정, 부(國,民,政,府)'의 이름을 따서 지은 길 이름은 아직까지 남아있는 것이다.

그런가 하면 사람의 성(姓)을 따서 지어진 곳도 있다. 서씨(徐氏) 가문의 이름을 딴 쉬자후이(徐家匯), 육씨(陸氏) 집안의 이름을 딴 루자주이(陸家嘴)처럼 말이다. 쉬자후이와 루자주이는

길 이름은 아니다. 우리나라의 신촌동, 역삼동 처럼 그 주변
일대를 아우르는 명칭이다. 예를 들어, 쉬자후이는 상하이
지하철 1호선과 9호선, 그리고 11호선까지, 노선 세 개가 이곳에
역을 두고 있는데, 역을 중심으로 그 주변을 모두 쉬자후이라고
일컫는다.

간혹 상하이 친구들과 만나기로 할 때면 이곳 쉬자후이에
약속을 잡곤 했다. 특히 쉬자후이에는 지하철을 빠져나오자마자
오거리 교차 지점에 대형 백화점들이 즐비해 있어 구경할 곳도
많거니와, 먹을 곳도 많아 약속장소로 제격이기 때문이다. 그리고
이곳엔 우리나라의 용산전자상가와 같은 대형 전자상가도 자리해
있다.

아마 상하이 사람들 중에서 쉬자후이를 모르는 사람은 거의
없지 않을까 싶다. 여기가 상하이의 대표적인 번화가이기
때문만은 아니다. 상하이 사람들은 쉬자후이를 언급하면
자연스럽게 서광계(徐光啓)를 떠올리는데, 쉬자후이라는 지명이
상하이 사람들이 자랑스러워하는 위인 서광계라는 사람과 관련
있기 때문이다.

쉬자후이 지하철역에서 얼마 멀지 않은 곳에는 서광계를
기리는 광계공원(光啓公園)이 있다. 공원 안에는 서광계의 묘가
안장되어 있을 뿐만 아니라, 그의 업적을 상세히 전시해 놓은
작은 기념관도 마련되어 있다. 서광계라는 이름은 우리에게 다소
생소하다. 그도 그럴 것이 그는 무려 400여 년 전인 명나라 시대

쉬자후이의 낮과 밤 풍경

광계공원 입구

사람이기 때문이다. 역사 속 인물인 그가 낯설게 느껴지는 건
당연할 터이다.

그렇다면 서광계는 누구일까? 간략 소개를 하자면 그는 명나라
시대의 과학자이다. 상하이에서 태어나고 자란 그는 죽어서도
이곳에 뼈를 묻은 진정한 상하이 사람이라고 할 수 있다.
그렇다고 그가 평생을 줄곧 상하이에서만 살았던 것은 아니다.
43세의 나이에 과거시험에 합격한 후, 관직 생활을 하느라 30여
년간 베이징에서 지내기도 했다.

어느 주말, 나는 위인 서광계에 대해 좀 더 자세히 알고
싶어 '광계공원'을 찾은 적이 있다. 날씨 좋은 주말이라 그런지
공원 안에는 온통 사람들로 바글거렸다. 공원 입구에 들어서자

아기자기하게 꾸며진 작은 연못이 보였다. 연못 위에 놓인 다리를 건너니 저 멀리 서광계의 묘가 모습을 드러낸다. 공원을 향해 걸어가는 동안 나는 '서광계가 잠들어 있는 공원이기 때문에 다른 공원에 비해 분위기가 좀 엄숙하지 않을까?' 생각했다. 그러나 그런 내 생각과는 달리 공원을 찾은 시민들은 앞에 놓인 커다란 묘지를 의식하지 않는 듯 자유로운 모습을 보였다. 공원 곳곳에는 장기를 두거나 배드민턴을 치는 시민들이 보이는가 하면, 무덤 바로 앞에서 느릿느릿한 동작으로 태극권을 연마하는 할아버지도 계셨으니 말이다.

공원 한편에 마련되어 있는 '서광계기념관'은 규모는 작지만 서광계의 모습을 담은 흉상에서부터 그의 저서 각본(刻本)을 비롯한 업적들이 상세히 전시되어 있다. 기념관 안에 걸려있는 서광계의 초상화 밑에는 그를 이렇게 소개한다.

"서광계. 명나라의 과학자. 그는 상하이 출신으로 진사에 합격하여 예부상서(禮部尚書), 문연각(文淵閣) 대학사(大學士) 등의 관직을 역임하였다. 한평생을 천문·역법·수리(水利)·측량·수학·농학 등 자연과학 연구에 힘썼다."

우와~ 이렇게 많은 연구에 몰두했었다니! 한 사람이 일생 동안 이렇게나 많은 성과를 거두었으리라고는 두 눈으로 보고도 도저히 믿기지 않는다. 게다가 그가 여러 분야를 섭렵했다고 해서 수박 겉핥기 식으로 대강 연구했던 것도 아니었다.

서광계 묘와 서광계기념관 흉상

서광계는 서양의 농업 수리기술 전문서인
『태서수법(泰西水法)』(1612)을 번역했고, 농업 서적을 집대성
한『농정전서(農政全書)』를 편찬했다. 또한 서양 역법을
편역한『숭정역서(崇禎曆書)』을 펴내고, 이탈리아 선교사인
마테오 리치(Matteo Ricci)와 함께 유클리드 기하학을
『기하원본(幾何原本)』(6권)으로 공역하며 역법과 수학 분야에
위대한 업적을 남겼다. 이 중 다수의 책은 조선과 일본에도 많은
영향을 끼쳤다. 우리가 학창 시절 수학 시간에 배웠던 '평행'이나
'기하', '직각', '대각', '둔각'과 같은 수학 용어도 바로 이때
서광계가『기하원본』을 번역하며 만들었던 용어라고 한다. 그가
살아생전에 여러 분야에서 다양한 공적을 남긴 것도 대단하지만,
연구하고 번역한 대다수가 서양 학문이었다는 사실도 놀랍기만
하다.

　그렇다면 서양과의 교류가 거의 없던 당시, 서광계는 어떻게
서양 학문을 접할 수 있었을까? 한 사람의 인생에 있어 우연한
계기와 만남은 그 사람에게 중대한 영향을 미치기도 하고,
심지어는 인생을 송두리째 바꿔놓기도 한다. 서광계가 마테오
리치를 만난 인연이 그러했다. 서광계가 살았던 당시에는
과거시험에 합격해 관직 생활을 하는 것을 최고의 출세로 여기던
때였다. 어릴 적부터 총명했던 서광계는 1600년 과거시험을 보러
상하이를 떠나 베이징으로 향했다. 그리고 난징을 지나가다가
서양 선교사가 서양 과학에 대해 강의한다는 소식을 우연히

서광계와 마테오리치

접하게 된다. 그는 호기심 가득한 마음을 품고 찾아가 강의를 들게 되었는데, 그 서양 선교사가 바로 마테오 리치였다. 선교사가 전한 서양 지식은 서광계에게 꽤 깊은 인상을 남겼던 모양이다. 이후 그는 천주교 세례를 받았고, 상하이 최초의 천주교 신자가 되었다. 그리고 훗날 베이징에서 다시 만나게 된 마테오 리치에게 서양 과학에 대해 가르침을 청했다.

　사실 서광계가 살았던 명나라 시기의 기술은 서양과 비교했을 때, 결코 뒤지지 않던 시기였다. 그도 그럴 것이 중국은 일찍이 높은 과학기술 수준을 갖고 있었기 때문에 '4대 발명품'이라 일컫는 지남침, 제지술, 인쇄술, 화약을 발명하였고, 이미 여러 나라에 전파하기도 했던 나라였다. 그러나 서광계는 그 시대의 사람들과 조금 다른 생각을 갖고 있었다. 만약 중국에 부족한 게 있다면 서양의 지식을 배워 보완해 나가야 한다고 여기는, 굉장히 개방적인 사고를 갖고 있던 사람이었기 때문이다. 물론 지금처럼 동서양의 교류가 활발한 시대에야 그런 생각을 갖는 것은 어렵지 않을 수도 있겠다. 그러나 서광계가 살던 명나라 때만 해도 서양 문물을 받아들이는 것은 정말이지 파격적인 태도이지 않았을까? 당시 그는 세계정세의 큰 흐름을 이해하고 있는 몇 안 되는 사람이었던 것이다.

기념관을 둘러보며 내 눈길을 잡아끈 것은 다름 아닌 기념관 입구에 전시되어 있는 석판이었다. 국민당 지도자인 장제스(蔣介石)와 쑨원(孫文)의 아들이자 정치가인 쑨커(孫科), 교육자인 차이위엔페이(蔡元培)를 포함한 중국 유명인사들이 서광계 서거 300주년을 맞이하여 쓴 기념사가 새카만 석판 위에 한 글자 한 글자 새겨져 있었다. 더듬거리며 읽어 내려가니 훌륭한 업적을 남긴 위인 서광계를 기리는 내용이다. 이 내용만 보더라도 그들이 얼마나 서광계를 자랑스러워하고, 존경하는지 마음속 깊이 느껴졌다. 일찍이 서광계가 1633년 베이징에서 병사했을 때, 숭정(崇禎)황제는 조회를 쉬면서까지 그의 죽음을 추도했고, 시호로 '문정(文定)'을 내렸다고 한다.(그래서 광계공원 바로 옆길의 이름은 그의 시호를 딴 문정로(文定路)'이다.) 당시 황제조차 유능한 관리였던 서광계의 죽음을 아쉬워했던 것이다. 장대한 중국 역사의 수많은 위인들 중, 서광계는 여전히 많은 이들에게 가장 훌륭했던 인물로 손꼽히고 있다.

그가 떠난 지 이미 400년이 지났지만 여전히 뭇 사람들의 존경을 받는 이유는 무엇일까? 많은 업적을 남긴 위인이라서? 아니면 청렴했던 관리라서? 물론 청렴한 관리 서광계가 세상에 남긴 많은 업적은 여러 사람들에게 칭송받는 이유 중 하나일 것이다. 그가 번역한 서양 과학 저서와 연구 덕분에 중국은 더욱 발전할 수 있었고, 사회에 이바지한 그의 공헌은 결코 빼놓을 수 없기 때문이다.

그러나 그가 예나 지금이나 존경받는 더 중요한 이유는 자나 깨나 진심으로 나라를 걱정하고 백성을 위하던 마음이 아니었을까 하고 나는 생각해 본다. 그가 연구했던 실용적인 학문의 기저에는 '부국강병(富國强兵)'의 사상이 깔려있다. 어릴 적 왜구의 약탈과 자연재해로 고통받는 백성들을 숱하게 보며 자라온 그였기에, 백성들이 더 나은 삶을 살기 바라는 마음은 누구보다도 간절했을 것이다. 백성들이 잘살기 위해서는 나라가 강성하고 발전하는 것이 가장 중요한 일이기도 했다. 그렇기에 서광계는 "농업은 나라를 부유하게 하는 근본이며, 잘 정비된 병사는 나라를 부강하게 하는 근본이다"라는 생각을 마음에 품은 채 과학 기술에 대한 연구를 중시했던 것이다.

실제로 그는 백성들의 배고픈 고통을 조금이라도 덜기 위해 베이징과 톈진(天津)을 오가며, 그리고 노년에 잠시 상하이에 머무르며 각종 농사 기술을 실험하기도 했다.

이때 상하이에서 농장으로 사용하였던 곳이 바로 오늘날의
쉬자후이다. 그는 이곳 쉬자후이에서 실험한 내용을 토대로
『농정전서(農政全書)』(60권)을 집필했다. 글자 50만 자의 방대한
양을 수록한 이 책은 가히 고대 중국의 농업백과사전이라 불릴
만하다.

　그가 직접 재배했던 농작물에는 고구마와 순무가 있었는데,
그중에서도 고구마는 언급할 가치가 있다. 본래 고구마는
서양의 뿌리채소류로 주로 중앙아메리카에서 생산되던
농작물이다. 그러던 것이 남아시아에 전해지게 되었고, 필리핀을
오가며 장사를 하던 중국 상인 천전롱(陳振龍)은 거금을 들여
고구마 덩굴을 구매한다. 그리고 고향인 푸젠(福建) 지역에서
재배하였다. 고구마는 토질과 기후에 구애받지 않고, 재배하기도
어렵지 않았다. 이 소식을 들은 서광계는 고구마를 입수해 농장에
재배하였고, 여러 지역에 보급하였다. 몇 년 후, 장쑤성(江蘇省)과
저장성(浙江省) 일대에 흉년이 들었는데, 마침 백성들은 서광계가
보급한 구황작물인 고구마를 먹으며 견딜 수 있었다. 이처럼 그의
땀과 노력은 실질적으로 백성들의 삶에 도움이 되었던 것이다.

　서광계는 중국 역사에 수많은 업적을 남기며 1633년
베이징에서 생을 마감했다. 그로부터 8년 후, 조정에서는 특사를
파견하여 서광계를 고향 상하이에 귀장하게 하였고, 결국 그는
살아생전 농사 실험을 하던 지금의 쉬자후이에 묻히게 되었다.
그의 자손들은 조상의 무덤을 지키기 위해 하나둘씩 이곳에

정착하여 점차 마을을 이루었다. 그래서 사람들은 이곳을 '서씨 가문이 모여 산다'고 하여 쉬자쿠(徐家庫)라고 불렀다. 이후에는 세 개의 물줄기가 어우러져 만나는 곳이라고 하여 지금의 명칭인 쉬자후이라고 바뀌었다. 쉬자후이의 이름은 바로 이렇게 탄생한 것이다. 이것이 바로 역사적인 의미를 갖고 있는 쉬자후이가 특별한 이유이지 않을까 싶다.

한평생을 나라와 백성을 생각하며 연구에 몰두한 서광계의 모습을 마음속에 담고 광계공원을 빠져나와 쉬자후이 중심가로 향한다. 걸어가는 동안 쉬자후이 천주교 성당 서가회 성당을 비롯하여 중국 최초의 근대도서관이자 방대한 양의 옛 외국서적을 소장해 놓은 장서루(藏書樓, 1847년 설립), 천주교에서 지은 학교인 서회중학(徐匯中學, 1850년), 100년 넘게 기상 관측을 해오던 쉬자후이 천문대(徐家匯 觀象臺, 1872년) 등 이국적인 건축 풍경이 눈에 들어온다. 사실 이 역시 서광계와 관련이 있다. 서광계는 살아생전 서양 선교사인 라자로 카타네오(Lazzaro Cattaneo)를 상하이로 초청하여 천주교당을 설립(1608년)한 일이 있다. 이를 계기로 상하이 개항 후, 이곳은 중국 가톨릭의 중심, 그리고 서양 문화의 중심으로 발전하게 된다. 그렇기에 이 건축들은 일찍이 쉬자후이에서 서양문화가 받아들여졌음을 보여주는 상징, 지표와도 같은 것이다. 그 중심에는 서광계가 있었다. 순간 서광계는 더 이상 역사책 속의 위인이 아닌, 쉬자후이 곳곳에 숨결이 살아 숨 쉬는 이로 여겨졌다.

서회중학

중국의 유명한 작가이자 문화사학자인 위추위(餘秋雨)는
서광계에 대해 '최초의 상하이 사람'이라고 말한 바 있다. 이는
서광계가 상하이 근대 문명의 막을 연 첫 번째 사람이라는
의미다. 공교롭게도 상하이는 개항 후 중국에서 가장 먼저
서양의 사상과 문화의 영향을 받게 되었다. 그리고 서광계의
세계 문화에 대한 개방적인 태도와 시대의 흐름에 발맞춰 변화를
추구하는 정신, 그리고 넓은 안목과 실용적인 모습은 오늘날
상하이 사람들의 모습과 똑 닮아있다. 의심할 여지없이 서광계는
상하이를 대표하는 상징적인 인물인 것이다. 이와 더불어 나라를
걱정하고 백성을 위했던 서광계의 모습과 노력이 그의 후손들과
상하이 사람들이 400년이 지난 지금에도 서광계를, 그리고
쉬자후이를 길이길이 기억하는 이유이지 않을까 생각해 본다.

# 상하이 속 작은 세계,
## 조계지


"중국의 2000년 역사를 보려면 시안(西安)으로 가고, 1000년의
역사를 보면 베이징으로, 그리고 200년의 역사를 보려면
상하이로 가라"는 말이 있다. 이 짧은 한마디의 문장은 중국의
장구한 역사와 도시 발전역사가 어느 정도 되었는지 가늠케 한다.
중국 역사에서 시안은 한나라와 당나라를 비롯하여 13개 왕조의
도읍지로써 중국의 오랜 역사와 문화를 대표해왔다. 그런가 하면
베이징은 수도와 천도를 되풀이하였지만 천 년의 시간 동안 중국
정치 중심의 역할을 해온 곳이다.

그렇다면 상하이의 200년 역사는 무엇을 가리키는 걸까?
이것은 1842년 난징조약 체결 이후 상하이에 들어선 조계 역사를
가리키는 것이다. 먼저 조계지(租界地)란 외국인이 일정한 구역
안에서 자유롭게 거주하며 치외법권을 누릴 수 있도록 정해진
구역을 뜻하는 말이다. 상하이 역사를 이야기할 때, 조계 역사는
결코 빼놓을 수 없을 것이다. 1845년부터 1943년까지, 약 백
년이라는 시간 동안 지속되면서 상하이에 전환점이 될 만큼
커다란 영향을 끼쳤기 때문이다. 그렇기 때문에 상하이를 제대로
이해하기 위해서 이 조계 역사가 매우 중요하다는 것은 두말할

나위 없다.

　상하이에 방문하는 사람들은 종종 '상하이는 중국이 아닌 것
같다'거나, 혹은 '중국의 다른 지역과 느껴지는 분위기가 많이
다른 것 같다'고 이야기하곤 하는데, 이 역시 조계 역사에서
비롯된 것이라고 할 수 있겠다. 상하이시 중심가에서 마주치는
건축이나 상하이 사람들의 생활 모습 속에서도 서양의 흔적을
발견할 수 있을뿐더러, 도시 자체가 활력이 넘치며 굉장히
자유로운 분위기다. 내 생각에도 상하이는 동양에 위치해
있지만, 종종 서양의 모습들이 보이기도 한다. 동·서양의 모습이
오묘하게 섞인 신비스러운 모습이다.

　역사의 큰 맥락에서 조계 역사가 어떻게 형성되었는지
이야기하려면 아편전쟁에 관한 이야기부터 하면 좋을 것 같다. 그
전에 잠깐 개항 이전 상하이의 모습이 어땠는지부터 살펴보자.

　먼 옛날 상하이는 바다와 인접한 어촌마을이었다. 상하이를 또
다른 말로 '신(申)', 또는 '호(滬)'라고 부른다. 중국에서 자동차
번호판을 보면 상하이 도시의 표기가 호(滬)로 되어 있다. 이것은
바닷가에 장대를 세우고 그물로 물고기를 잡는 도구를 가리키는
말이었다고 한다. 즉 '호'라는 호칭은 본래 상하이의 출발점이
어촌이었음을 보여주고 있다.

　상하이는 원나라 1292년에 정식으로 현(縣)이 되었다. 현은
우리나라로 치면 시(市)보다 작은 군이나 읍에 해당하는 규모라고
할 수 있다. 당시 상하이가 얼마나 작은 마을이었는가를 이

행정구역명에서 어렴풋이 짐작할 수 있겠다. 명나라와 청나라에 들어서는 사선(沙船)으로 무역업이 번성하기 시작했으나, 몇 차례 해금 정책이 시행되어 무역이 제한되기도 했다. 이후 해금 정책이 완화되며 상하이는 지리적 이점을 발휘하여 중국 남북지역 무역의 중요한 교통 중추로 자리 잡았다. 그렇지만 항저우(杭州)나 쑤저우(蘇州)와 같이 당시 문화적으로 번성했던 주변 도시에 비하면, 별다른 주목을 받지 못했다. 과거 상하이는 오히려 '작은 쑤저우(小蘇州)'로 불리는 것을 자랑스러워할 정도였다고 하니 말이다.

## 아편전쟁과 난징조약

이렇게 평범하기 짝이 없던 상하이가 커다란 전환을 맞이하게 된 사건이 있다. 바로 아편전쟁과 그로 인해 난징조약(南京條約)이 체결된 일이다. 이 사건의 시작은 청나라와 영국이 광저우(廣州)에서 무역을 진행하던 19세기로 거슬러 올라간다. 당시 중국의 차(茶)와 비단, 그리고 도자기가 서양으로 수출되며 많은 인기를 얻었다. 반면 서양에서 수출한 목면과 같은 물건들은 중국에서 그다지 잘 팔리지 않았다. 상황이 이러하니 영국의 은이 청으로 빠져나갔던 건 당연한 일이었다. 영국은 상황을 역전하기 위해 계략을 꾸미기 시작했다. 호시탐탐 기회를 엿보며 인도에서 재배한 아편을 청에 몰래 팔기로 한 것이다. 아편은 중독성이 있기 때문에 점점 아편에 중독된 중국인들이 많아졌고, 이번에는 반대로 청나라의 은이 인도를 통해 영국으로 유출되는 역전 현상이 발생했다. 이로 인해 수많은 중국인들이 아편에 중독되어 정신과 건강을 해친 것은 물론이며, 은의 유출로 청나라 경제는 큰 타격을 입을 수밖에 없었다.

상황이 심각해지자 청나라 황제 도광제(道光帝)는 흠차대신 임칙서(林則徐)를 파견하여 사건을 진압하도록 했다. 곧바로 광저우로 향한 임칙서는 영국 상인들의 아편을 몰수하여 석회를 뿌려 바다에 흘려보냈고, 아편 무역을 금지시켰다. 그러나 이러한 상황을 겪은 영국이 가만히 있을 리가 없었다. 영국은 이 사건을 빌미로 아편전쟁을 일으킨 것이다. 2년 동안 이어진 이 전쟁은 신식 군대를 갖춘 영국의 승리로 끝나고 말았다. 아편전쟁에서 패배한 청은 결국 불평등조약인 난징조약을 체결할 수밖에 없었다. 이 조약을 살펴보면, 상하이를 포함한 광저우(廣州), 샤먼(廈門), 푸저우(福州), 닝보(寧波) 등 5개 항구 개항, 홍콩섬을 영국에 할양, 몰수당한 아편의 배상금 지급 등의 조항이 담겨있다. 청나라로써는 어느 것 하나 공평한 것 없이 매우 굴욕적인 내용들이었던 것이다.


상하이 땅에 형성된 조계지


난징조약을 체결하고 얼마 지나지 않아 영국인들이 개항

항구에 모습을 드러냈다. 상하이에 첫발을 내딛던 이들은 초대
상하이 영사로 임명받은 조지 밸푸어(George Balfour)를 비롯하여
영사관 직원, 상인, 선교사로 구성된 사람들이었다. 포병부대
중대장이었던 밸푸어는 서른넷의 젊고 유능한 사람이었다. 그는
군인 출신답게 상하이에 도착한 첫날부터 질서 있고 빈틈없이
일사불란하게 움직였다. 그가 상하이에 도착해서 가장 먼저 한
일은 상하이 개항을 선포(1843년 11월 17일)하는 동시에 거주지를
마련하고, 영국영사관을 설립한 일이었다. 당시 상하이에는
일찍이 왜구의 침략을 막기 위해 만들어진 성벽이 있었는데,
상하이 현에 세운 성이라고 하여 현성(縣城)이라고 불렀다. 많은
사람들이 안전이 보장되는 성안에 살고 있었으며, 두말할 나위
없이 이곳은 당시 상하이의 중심지였다.

　영국인들은 현성 안에서 묵을 곳을 찾았지만, 결국 찾지
못했다. 중국인들은 아편전쟁 때 중국을 공격했던 영국인에게
적대감을 품고 있었기 때문에 집을 임대해 주려는 사람이
없었던 것이다. 그러던 찰나, 밸푸어 일행은 현성 안에 있던
광동(廣東)지역 상인 야오(姚)씨 저택을 임대받을 수 있었다.
그러나 며칠 후, 점점 이상한 일들이 일어났다. 그들이 현성
안에 산다는 소문이 퍼지자 중국인들은 속속들이 모여들어 집을
에워싸고 호기심 어린 눈으로 구경하러 모여든 것이다. 사실
집주인 야오 씨의 속셈은 따로 있었다. 외국인을 구경거리로 삼고
입장료를 받아 챙기려는 것이었다. 과연, 돈 버는 데 있어 수완이

좋기로 유명한 광동 상인다운 발상이었다. 이를 알게 된 밸푸어는 불같이 화를 내고 현성 안의 다른 곳으로 거주지를 옮겼다고 한다.

이처럼 영국인들은 상하이에 상륙한 초반에 중국인들과 함께 현성 안에서 생활했지, 처음부터 영국 조계지를 만들었던 것은 아니었다. 그렇다면 상하이 조계지는 언제부터 생겨난 것일까? 현성 안에서 중국인과 영국인의 동거는 서로의 마음을 불편하게 만들었다. 상하이 관리들은 외국인들과 의견 충돌이 발생하여 혹여라도 자신들의 관직에 불리하게 작용하지는 않을까 우려했다. 영국인들도 현성 안의 면적이 협소하기 때문에 발전하기 적당치 않다고 생각하던 참이었다. 그리하여 양측은 충돌을 야기할 수 있다는 것을 이유로 삼고, 영국인들이 현성 밖으로 나가기로 한다.

밸푸어는 상하이에 미리 점 찍어둔 땅이 있었다. 지금의 와이탄(外灘) 자리였다. 그는 상하이의 행정책임자 격인 도대(道臺)에게 와이탄이 마음에 든다며 이 일대를 사용하고 싶다고 밝혔다. 그러나 이 말을 들은 도대는 어리둥절할 수밖에 없었다. 당시 이 지역은 갈대밭이 무성하게 우거진 황량한 진흙투성이의 땅이었기 때문이다. 물론 지금이야 와이탄 일대가 상하이 최고의 번화가로 손꼽히지만, 이는 조계지가 들어선 이후 발전하고 나서의 모습이다. 와이탄의 탄(灘)은 개펄이라는 뜻인데, 말 그대로 이곳은 진흙밭일 뿐이었다. 도대의 생각에

수풀이 잔뜩 우거진 이 저습한 일대는 어차피 사용하지 않는 땅이니 넘겨줘도 된다고 생각했던 모양이다. 속으로는 '쯧쯧, 외국인 촌놈들 같으니라고. 상하이에 대해 잘 알지도 못하니 이런 질퍽거리는 땅을 넘겨달라고 하지'라고 생각했을지도 모르겠다.

정말이지 당시 이곳은 수많은 웅덩이가 있는 온통 진흙투성이의 땅이었다. 당시 영국인들이 남긴 글을 보면, 땅이 너무 질퍽거린 나머지 외출할 때면 꼭 가죽 장화를 신고 다녔다는 기록이 남아있다. 발이 진흙 속에 빠지는 일도 다반사였는데 있는 힘껏 힘을 주어 다리를 빼면 발만 쏙 빠질 뿐, 장화는 진흙에 그대로 남아있을 정도였다고 한다.

그렇다면 밸푸어는 왜 이곳에 영국 조계지를 마련했던 것일까? 정말 상하이에 대해 잘 몰라서 그랬던 걸까? 사실 밸푸어의 생각은 따로 있었다. 상하이, 이 도시를 말하자면 쓰촨성(四川省)에서부터 상하이까지 이어지는 창강이라는 황금수로 하구에 위치해 있고, 중국 동부 연안 가운데에 위치해 태평양으로 진출할 수 있는 길목에 있다. 마치 창강은 화살, 중국 연안은 활 모양을 연상시키는데, 중국 내륙의 경제를 태평양으로 발사시킬 수 있는 그러한 접점에 위치해 있다고 볼 수 있다. 여기에 상하이 시내를 가로지르는 황푸강과 쑤저우강이 바로 와이탄 앞에서 흐르고 있지 않은가. 이처럼 영국인의 안목에서 와이탄 일대는 천혜의 지리적 여건을 갖추었다고 할 수 있다.

그렇기 때문에 밸푸어는 만약 황푸강, 쑤저우강과 가까운

와이탄의 모습

와이탄을 차지할 수 있다면, 이 강을 통해 영국 무역배가
자유로이 드나들 수 있고, 군함 정박도 용이할 것이라고
생각했다. 밸푸어가 생각할 때 지리적인 관점에서 보자면
와이탄은 더없이 좋은 위치였던 것이다. 어리석은 선택이라고
생각했던 중국인들과는 달리, 오히려 밸푸어는 상하이의 천혜의
자연환경을 미리부터 너무나 잘 알고 와이탄 일대를 영국
조계지로 선택했던 것이었다. 그리고 황푸강과 쑤저우강이
교차하는 지점에 영국영사관을 설립했다. 즉, 같은 공간이라
할지라도 중국은 중농주의(重農主義)적인 시각으로 와이탄 일대의
땅을 바라보았고, 서양은 중상주의(重商主義)적인 시각으로
보았다고 할 수 있겠다. 서로 다른 안목이 결국 이러한 결정으로
이어졌던 것이다.

   오랜 시간 동안 협상을 거듭한 끝에 상하이 도대 궁모구(宮慕久)와
밸푸어는 『상하이 토지 장정(上海土地章程)』(1845년 11월 29일)을
체결하였다. 이것은 상하이 백 년 조계의 첫 시작을 알리는
신호탄이었다. 상하이 측은 16만 6천 평의 땅을 영국에게
빌려주기로 했다. 그리고 양측은 '화양분거(華洋分居)' 정책을
실행키로 했다. 간단히 말해, 외국인과 중국인이 한 공간 안에서
거주할 수 없다는 정책이었다. 이러한 정책을 취한 이유는
간단했다. 현성과 조계의 관리를 편하게 하기 위해서였다. 기록에
따르면, 이것은 상하이 도대로부터 나온 의견이었다고 한다.
문화가 서로 다른 사람들이 어우러져 살다 보면 갈등과 분쟁이

불가피할 것이라는 생각 때문이었다. 그 내면에는 외국인의
생활방식이 중국인의 전통사상에 영향을 줄 것이라는 우려가
깊이 자리하고 있었다.

이처럼 1845년 영국 조계지가 상하이에 들어선 이후, 미국과
프랑스 조계지가 각각 1848년, 1849년에 차례로 세워졌다.
그리고 1862년에는 영국 조계와 미국 조계가 합쳐지면서
영미공공조계지로 변경되었다.

조계 내에는 상대적으로 독립된 행정권과 입법권, 사법권이
있었으며, 치외법권이 인정되었다. 그리고 순포, 군대, 감옥이
있었다. 쉽게 말해, 조계 내에서 영국인이 중국인에게 잘못을
저지른다고 하여도, 청나라 법에 따르는 게 아니라, 영국
총영사관의 법률을 따른다는 것이었다. 마치 '나라 안에 또 다른
나라(國中之國)'가 생긴 형국이었다.

## 중국인과 외국인이 공존하는 공간

영국 조계가 설립된 후, 바둑판처럼 네모반듯한 도로나
유럽식 건물이 들어섰다. 그러나 외적인 부분만 얼추 형성되었을
뿐, 조계 안은 거의 변화가 없었다. 가장 큰 이유로는 인구의
증가폭이 크지 않았기 때문이다. 기록에 따르면 1844년 영국
인구는 고작 50명에 불과했으며, 1851년에는 265명에 머물렀다고
한다. 7년 동안 영국 조계 안의 인구수가 215명 남짓 증가한

것이다.

그러나 '반청복명(反淸復明)'을 주장하는 소도회기의(小刀會起義, 1853~1855)가 발발하여 상하이 현성을 점령하고, 태평천국(1851~1864)이 확산되자 상하이의 정세는 갈수록 혼란에 빠졌다. 이에 불안을 느낀 중국인들은 전란을 피해 외국인들의 거주 지역인 조계 안으로 들어갔다. 조계 안에는 무장한 의용대가 조직되어 있었고, 법률적인 보호를 받을 수 있었기 때문에 안전을 위해 이곳을 피난처 삼아 피난을 가게 된 것이다. 그 결과 조계 내의 인구는 11만 명이 넘는 인구가 증가했다고 한다. 또한 상하이 사람뿐만 아니라 저장성, 장쑤성과 같은 상하이 주변 지역 사람들도 전란이 발생하거나, 흉년이 들어 생계유지가 어려웠을 때 상하이의 조계로 들어왔다.

수많은 중국인들이 안으로 들어오기 시작한 초반에 조계 당국에서는 반대의 입장을 취했다. 갑작스럽게 불어난 사람들로 도시의 질서나 행정 관리가 어려울 것이라고 예상했기 때문이다. 그러나 이와 반대로 외국 상인들은 이러한 상황을 두 팔 벌려 환영했다. 그동안 조계 안에는 인구수가 많지 않았기 때문에 이들이 돈을 벌 수 있는 방법이 없었다. 그러나 만약 많은 이들이 조계에 거주하게 된다면 상업과 더불어 부동산 사업이 발전하지 않겠는가. 큰돈을 벌 기회를 노리며 상하이에 온 외국인 자본가들에게 이것은 더할 나위 없이 좋은 기회였다.

중국인들이 조계 안으로 유입되면서 그동안 견지되었던

화양분거의 국면은 깨지게 되었다. 결국 조계 당국은 외국인과 중국인이 함께 살아가는 화양잡거(華洋雜居)의 길을 택했다. 역시 이러한 상황에서 가장 환호하는 것은 외국인 자본가들이었다. 그들의 예상대로 조계지에는 인구가 폭발적으로 급증하면서 부동산 수요가 많아졌기 때문이다.

이 밖에도 중국인들뿐만이 아니라 여러 국적의 사람들이 상하이에 속속들이 모여들었다. 이들이 상하이에 온 목적은 모두 각양각색 다양했다. 당시 상하이는 출입국 시 전 세계에서 유일하게 비자가 필요 없는 곳이었다. 바꿔 말하면, 외국인들이 자유로이 들어올 수 있도록 허락된 도시였던 것이다. 그리하여 1917년 10월 러시아 혁명 이후에는 러시아인들이, 그리고 제2차 세계대전 시기에는 유대인 난민들이 이곳으로 피난을 오기도 했다. 또한 우리 한국의 독립운동가들처럼 상하이로 망명해 독립운동을 전개한 이들도 여기에 속했다.

이 밖에도 제1차 세계대전 이후 일본인이 점차 상하이 홍커우(虹口) 지역에 들어오며 일본인 거리가 형성되었고, 1930년대에는 홍커우에 약 3만 명에 이르는 일본인이 거주하였다. 그리고 이 밖에도 서양 문물을 경험하여 견문을 넓히고자 했던 외국인들과 지식인들도 상하이에 모여들었다. 이처럼 상하이는 여러 나라 사람들의 피난처이자, 타국살이였다. 세계 여러 나라에서 온 다양한 국적의 사람들이 함께 조계지 안에서 살았으니, 이 작은 공간에는 일찍이 지구촌이 형성되었다고 할 수 있겠다.

조계 내 인구가 증가하면서 도로는 종횡으로 뻗어나가며 편리한 인프라를 구축하게 되었고 도시 규모가 점차 확대되었다. 상점도 여럿 생겨났으며, 상품들이 점점 다양하고 풍부해지기 시작했다. 당시 조계 지역에 거주했던 기록들을 살펴보면, 중국인들은 모두 하나같이 잘 정돈된 도로에 감탄을 금치 못했다고 한다. 평탄하게 잘 포장된 곧은 차도와 연석으로 구분된 보행자 도로, 게다가 도로에는 여러 차들이 지나다녀도 먼지조차 나지 않으니 신기할 만했다. 또한 깔끔한 상점과 견고한 교량도 중국인들의 눈에는 새로웠다.

뿐만 아니라 1865년에는 중국 최초의 가스회사 중 하나가 상하이에 설립되면서, 조계의 도로에는 가스등 조명이 켜졌다. 당시 일반 가정에서는 촛불이나 등잔불을 사용하였기 때문에 매우 신기해했으리라. 곧이어 1882년에는 상하이 난징루에 전등이 켜지며 길을 밝혔다. 같은 해 상하이 최초의 공용전화가 생겼고, 1908년에는 궤도전차가 들어섰다. 상하이는 서양의 선진화된 기술과 우월성을 실험하는 동시에 도시화 된 공간이 되었다.

이처럼 상하이의 번영과 발전은 몇 차례 겪었던 이주 붐과 관련이 있다고 할 수 있겠다. 많은 인구의 유입을 통해 조계 지역이 확대되고 발전한 것이다. 그리고 조계 지역이 확대되고 발전함에 따라, 이곳에는 세계 각국의 다양한 인재들이 모여들었고 선진적인 기술과 자금이 집중되었다. 점차 서양의 선진적 기술과 생활방식이 조계 안으로 유입되면서, 이곳은 기존에 우리가 알고 있던 중국의 전통적인 모습과 확연히 다른 생활방식이 상연된 것이다. 이처럼 상하이 조계지에는 서양 문물이 유입되면서 중국에서 가장 선진적이 도시로 거듭났다.

조계지가 형성된 이후 상하이 외형과 도시 발전에 생긴 큰 변화는 무시할 수 없을 것이다. 동양으로 들어온 거대한 백화점과 영화관, 그리고 마천루는 중국인들에게 위압적인 모습으로 비춰지기도 했다. 그러나 조계 역사 당시 서양이 남기고 간 영향은 눈에 보이는 건축물이나 도시 외적인 부분뿐만이 아니었다. 서양 문물이나 사상은 중국인들의 삶과 생활방식, 문화에 깊숙이 침투했다. 서양식 건축물인 성당이나 교회 안에서는 미사나 예배를 드릴 수 있었고, 영화관에서는 미국에서 상영하는 할리우드 영화를 관람할 수 있었다. 차 대신 커피를 마시며 서양의 문화를 접하기도 했다. 이처럼 중국인들은 가까운 곳에서 서양 문화를 접할 수 있는 기회를 갖게 되었던 것이다. 그렇다고 이들이 서양 문물을 맹목적으로 수용했던 것은 아니지만, 당시 중국인들의 사상과 삶에 많은 영향을 끼친 것은 부정할 수 없는 사실이다. 중국인들은 '외국 문물을 숭배하기는 하되, 외세에 빌붙지 않는다(崇洋而不媚外)'는 태도를 취하며 조계에서의 서양 문물 체험을 이어나갔다.

이처럼 상하이에는 조계라는 특수한 공간이 설립되며, 서양

문물이 파도처럼 몰려왔고, 기술이 도입되며 중국에서 가장
선진적인 도시가 되었다. 이곳은 '모험가들의 낙원', '기회의
땅'이라고 불리며 동서양의 수많은 사람들이 모여들었다. 조계
내에서는 동양과 서양의 다양한 문화가 공존하게 되었고, 상호
간에 영향을 주고받았다. 그야말로 이곳은 다양한 문화가 융합된
곳이자, 거대한 동서양 문화의 교류의 장과도 같았다. 중국의
전체적인 역사를 보면, 조계지의 역사가 굴욕의 역사임에는
분명하다. 그러나 상하이 도시만을 보고 그 역사를 바라보면,
상하이가 지금의 국제도시가 되는 데 있어서 조계지의 역할은
부정할 수 없을 것이다.

## 늦은 출발에도
## 가장 반짝이는 푸동

"자~ 눈을 감고 머릿속에 상하이를 한 번 떠올려보세요. 어떤
모습이 가장 먼저 떠오르시나요?"

여러분들은 '상하이'라고 하면 바로 머릿속에 떠오르는 풍경이
있으신가? 아마 상하이에 살거나 몇 차례 오간 적이 있다면
머릿속에는 자기만의 추억이 담긴 특별한 장소가 그려질지도
모르겠다. 그렇지만 감히 한번 추측해 보건대 대부분의 사람들은
상하이의 랜드마크인 동방명주(東方明珠), 그리고 그 옆의
고층빌딩을 떠올리지 않을까 싶다. 서울하면 서울의 랜드마크인
'N서울타워'가, 뉴욕하면 '자유의 여신상'이, 그리고 파리하면
'에펠탑'이 자연스레 떠오르는 것처럼 말이다. 그렇기 때문에
뉴스에서도 상하이에 관한 뉴스를 보도할 때면 상하이의 상징인
동방명주 스카이라인의 풍경은 빠짐없이 꼭 등장하곤 한다.

상하이의 랜드마크인 동방명주는 루자주이(陸家嘴)에 있다.
상하이 지도를 보면 상하이를 관통하여 굽이굽이 흐르는
황푸강이 시 중심가에서 90도 가까이 꺾어진 구간이 있는데,
이곳이 바로 루자주이다. 루자주이라는 명칭은 명나라 시대
유명한 서예가이자 문학가였던 육심(陸深)의 고거를 비롯해

푸동 루자주이 스카이라인 야경

육씨(陸氏) 조상의 무덤이 이곳에 있었다는 데서 유래했다. 여기서 이들의 육(陸)씨 성을 땄고, 황푸강이 90도 굽어진 모습이 마치 커다란 동물이 입을 벌리고 물을 마시는 모습 같다고 하여 입, 주둥이를 뜻하는 취(嘴)가 붙었다. 루자주이에는 동방명주를 비롯하여 88층 높이의 진마오 타워(金茂大廈), 병따개 건물이라고도 불리는 101층짜리 상하이 세계금융센터(SWFC, 上海環球金融中心), 127층으로 중국에서 가장 높은 상하이 타워(上海中心大廈) 등 세계에서 내로라하는 고층빌딩이 하늘에 닿을 듯 높이 솟아있다.

　루자주이의 전경을 한눈에 담고 싶다면 어디로 가는 게 가장 좋을까? 뭐니 뭐니 해도 와이탄에서 바라보는 루자주이 풍경이 가장 멋지지 않나 싶다. 특히 땅거미가 질 무렵이면 루자주이 빌딩 숲의 조명들은 하나둘 켜져 반짝반짝 빛나는데, "우와~ 멋지다~"하는 관광객들의 탄성 소리와 카메라 셔터 소리가 여기저기서 들린다. 주머니 사정이 넉넉하다면 와이탄 유럽식 건축 안에 있는 레스토랑이나 바에 앉아 느긋하게 건너편 루자주이 풍경을 바라보는 것도 좋다. 특히 야외석 자리에 앉으면 선선한 바람을 온몸으로 맞으며 멋진 야경을 만끽할 수 있다.

　와이탄과 루자주이 사이에는 한 줄기의 강이 넘실대며 흐르고 있다. 이 강의 이름은 황푸강이다. 서울이 한강을 기준으로 남과 북으로 나뉘듯, 상하이는 황푸강을 기준으로 동과 서로 나뉜다. 상하이는 크게 푸시와 푸둥으로 구분하는데, 바로 이 황푸강의 명칭 중 포(浦)를 따서 서쪽을 푸시(浦西), 동쪽을 푸동(浦東)이라고 부르는 것이다. 와이탄은 푸시, 그리고 강 건너의 루자주이는 푸동에 속한다.

이번엔 와이탄에서 황푸강을 건너 루자주이로 가볼까? 황푸강을 건너는 방법에는 몇 가지가 있다. 먼저 와이탄 남쪽에 있는 부두 와이탄 페리(上海輪渡)에서 2위안을 내고 5~10분 소요되는 페리를 타고 이동하는 방법, 그리고 황푸강 아래로 연결된 관광 지하터널 와이탄 관광 지하터널(外灘觀光隧道)을 이용하는 방법이다. 하지만 와이탄 관광 터널은 어두컴컴한 지하터널에 몇 가지 반짝이는 조명을 설치해 놓았을 뿐 금액도 비쌀뿐더러(50위안, 한국 돈 약 만 원) 볼거리도 없기에 그다지 추천하지는 않는다. 또 하나는 지하철을 타고 가는 방법이다. 난징동로(南京東路) 역에서 연두색 노선인 2호선을 타고 한 정거장만 더 가면 루자주이 역에 도착할 수 있다.

역에서 내려 출구로 나오면 눈앞에는 커다란 빌딩들이 사방팔방에서 불쑥불쑥 나타난다.

"어머머, 방금 전 저 멀리 와이탄에서 볼 때는 동글동글 귀엽게 느껴지던 동방명주가 가까이서 보니 이렇게 큼지막하구나."

"우와, 저 빌딩은 어쩜 저렇게 높아!"

루자주이에 발을 내딛는 순간부터 동방명주 크기에 한 번 놀라고, 진마오 타워(420.5M), 상하이 세계금융센터(492M), 상하이 타워(632M)의 높이에 또 한 번 놀란다. 이 키다리

루자주이의 동방명주 야경

삼총사는 고개를 하늘 위로 있는 힘껏 젖혀야지만 꼭대기가 보일까 말까 한다. 루자주이에 세워진 다른 빌딩들도 워낙 높긴 하지만, 이 삼총사 옆에 있으니 아담해 보이는 착시 현상까지 생긴다. 음, 뭐랄까. 가뜩이나 덩치가 큰 코끼리 무리에 유난히 목이 긴 기린 세 마리가 고개를 꼿꼿이 들고 서 있는 것 같다고 할까?

빽빽이 들어선 빌딩 숲 사이사이를 거닐며 루자주이의 분위기를 느껴본다. 깔끔한 정장을 입은 채 바삐 움직이는 회사원들, 동방명주 앞에서 기념사진을 찍는 관광객들, 한껏 차려입고 쇼핑 나온 사람들이 보이고, 세련되면서도 개성 있는 빌딩들이 눈길을 잡아끈다. 신기하게도 여기저기 구경하면서 마주친 수많은 빌딩들 중에는 비슷한 외관이 거의 없다. 이는 상하이 시에서 도시 미관을 위해 비슷한 디자인의 건축을 세우지 못하도록 제한했기 때문이다.

또한 중국을 비롯한 세계 여러 나라의 은행이나 보험회사 등의 간판도 여기저기 눈에 뜨인다. 루자주이는 '금융무역구(金融貿易區)'로 지정된 곳이다. 그렇기 때문에 금융 관련 회사들이 유난히 많은 것이다. 상하이의 금융 허브로 떠오른 루자주이는 푸동의 핵심이자 푸동을 대표하는 장소라고 할 수 있다.

 어쩌면 사람들이 보기에 푸동의 루자주이는 대도시에
으레 있을법한 고층빌딩 숲으로 생각할지도 모르겠다.
그러나 이곳에는 조금 특별한 이야기가 숨어있는데, 여기
있는 수많은 빌딩들이 모두 1990년대 이후에 지어졌다는
사실이다. 말 나온 김에 어디 한 번 볼까? 동방명주 탑은
1994년도에, 진마오 타워는 1998년, 상하이 세계금융센터는
2008년에 지어졌고, 상하이 타워는 2016년에 완공되었다.
2001년 APEC이 열렸던 국제회의센터(1999년), 샹그릴라
호텔(1998년), 정대광장(正大廣場, 2002년), 2010년에 문을 연
국제금융센터(國際金融中心, IFC Mall) 등 루자주이에 있는 수많은
건축들은 하나같이 지어진 지 30년도 채 안 된 건물들이다.

 1990년대 초반 푸동 루자주이의 사진을 보면, 예전의 모습은
말 그대로 황량 그 자체였다. 지금과 같은 장소라고는 전혀
믿기지 않을 정도로 푸르른 논밭과 각종 공장, 창고가 가득한
곳이었다. 1990년대 초반만 해도 이처럼 황량했는데, 하물며 더
먼 과거에는 어땠을까?

 과거 광활한 평야였던 푸동에는 메벼와 같은 곡식을 비롯해
다양한 농작물이 심어져 있던 곳이었다. 또 염업, 그리고 면화와
같은 수공업이 발달하기도 했다. 제1차 아편전쟁 이후, 영국과
미국, 프랑스는 황푸강의 서쪽, 그러니까 푸시 지역에 조계를

1990년 이전의 푸동과 지금의 푸동

설립하였다. 그러나 접근성이 떨어지던 강 건너의 푸동은 푸시와 달리 조계 범위에 속하지 않았다. 대신 외국인들은 푸동의 자연적인 환경을 이용하였다. 이곳의 강가를 점유하여 부두와 창고, 공장을 세운 것이다. 또한 외국인들은 무역과 선박수송이 필요하다고 생각해 푸동의 강변에 선박 수리 제조공장과 조선소를 세웠다. 오늘날 푸동 빈장공원(濱江公園)에는 갈퀴 모형의 동상이 공원 한가운데에 있는데, 본래 이 자리에 있던 조선소를 기념하기 위해 세워진 것이다.

상하이 시 중심에서 푸시와 푸동을 잇는 첫 대교인 난푸대교(南浦大橋)조차 1991년에서야 건설되었는데, 이는 곧 그전에는 양안을 잇는 다리가 없었다는 것을 의미했다. 그렇기 때문에 그 옛날 푸동에서 푸시를 가려면 꼭 배를 타고 황푸강을 건너야만 했다. 그래서 푸동 사람들이 푸시에 갈 때면 "상하이에 간다"고 말했다고 한다. 당시 푸동은 그야말로 상하이 변두리 중의 변두리였던 것이다. 게다가 사람들 사이에서는 "푸동에 집 한 채 있는 것보다, 푸시에 침대 한 칸 있는 게 낫다"라는 말도 있었다고 하니, 과거에 푸동은 그다지 살기 좋은 곳이 아니었나 보다. 중국 근현대사를 뒤흔들었던 '송씨 세자매'의 모친 니구이전(倪桂珍), 그리고 한때 상하이를 주름잡았던 청방의 두목 두웨성(杜月笙)은 푸동에서 태어나 이곳에서 어린 시절을 보냈다. 그러나 이들 역시 장성한 뒤에는 푸동을 떠나 푸시로 나왔다. 우리말에 '말은 제주로 보내고, 사람은 서울로 보내라'라는 말이 있듯이, 푸둥에서는 '사람은 장성하면 푸시로 보내라'라든가 '출세하려면 푸시로 가라'라는 말이 있었던 것은 아니었을까. 어쨌든 그 옛날 푸둥은 논과 밭이 가득하고 그 위에는 공장과 창고, 그리고 허름한 판자촌이 드문드문 세워진, 상하이에서도 가장 낙후한 지역이었다.

이랬던 푸둥이 1990년대 들어서 대변신을 하게 된다. 황량한 논과 밭이 있던 곳에는 세계에서 손꼽히는 고층빌딩들이 하나둘씩 들어섰고, 루자주이는 국제적인 금융·무역의 허브로 발돋움 한 것이다. '푸둥의 기적'이라 불릴 만하지 않은가 싶다. 그 옛날 푸둥에 살던 사람이 오늘날의 발전한 푸둥을 본다면 놀라자빠질지도 모르겠다. 그야말로 천지가 개벽할 노릇이니 말이다.

## 덩샤오핑의 푸둥 개발

그렇다면 푸둥이 갑자기 탈바꿈을 하게 된 계기는 무엇이었을까? 푸둥에 기적의 바람을 일으킨 것은 푸둥 개발(浦東開發)이었다. 푸둥 개발은 1990년 4월, 중공중앙·국무원의 동의를 받으면서부터 시작되었다. 특히 루자주이에 국가급 금융무역구를 설립하여 세계 여러 나라에서 손꼽히는 기업과 금융회사들의 투자를 유치하기도 했다.

특히 푸둥 개발은 중국개혁개방의 총 설계자였던 덩샤오핑(鄧小平)의 주목을 받고, 빠른 속도로 성장했다.

덩샤오핑의 상하이 시찰
(1992.2.7)

개혁개방을 통해 중국의 경제를 살리고자 한 덩샤오핑은 1992년,
88세의 고령의 나이에도 불구하고 우한(武漢), 선전(深圳),
주하이(珠海)로 향해 개혁개방 상황을 시찰한 뒤, 마지막으로
상하이에 도착함으로써 '남순강화(南巡講話)'의 마침표를
찍었다. 상하이를 둘러보던 덩샤오핑은 당시 상하이 시장이던
주룽지(朱鎔基)에게 "나의 가장 큰 실수는 4대 경제특구(선전,
주하이, 샤먼(厦門), 산터우(汕頭)를 가리킴)를 지정할 때
상하이를 포함시키지 않은 것이다. 그렇지 않았더라면 현재의
창강삼각주(長江三角洲)와 창강 유역은 물론 중국 개혁개방
국면도 지금과 달랐을 것"이라며 아쉬워했다고 한다. 이와

동시에 그는 상하이가 푸동을 중심으로 크게 발전할 것이라
확신했다.

　상하이를 향한 덩샤오핑의 애정은 그의 행동에서도
엿볼 수 있다. 그는 1988년부터 1994년까지, 7년 연속으로
상하이에서 구정을 보냈다. 또 한겨울 건설 현장을 직접 찾아가
추위에 고생하는 노동자들을 격려하기도 했다. 당시만 해도
허허벌판이던 푸동을 바라보며 덩샤오핑은 과연 어떤 생각을
했던 걸까? 그는 정말로 상하이의 청사진을 미리 보았던 것일까?
아니면 현재의 상하이는 그의 상상을 초월할 정도로 더 빠르게
질주하며 발전하고 있는 것일까?

## 푸동의 현재와 미래

　푸동의 정식 명칭은 '푸동 신개발 지구(浦東新區)'이다. 흡사
우리나라의 신도시처럼 주택과 상업을 새로이 개발하고 건설한
지역이라는 뜻이다. 푸동이 개발되면서 가장 먼저 건설된
것은 푸시와 푸동을 연결하는 대교와 지하철이었다. 황푸강
위로는 난푸대교(南浦大橋, 1991), 양푸대교(楊浦大橋, 1993),
쉬푸대교(徐浦大橋, 1997), 루푸대교(盧浦大橋, 2003)가 차례로
지어졌다. 차를 타고 위의 대교를 지나가다 보면 대교 한가운데
글자가 쓰여져 있다. 난푸대교 위의 글자는 덩샤오핑이, 그리고
양푸대교의 글자는 전 상하이시 당 서기였던 장쩌민(江澤民)이

쓴 것이라고 한다. 양안을 잇는 연결고리로는 대교 외에도
쑤이다오(隧道)라 부르는 하저 터널이 있다.

푸동에 다녀올 때면, 현대화된 지역이라는 느낌을 팍팍 받고
온다. 그도 그럴 것이 1990년 이후부터 발전하며 현대적인
인프라가 구축된 동네이니 당연한 일일 지도 모르겠다. 푸동
지역의 길 이름은 적지 않은 길 이름에 중국 지역명을 사용한
푸시와 다르다. 푸동 지역에서는 현대적이고, 국제적인 길
이름이 많기 때문이다. 예를 들어서 푸동 시내 한 가운데에 있는
세기대도(世紀大道), 다섯 대륙을 뜻하는 오주대도(五洲大道)를
비롯해 장강고과학기술단지(張江高科技園區) 안의 거리 이름은
과거 중국의 천문학자인 장형의 이름을 딴 장형로(張衡路),
물리학자인 퀴리부인의 이름을 딴 퀴리로(居里路), 뉴턴의 이름을
딴 뉴턴로(牛頓路)가 있다.

주거환경이 쾌적하고 좋기 때문에 현재 576만 명(2022년 기준)
이 넘는 상하이 시민들이 이곳에 거주하고 있다. 오늘날 푸동은
상하이 전체 구(區) 중에서 가장 많은 인구가 사는 지역이 된
것이다. 푸동에는 시설이 깔끔하고 보안이 철저하여 상하이에서
살기 좋기로 소문난 아파트들도 적지 않다. 어쨌든 내가 생각하는
푸동은 깔끔하고 정돈이 잘 되어있는 게 언제 가도 참 기분 좋은
동네다.

사람들은 보통 푸동에 가면 루자주이를 비롯한 푸동
중심지역을 많이 들리겠지만, 사실 푸동의 면적은 이보다 훨씬

크다. 2009년에는 상하이 동남쪽에 있던 난후이구(南匯區)가 푸동에 편입되면서 몸집이 불어나 무려 1,210km²가 되었다. 이게 얼마나 큰 숫자인지 감이 잘 오지 않는데, 이는 상하이 면적의 20%에 해당하며, 무려 서울 면적의 두 배나 되는 크기라고 한다. 한 개의 구(區)가 이렇게나 크다니, 정말 놀랍다.

그럼 푸동에서 중심가를 제외한 곳에는 무엇이 있을까? 현재 푸동에는 네 개의 '개발 지역'이 있다. 앞서 살펴본 고층 건물이 즐비하게 세워진 루자주이 금융무역구를 비롯해, 와이가오차오 보세구(外高橋保稅區), 진차오 수출가공구(金橋出口加工區), 그리고 첨단과학기지인 장강고과기원구(張江高科技園區)가 푸동에 있다. 지난 2013년에는 경제 개혁을 위하여 '상하이 자유무역구'가 푸동에 출범했고, 또한 동남쪽 방향에는 항구 양산항(洋山港)이 2005년에 생기면서 현재는 세계 물동량 1위로 올라서서 세계 무역 중심지로서의 입지를 단단히 다졌다.

그리고 많은 사람들이 고대하던 상하이 디즈니랜드도 2016년에 개장하였다. 푸동공항에서 얼마 멀지 않은 곳에 위치해 있어 접근성이 뛰어나다. 결코 저렴하지 않은 입장료와 긴 대기시간에도 불구하고 해마다 천만 명이 넘는 관광객들이 찾는다고 한다.

이외에도 몇 년 안에 푸동에는 세계적인 규모의 상하이 그랜드 오페라 하우스(上海大歌劇院), 세계 최대 규모의 실내 스키장인 상하이 얼음 왕국(上海冰雪之星) 등이 문을 열 예정이라고 한다.

1990년 푸동 개발이 시작되어 30년 만인 오늘날에도 이렇게
천지개벽할만한 변화가 있었는데, 30년 후에는 또다시 어떤
모습으로 변해있을까? 지금보다도 더 발전해 있을 먼 미래의
푸동의 변화가 기대된다.

　사실 중국 역사에서 볼 때 상하이라는 도시는 출발이 늦어도
한 참 늦은 도시였다. 특히 장대한 역사를 갖고 있는 고도
베이징이나 시안(西安), 항저우(杭州)와 비교했을 때, 상하이의
역사는 이에 비할 바가 못 된다. 그러나 상하이는 이런저런
불리한 조건을 물리치고 자신만의 도시 색깔을 만들어 나가며,
중국에서 가장 발전한 도시가 되었다. 푸동도 마찬가지다.
상하이에서 가장 열악한 환경이자 개발이 안 된 황량한 땅
푸동은 푸시에 비해 출발이 한참 늦었었다. 그러나 오늘날 푸동은
상하이의 경제, 더 나아가 중국의 경제를 짊어지고 이끌어가는
장소로 우뚝 솟아났다. 푸동의 발전을 보고 있노라면 마치
상하이의 발전 신화를 다시 보는 것 같은 느낌이 든다.

　가끔 마음이 어수선해질 때면 나는 문득 와이탄에 가고
싶어진다. 그럴 때면 와이탄으로 달려가 선선하게 불어오는
강바람을 맞으며 건너편 푸동 루자주이를 바라보며 한참을 서
있기도 한다. 언제부터인지 모르겠지만 푸동을 바라볼 때면
나는 묘한 기분에 사로잡히곤 한다. 물론 화려한 풍경도 기분을
전환하는 데 한몫할 테지만, 푸동으로부터 알게 모르게 위로를
받기도 한다. 너무나도 숨 가쁘게 살아가는 바쁜 사회에서 가끔은

출발이 늦었다고 생각될 때가 있다. 그러나 언제 시작했는지보다 멈추지 않고 꾸준히 하고 있다는 것이 가장 중요한 일일지도 모른다. 그런 의미에서 저 앞에서 빛나고 있는 루자주이의 화려한 불빛은 나에게 화려한 경치 이상의 의미를 담고 있다. 반짝거리는 불빛들을 바라보고 있노라면 "괜찮아, 좀 늦으면 뭐 어때. 나를 봐. 시작은 늦었지만 지금은 그 누구보다도 반짝반짝 빛나고 있잖아"라며 나에게 위로의 말을 건네는 듯하다.

상하이를
느끼다

# 상하이의 사계절

　상하이에서 공부하며 가장 적응하기 힘들었던 것을
꼽아보자면, 몇 가지가 있었다. 그중 하나는 언어의
장벽이었는데, 언어는 사용할수록 늘기 때문에 중국 사람들과의
의사소통은 시간이 지나면서 차차 익숙해졌다. 그리고 사람은
적응의 동물인지라 느끼하게 느껴졌던 중국 음식도, 혼을 쏙
빼놓던 뒤죽박죽 교통수단도 차차 적응되었다. 그러나 상하이를
떠날 때까지 적응하기 힘들었던 것이 있었으니, 바로 상하이
날씨였다.

　사실 중국에서도 창강 하류인 남부 지역에 속하는 상하이는
날씨가 꽤 좋은 편에 속한다. 광활한 영토를 가진 중국에서
날씨는 지역에 따라 천차만별, 그야말로 극과 극이다. 조금
극단적인 예를 한 번 들어볼까? 중국에는 겨울만 되면
영하 30도까지 내려가 모든 세상이 꽁꽁 얼어붙어 버리는
하얼빈(哈爾濱)도 있고, 가을만 되면 뿌연 스모그와 황사로
몸살을 앓고 있는 베이징도 있으며, 여름이면 무려 40도를
웃도는 더위로 중국의 화로(火爐)라 불리는 충칭(重慶)도 있다.
이에 비해 상하이는 열악하고 얄궂은 날씨 변화가 거의 없으니

이처럼 좋은 날씨가 어디 있을까 싶다. 다른 도시와 비교해보니 잠시 '내 엄살이 좀 심했나?' 하는 생각이 들기도 한다.

기후학적으로 볼 때, 아열대 해양성 계절풍에 속하는 상하이는 온난하고 따뜻하다. 매년 계절풍이 불어오기 때문에 계절변화가 규칙적인 편이다. 또한 우리나라와 비슷하게 봄, 여름, 가을, 겨울의 사계절이 뚜렷한 게 특징이기도 하다. 그러나 아쉽게도 가장 좋은 계절인 봄과 가을은 눈 깜짝할 사이에 지나가고, 매정하게도 더운 여름과 추운 겨울은 길게만 느껴진다. 상하이의 사계절을 글로 표현해본다면 아마 '봄, 여어어르음, (가을이 아닌) 갈, 겨어어우울'이 되지 않을까 싶다. 상하이에서 맞이한 봄과 가을은 비록 짧긴 했지만 매력 있고 아름다웠다. 그러나 여름만 되면 땀이 줄줄 흐르는 무더위, 그리고 겨울이 되면 뼈가 시린 매서운 추위와 마주해야 했다. 바다와 인접한 상하이는 바다의 영향을 많이 받는 해양성 기후에 속하기 때문에 습도가 높으며, 강수량도 많다. 바로 이러한 다습한 기후가 상하이의 여름과 겨울을 더욱 견디기 힘들게 만드는 것이다.


화창한 봄


상하이에서 맞이한 봄은 화창한 날씨와 눈부신 햇살로 가득했다. 보통 청명절(淸明節, 양력 4월 5일 전후)이 다가오면 불어오는 바람이 한결 푸근해지는데, 이는 따뜻한 봄이

시작되었음을 알린다. 새로이 돋아나는 푸른 새싹도, 은은한
꽃향기도 참 따스하게 느껴진다.

화창한 상하이의 봄은 여행을 떠나기 딱 좋은 날씨다. 매년
3월 말에서 4월 초가 되면 상하이는 갖가지 꽃들로 물들고,
그윽한 꽃향기가 사방팔방 퍼져나간다. 특히 상하이 시내에서
조금 벗어난 교외 지역이 꽃놀이 가기에 안성맞춤이다.
칭푸(青浦)에는 하얀 매화가, 난후이(南匯)에는 분홍색의
복숭아꽃이, 펑시엔(奉賢)에는 샛노란 유채꽃이 활짝 피는 덕분에
사람들의 발길이 끊이지 않는다. 이처럼 한적하고 고요한 교외로
봄나들이를 갈 수 있다면 가장 좋겠지만, 교통편이나 시간이
여유롭지 않아 교외까지 나가기 어렵다면 가까운 공원을 찾는
것을 추천한다. 상하이 시내에 위치한 공원에서도 봄의 정취를
고스란히 느낄 수 있기 때문이다.

공원 안으로 들어서면 길고 여리여리한 가지를 늘어뜨린 채
불어오는 봄바람을 따라 흔들거리는 버드나무, 노란 물결을
이루도록 샛노랗게 핀 유채꽃과 형형색색 만개한 꽃들이
보인다. 또한 푸르게 펼쳐진 잔디밭과 그 위에서 공놀이를 하는
어린아이들, 꽃 앞에서 포즈를 취하는 사람들, 봄의 아름다움을
카메라에 담으려고 자연을 향해 여기저기 셔터를 누르는 모습
등, 자연과 사람의 조화가 한데 어우러져 평화로운 상하이의 봄을
만들어 낸다.

상하이의 봄

## 덥고 습한 여름

그러나 따뜻한 봄은 왜 이리도 짧은지, 5월 하순만 되어도 더운 바람이 몰려와 초여름이 다가왔음을 알린다. 보통 6월 중순부터 7월 초에 매우기(梅雨期) 또는 황매 계절(黃梅季節)이라고 부르는 장마철이 시작된다. 창강 중하류 지역의 매실이 누렇게 익는 시기라고 하여 황메이(黃梅)라고 부르는 것이다. 이 시기 상하이에는 우중충한 날씨가 연달아 며칠, 심지어 길 때는 몇 주 동안이나 계속될 때도 있다. 혹여나 아침에 본 하늘이 맑다고 해서 "우와, 오늘은 날씨가 참 좋네! 오랜만에 나들이나 갈까"하며 놀러나갈 계획을 세운다면 후회할지도 모른다.

나 역시 상하이의 이런 날씨에 속은 적이 한두 번이 아니다. 연달아 비가 계속 내리던 장마철, 하루는 웬일로 아침부터 쨍쨍한 햇빛이 고개를 내밀었다. 오랜만에 맞이한 뽀송뽀송한 날씨에 기분이 좋아져 눅눅해진 이불과 케케묵은 빨래를 햇볕에 널고, 우산도 가져가지 않은 채 밖을 나섰다. 그러나 점심때가 되자 찬란했던 햇빛은 온데간데없이 사라져버리고는, 하늘빛이 급변하기 시작했다. 순식간에 회색빛깔을 잔뜩 머금은 구름이 몰려오더니 이내 비가 내리기 시작한 것이 아닌가. 아뿔싸! 아침에 널어두었던 빨래가 생각나 수업이 끝나고 부랴부랴 집으로 돌아와서 보니, 빨래는 이미 빗물에 고스란히 젖어 물까지 뚝뚝 떨어지고 있었다. 이처럼 날씨가 변덕을 부린 적이 한두

번이 아니었으니, 자주 깜빡하는 나는 황메이 시기가 다가오면
달력에 표시를 해놓거나 아예 가방에 우산을 넣고 다니곤 했다.
외출시 비가 오던 안오던 이 시기에 우산은 꼭 챙겨야 하는
필수품인 것이다.

장마철이 시작되면 공기 중의 습도 역시 자연스럽게
높아지는데, 이때부터는 곰팡이와의 전쟁이 시작된다. 한때
상하이에서 살던 집은 낮은 층수에 남향과 북향에 방이 하나씩
있는 집이었다. 장마가 시작되자, 남향 쪽에 있던 방은 그런대로
괜찮았다. 오히려 큰 창문으로 내다보이는 비 내리는 풍경이
운치 있어 보이기까지 했다. 문제는 북향 방이었다. 시멘트가
발라진 하얀 벽에는 곰팡이가 조금씩 스멀스멀 피어나더니, 이내
벽 한 면 전체가 곰팡이로 뒤덮인 것이다. 아마도 상황을 모르는
사람이 시커멓게 변한 벽을 본다면, '먹을 묻힌 붓으로 장난을
쳐놓았나?' 하고 생각할지도 모를 정도로 상황은 심각했다. 습기
제거제를 더 사다 놓고, 곰팡이 제거 스프레이를 뿌려가며 닦아
놓았지만 한 번 핀 곰팡이는 다시 피어나기 일쑤였다.(아마 당시
살았던 집의 층수가 낮았기 때문에 집안의 습기가 더 심했던 것 같다.)

곰팡이와 한바탕 전쟁을 치루고 나서야 상하이 사람들도
장마철 시기 가 되면 집안에 가득 찬 습기 때문에 골머리를 앓고,
나름 곰팡이가 피지 않도록 방지하는 노하우가 있다는 것을 알게
되었다. 가장 좋은 방법은 바로 적절한 때에 창문을 잘 닫아두는
것이라고 한다. 특히 아침과 저녁 시간이면 공기 중의 습도가

가장 높을 때이기 때문에 이때 창문을 닫아두는 것이 곰팡이를
예방하는데 어느 정도 도움이 된다는 것이다.

결국 나는 상하이 곰팡이와의 전쟁에서 패배하고 말았다.
곰팡이와의 대결이 스스로 해결되지 않자, 집주인에게
부랴부랴 전화를 해서 이 사실을 알렸다. 나의 걱정하는
마음이 전달되었지, 다행히도 마음씨 좋은 집주인 아저씨는
장마철이면 흔히 있는 일이라며, 별일 아니라는 듯 대수롭지 않게
넘겼다.(다행히도 당시 집주인은 세입자가 집을 잘 사용하고 있는지
하나하나 꼼꼼히 관찰하는 상하이 사람이 아닌 타지 사람이었다.)
날씨가 갠 뒤, 집주인 아저씨는 집세를 받으러 오면서 페인트
수리공을 불러 다시 하얀 시멘트로 깨끗하게 덧발라주었다.

축축한 장마철이 가시고 나면 이글이글 찌는 듯한 더위가
찾아온다. 본격적으로 상하이의 여름이 시작되는 것이다. 특히
7, 8월이 가장 덥다. 이때의 평균 온도는 35도를 웃돌며, 높을
때는 간혹 40도까지 올라가는 경우도 있다. 상하이는 많은
인구와 건물이 밀집되어 있어 도시의 열섬현상까지 나타나기
때문에 주변 지역보다 기온이 더 높을 수밖에 없는 것이다. 또한
장마철이 지나가도 상하이의 습도는 여전히 높다. 고온다습한
날씨가 상하이 여름의 특징이라고 할 수 있겠다. 여름이 되면
뜨거운 드라이기를 약한 바람으로 24시간 동안 틀어놓은 것
같기도 하고, 혹은 거대한 찜질방 안에 들어와 있는 것 같은
착각이 들 정도로 공기 자체가 답답하고 무덥다.

어느 날, TV의 한 장면을 보고 폭소한 적이 있다. 가뜩이나 더운 상하이의 여름이 유난히 더 더웠던 해였다. 한 상하이 방송사 기자가 상하이의 더운 날씨를 취재하다가 지나가던 아프리카 사람을 붙잡고 상하이의 여름 날씨가 어떠냐며 인터뷰를 한 장면이 있었다. 아프리카 사람은 잔뜩 인상을 찌푸린 채 "상하이의 날씨, 너무 덥네요. 아프리카보다도 더 더운걸요."라며 인터뷰를 했던 것이다. 한때 기숙사 같은 층에 살아 종종 마주치던 아프리카 친구 역시 조금만 움직여도 땀이 주르륵 흐른다며 혀를 내둘렀다. 이처럼 상하이의 다습한 날씨는 사계절 내내 더운 아프리카 사람들에게도 악명 높은 더위인가보다. 상쾌하게 샤워를 마치고 막 나왔을 때도, 심지어는 가만히 앉아 있기만 해도 땀은 주르륵 흐른다. 한여름에 선풍기나 에어컨이 없이는 정말 견디기 힘들 것 같다.

상하이에서 '다습함' 하면 또 빼놓을 수 없는 게 있다. 바로 밖에 널어놓은 빨래다. 처음 상하이에 왔을 때, 아파트든 주택이든 너나 할 것 없이 집집마다 빨래를 밖에다 널어놓는 광경에 신기해한 적이 있다. 심지어 사람들이 오고 가는 길가에 널어놓은 경우도 있었다. 영문도 모른 채 이 이색적인 풍경을 재미있게만 생각했는데, 이러한 풍경을 제공한 원인 역시 다습함 때문이라고 한다. 집안의 실내가 워낙 축축하다 보니 햇볕이 내리쬐는 밖에 널어놓는 것이 그나마 최선책인 것이다. 보통 상하이 아파트에는 베란다가 있고, 빨래 걸이가 있다. 그럼에도

길가에 널어놓은 빨래들

상하이 사람들은 베란다에 널면 빨래가 잘 마르지 않는다며, 창문 밖으로 삐죽 나온 기다란 장대에 빨래를 걸어 말린다. 갖가지 옷들은 펄럭이며 도시의 경관을 해치기도 하고, 이색적인 풍경으로 보이기도 한다. 그러나 시간이 흘러 차차 익숙해지면 이역시 상하이의 자연스러운 모습 중 하나가 된다.

### 여행하기 좋은 가을

8월 말에서 9월 초로 접어들 때면 상하이에는 비가 내리거나 태풍이 불기도 하는 등 혹독한 신고식을 치른다. 그러다가 10월이 되면 바람이 서늘해지기 시작한다. 가을로 접어든 것이다. 더위가 물러간 자리에는 상쾌한 공기가 대신하고, 쾌청한 하늘이 상하이를 반긴다.

가을은 봄과 더불어 상하이를 여행하기 가장 좋은 계절이다. 상하이 '여행의 달' 축제도 바로 이때 막을 올린다. 매년 9월 중순에서 10월 초까지 개막 축제, 퍼레이드, 유람선 축제 등 다양한 행사가 열리며, 관광지 입장료가 반값으로 할인되는 혜택도 있기 때문에 상하이 곳곳에는 여행객들로 붐빈다. 이 밖에도 가을이 되면 국화꽃이 활짝 피며 모습을 드러내곤 한다. 목서나무 꽃인 구이화(桂花)역시 빼놓을 수 없는 가을의 주인공이다. 매년 9-10월이면 상하이 시내에는 목서꽃 향기가 은은하게 퍼진다. 목서꽃을 감상하기에 가장 좋은 장소는

월병을 사기 위해 줄 서 있는 사람들

구이린공원(桂林公園)이 아닐까 싶다. 이곳에 가면 목서꽃으로
만든 차와 술, 죽 등을 맛볼 수 있다. 이 밖에도 가을엔 추석이
있어 사람들의 마음을 풍요롭게 한다. 중국인들은 보통
추석에 보름달을 닮은 월병(月餅)을 먹는데, 난징로(南京路)나
화이하이로(淮海路)에 있는 전통상점에는 월병을 구매하러 온
손님들로 긴 줄을 이룬다.

　그러나 풍요로운 상하이의 가을날에도 한 가지 아쉬운 점이
있다. 바로 단풍놀이를 할 수 없다는 것이다. 상하이에는 산이
적고 대부분이 평지이기 때문에, 만약 한국의 설악산에 수놓아진
울긋불긋 단풍과 같은 모습을 기대했다가는 실망하기 일쑤다.
간혹 상하이 시내에는 은행나무가 심어져 있는 곳이 몇 군데 있는데, 나는 그나마 이 황금빛깔의 나뭇잎을 보는 걸로 아쉬운 마음을 달래곤 한다. 대신 상하이의 길거리에는 누렇게 변한 플라타너스 나뭇잎이 떨어진다. 밟을 때마다 바스락거리는 소리를 내며 상하이의 가을이 점점 더 깊어졌음을 알린다.

## 뼛속까지 시린 겨울

야속하게도 짧은 가을이 지나가고, 곧이어 겨울이 찾아온다. 하지만 겨울이 오기까지도 순탄치 않다. 바람이 쌩~하니 차가워져서 "아, 이제 겨울이 왔나보다." 싶으면 다음날 날씨는 보란 듯이 "너의 예상은 빗나갔지!"하며 또 다시 가을로 돌아오기 때문이다. 날씨는 엎치락뒤치락, 춥고 덥고를 몇 번이고 반복하고 나서야 완전한 겨울로 접어든다. 어제와 오늘의 날씨가 급변하고, 낮과 밤의 일교차까지 크기 때문에 외출 시 무슨 옷을 입어야 할지 가장 고민되는 시기이기도 하다.

사실 상하이 겨울날의 기온이 영하로 내려가는 날은 많지 않다. 그렇다고 상하이의 겨울을 춥지 않을 거라고 얕보았다가는 큰코다칠지도 모른다. 인접한 바다로부터 불어오는 바닷바람과 높은 습도로 인해 그야말로 '뼛속까지' 시리기 때문이다. 글쎄, 내 개인적인 느낌이긴 하지만 한국에서의 겨울은 차디찬 바람에 닿은 피부가 아픈 칼바람이라면, 상하이는 냉기가 뼛속을 파고들어 온몸이 덜덜 떨리는 추위랄까. 심지어 겨울에 온도가

영하 몇십 도까지 떨어지는 동북 사람들까지도 상하이의 겨울은 동북보다 춥게 느껴진다고 한다. 동북 지린(吉林)이 고향인 중국 친구 쉬단 역시 상하이의 추위가 동북보다 더 춥게 느껴진다고 했다. 동북 지역은 건조한 추위이기 때문에 옷을 두툼하게 입으면 견딜만하고, 난방 시스템이 갖춰져 있어 실내에 들어서면 따뜻하다고 한다.

상하이에는 난방 시스템이 없다. 중국에서는 일반적으로 친링(秦嶺)산맥과 화이허(淮河)강을 기준으로 북방과 남방을 나누는데, 상대적으로 기온이 더 낮은 북방지역에만 난방시설이 갖춰져 있다. 난방을 하기 위해서는 주로 석탄을 태우는데, 중국 전역에 난방 시스템을 설치한다면 지금보다 더욱 심각한 대기오염이 우려되기 때문이다. 매년 11월 전후로 중국 북부지역에서는 '누안치(暖氣)'라고 하는 중앙난방 시스템을 가동한다. 반면 상하이에서는 오직 벽에 달린 에어컨을 온풍 기능으로 켜놓고 추위에 맞서야 한다. 그래서 상하이 사람들은 한겨울에 집에서도 옷을 두툼하게 입는다.

습기가 많은 상하이에서는 겨울에 눈 내리는 풍경을 보기가 힘들다. 눈보다는 비가 추적추적 내리기 때문이다. 만약 상하이에 눈이 내리는 날이면 어린아이들, 어른 할 것 없이 모두의 표정이 한껏 들떠있다. 그러나 상하이에 눈이 내린다고 해도, 보통은 땅에 닿으면 금세 물로 변하는 수분이 많은 눈이다. 길을 걸어갈 때면 눈이 녹아서 생긴 차가운 빗물이 신발에 스며들어 가뜩이나 언 발을 더 시리게 만들곤 한다. 이때만 되면 나는 밟으면 뽀드득뽀드득 소리가 나는 우리나라의 눈이 참으로 그리워진다.

상하이의 겨울은 1월 말에서 2월이 가장 춥다. 그러나 상하이의 겨울이 즐거운 것은 온 가족이 모이는 춘절(春節, 음력 1월 1일)이 있기 때문이 아닐까. 상하이에서 일하는 농민공(農民工)과 타 지역 사람들은 일찍부터 귀성 준비를 한다. 구정이 시작되기 무려 한 달 전부터 기차표를 사놓는 것이다. 이 시기에 기차표 매표소에 길게 늘어진 줄을 본다면, 귀성길 표를 사기 위해 기다리는 사람들이 대부분일 것이다. 통계에 따르면 춘절 때 무려 연인원 20억 명의 사람들이 고향을 오가는 대이동을 한다고 한다. 이동하는 사람들로 중국 대륙이 들썩일 수밖에 없다.

타 지역 사람들이 하나둘씩 고향으로 돌아가고 나면, 상하이의 분위기는 냉랭한 공기만큼이나 한층 더 썰렁해진다. 한 해를 마무리하며 새해를 맞이하는 마음들은 모두 같겠지만, 넓은 땅만큼 중국 각 지역마다 춘절을 보내는 풍습에도 조금씩 차이가 있다. 상하이 사람들은 상하이의 신(神)을 모신 성황묘(城隍廟)에 가서 향을 피우고 기도를 드리곤 한다. 위위엔(豫園)의 등불축제도 가볼 만한 행사이다.

또한 상하이에서는 한 해의 마지막 날인 섣달그믐날이 되면 반드시 온 가족이 모두 모여 밥을 먹는 풍습이 있다. 이를 '녠예판(年夜飯)'이라고 하는데, 한 해의 마지막 날과 새해를 온 가족이 함께 보내는 것에 의의를 두는 것이다. 이전에는 보통

집에서 만들어 먹었지만, 요즘은 점점 음식점에 가서 외식하는
추세로 바뀌고 있다. 심지어 유명하고 맛있는 음식점은 일 년
전부터 '녠예판' 손님이 예약되어 있다고 하니, 상하이에서 이
풍습은 얼마나 중요한 일인지 알 수 있다.

그리고 설날 특집 프로그램인 '춘제완후이(春節晚會)' 시청도
구정이 되면 중국 사람들이 꼭 하는 일 중 하나다. 그리고 밤
12시가 되면 밖에서는 지난해 악재를 버리고 새로운 마음으로
새해를 맞는다는 의미를 갖는 폭죽놀이가 한창이다. 이때,
상하이의 밤하늘은 아름다운 불꽃으로 수놓아진다. 상하이
사람들은 이 폭죽 소리를 들으며 한 해를 보내고, 또 새로운 한

해를 맞이하기 위해 준비한다.(그러나 2014~2015년을 기점으로
상하이 시내에서는 환경오염, 소음, 안전 등 여러 가지 이유로
폭죽놀이가 금지되었다.)

글을 쓰다 보니 상하이의 겨울이 참 낭만적으로 보인다.
하지만 직접 상하이에서 겨울을 보낸다면 낭만과는 좀 거리가
멀지도 모르겠다. 물론 밤하늘을 수놓은 폭죽놀이도 멋있고,
한국과는 새해 분위기가 또 달라서 이색적인 면도 있다. 그러나
사방에서 들려오는 폭죽 소리는 귀가 얼얼할 정도로 시끄럽고, 또
손발이 시려 걸핏하면 동상 걸리기 일쑤다. 몸은 으슬으슬 추워
도저히 밖에 돌아다닐 엄두도 나지 않는다.

그러고 보면 인간은 정말 망각의 동물인가보다. 푹푹 찌는
더운 여름이 다가오면 쏟아지는 땀을 연신 닦아내며, '그나마
겨울이 낫지…'하며 겨울을 그리워하지만, 막상 겨울이 되면 살을
에는 듯한 추위에 '에구 추워라, 추운 것보다 차라리 더운 게
훨씬 낫지'라는 생각이 들기 때문이다. 어쨌거나 인내의 시간을
견뎌내면 뼛속까지 시린 겨울은 어느새 저만치 물러나 있고,
파릇파릇 새싹이 돋아나 있다. 그리고는 내가 그토록 그리워하던
그 계절이 또다시 돌아오는 것이다.

중국에 '겨울의 추위를 겪지 않으면 봄날의 따뜻함을 알지
못한다'(不經冬寒, 不知春暖)라는 말이 있다. 지난 겨울이 유난히
추웠던 탓인지, 올해 일찍 찾아온 따스한 봄이 참으로 반갑기만
하다.

# 알아들을 수 없는
## 상하이 말

한때 한국에서 중국 드라마와 중국 영화 열풍이 분 적이
있다. 늦은 밤 안방극장을 사로잡았던 중국 드라마 '황제의
딸(還珠格格)'을 비롯해, 화려한 색채의 영상미가 특징인
장이머우(張藝謀) 감독의 영화, 카리스마가 느껴지는 무술의
대가 리롄제(李連杰), 특유의 코믹함으로 관객들에게 큰 웃음을
주는 저우싱츠(周星馳), 이밖에 멋지고 아름다운 홍콩 배우
장궈룽(張國榮)과 왕쭈셴(王祖賢) 등…… 중화권 영화계 인사들을
일일이 다 나열하자면 한도 끝도 없을 것 같다. 중국 영화의
웅장한 스케일과 배우들의 멋진 연기도 한국 관객들의 마음을
사로잡는데 한몫했겠지만, 배우들의 입에서 나오는 중국어 역시
빠트릴 수 없는 요소였다고 생각한다. 얼마나 많은 한국 팬들이
중국어의 매력에 빠졌던가.

음의 높낮이가 없는 한국어와는 달리, 중국어에는 성조(聲調)가
있기 때문에 음의 높낮이가 쉴 새 없이 바뀐다. 어찌 보면
노래하는 것같이 들리기도 하는 이 성조는 참으로 매력적이다.
중국어를 배우게 된 계기가 여러 가지가 있었지만, 중국 영화를
통해 듣게 된 중국어 역시 빼놓을 수 없는 이유 중 하나였다.

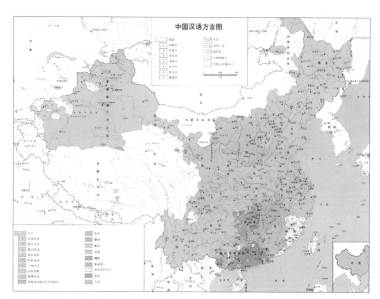

**중국의 7대 방언 분포도**

초록색으로 표시된 지역은 중국 70%의 인구가 사용하는 북방 방언이며, 분홍색은 상하이를 비롯한 지역에서 사용하는 오방언이다.

  중국에 가기 전, 어느 정도 중국어를 배운 뒤 상하이로 갔다. 중국 사람들과 대화를 나눌 수 있으리라는 부푼 기대를 안고 말이다. 그런데 예기치 못한 일이 발생했다. 희한하게도 길거리에서 상하이 사람들이 하는 말들을 도통 알아들을 수 없었다. 혼란스러웠던 것도 잠시, 곧 그 이유를 알게 되었다. 사람들이 쓰는 말은 그동안 내가 배워왔던 표준 중국어가 아닌, 상하이 방언이었기 때문이었다. 귀청을 때릴 정도로 카랑카랑한 하이톤과 속사포처럼 쉴 새 없이 쏟아내는 말, 이것이 바로 상하이어에 대한 나의 첫인상이었다.

중국어를 접하면서 중국에는 각 지역마다 사용하는 방언이 다르다고 얼핏 들은 적이 있다. 그러나 나는 전라도나 경상도 사투리처럼 약간의 어휘나 억양의 차이만 있을 뿐, 의사소통은 가능하리라고 생각했다. 하지만 직접 겪어보니 상하이 방언은 표준 중국어와는 전혀 다른 언어라 해도 과언이 아닐 정도로 차이가 굉장히 컸다. 중국 지역 간에 존재하는 방언의 차이는 따로 배우지 않으면 좀처럼 알아듣기 어려운 제주도 사투리와 상황이 비슷하다고 생각하면 이해가 빠를지도 모르겠다. 중국에 가기 전 즐겨보던 저우싱츠 영화도 광동어(廣東語)를 모르는 사람들을 위해 표준 중국어로 더빙된 것이었다. 나중에서야 더빙 안 된 영화를 보게 되었는데, 나는 도리어 광동어를 사용하는 저우싱츠의 낯선 말투에 흠칫 놀라고 말았다.

이처럼 중국에서는 보통화(普通話)라고 하는 표준 중국어를 공용 언어로 하고, 각 지역마다 방언을 사용하고 있다. 중국에는 광활한 땅덩어리만큼이나 다양한 방언이 존재한다. 각 지역의 방언은 사용하는 어휘나 어법 방식의 표현, 그리고 발음, 억양 등에 차이가 있다. 언어학자인 후위슈(胡裕樹)의 『현대한어(現代漢語)』 설명에 따르면, 중국의 방언은 지역에 따라 크게 북방방언, 오(吳)방언, 상(湘)방언, 감(贛)방언, 객가(客家)방언, 민(閩)방언, 월(粵)방언 등 7대 방언으로 나뉜다고 한다. 그 중, 상하이 사투리는 장쑤성, 저장성 지역과

함께 오방언에 속한다. 오방언이라는 단어는 춘추전국시대
오(吳)나라와 월(越)나라에서 사용했던 언어가 기원이 된 것에서
비롯된 말이다.

상하이 방언

상하이 방언의 변천 과정을 살펴보면, 파란만장했던 상하이의
역사처럼 커다란 변화를 거듭해왔다. 개항 이전 상하이는 주변
도시인 쑤저우(蘇州)나 자싱(嘉興)에 비해 인구수가 많지 않았다.
그러나 1843년 개항이라는 거대한 파도가 몰아치며 변화가
일어났다. 외국상인들의 무역이 활발하게 진행되고 인프라가
구축되며 빠른 도시화로 국제적인 상업 도시가 된 것이다.
상하이는 모험가들의 낙원, 동방의 파리로 불렸고, 사람들은
기회의 땅으로 인식되었던 상하이로 대거 몰려들었다. 이 밖에
혼란스러운 전란을 피해 피난 오기도 했다. 그 가운데서도
상하이와 가까운 지역의 쑤저우나 닝보(寧波), 자싱과
항저우(杭州) 등지에서 온 사람들이 대다수를 차지했다. 더불어
이들이 사용하던 언어 역시 자연스레 상하이로 유입되었는데,
각 지역의 방언들은 서로 뒤섞이며 고스란히 상하이 방언에
녹아들게 된다. 그 예로, 상하이 방언에서 '우리'를 뜻하는 단어인
'아라(阿拉)'도 닝보 방언으로부터 영향을 받은 말이다.
상하이에서 형성된 독특한 언어도 있다. 피진 잉글리쉬(Pidgin

English)라고도 불리는 '양징방(洋涇浜) 영어'가 그 주인공이다.
간단히 말하자면 서로 다른 외국어가 뒤섞여 형성된 일종의 혼합
언어이다. 양징방은 본래 영국 조계와 중국인 거주 지역(이후
1849년에 프랑스 조계로 변경) 사이에 위치한 작은 도랑을
가리키는 말이었다. 현재 이곳은 길로 메워지며 옌안동로라는
도로가 형성되었다. 당시 조계지의 경계 지점이었던 이곳은
외국 상인과 중국 상인 간의 교류가 가장 활발하게 이루어지던
장소였다. 그러나 언어가 달라 서로의 말을 이해하지 못했던
그들은 의사소통이라는 문제에 봉착했다. 그러던 중 해결
방안으로 중국어와 영어가 뒤섞인 새로운 말들, 일종의 비즈니스
영어인 양징방 영어가 생겨나게 되었다.

　당시 사용되었던 중국식 영어를 찾아보면 웃음이 절로
새어 나온다. 그 예로 very good을 푸리구(佛立谷)라고
발음한다든지 숫자 twenty-four를 툰디푸(呑的福), telephone를
더뤼펑(德律風)으로 발음하기도 했다. 서툴고 엉터리 같아
보이지만 무려 700여 개의 양징방 영어 단어가 형성되었다고
하니, 의사소통을 하고자 했던 중국 상인들의 의지도 느껴지고,
이를 용케 알아듣던 외국 상인들이 대단하다는 생각이 든다.

　물론 시간의 흐름에 따라 몇 개의 단어들은 새로이 생겨나기도
했고, 또 다른 단어들은 소실되기도 하며 변형을 거듭했다.
그러나 일부 단어들, 예를 들어 nylon(니롱(尼龍)으로 발음)이나
cashmere(카이스미(開司米)로 발음)와 같은 옷감의 명칭을 비롯한

단어들은 오늘날에도 여전히 사용되고 있다. 양징방 영어의
영향력이 결코 적지 않았음을 알 수 있다. 이처럼 상하이의
특수한 역사적 배경 아래 생겨난 양징방 영어는 서구 열강에 의해
조계지가 형성되고 지배되었다는 역사적 산물이라고 할 수 있다.

## 어디를 가나 통하는 말, 보통화

오늘날 중국 전역에는 표준 중국어가 보편화되어 있다. 그러나
보편화 이전에는 주로 지역 방언을 사용하였기 때문에, 서로 다른
지역의 사람들이 만나면 소통이 어려웠다. 상황이 이렇다 보니
불과 몇십 년 전까지만 해도 중국인들끼리도 통역이 필요했다고
한다. 예를 들어, 광동(廣東) 사람이 상하이에 출장을 가게 되면
상호 소통이 되지 않아 양쪽 방언을 모두 알아들을 수 있는
통역을 두었다는 식이다. 같은 나라 사람끼리 의사소통을 하는 데
통역을 두어야 한다는 사실은 참 웃기고도 슬픈 일이지 않았나
싶다.

중국의 개혁개방을 앞장서서 이끌었던 덩샤오핑(鄧小平)역시
시찰을 나갈 때면 종종 통역과 함께 했다. 쓰촨(四川) 지역 출신인
그의 발음에는 쓰촨 지역에서 주로 사용하는 말투가 짙게 배어
있었기 때문이다. 그의 쓰촨 방언을 표준 중국어로 통역하던
사람은 다름 아닌 그의 딸 덩룽(鄧榕)이었다. 덩샤오핑이 직접
남순(南巡)하여 선전(深圳)이나 주하이(珠海), 상하이 등 남쪽

지역을 방문했을 때 함께 수행한 덩룽은 덩샤오핑의 쓰촨 방언을
대중들에게 표준 중국어로 전달하는 역할을 하였다. 그녀는 쓰촨
방언도 할 줄 알았고, 표준 중국어도 구사할 수 있었기 때문에
통역에 적합한 사람이었다.

제주도를 제외하고 전국 어디를 가든 방언을 사용하더라도
말이 통하는 우리에게 이처럼 한 나라 안에서조차 통역을 두는
일은 다소 생소한 모습이지 않나 싶다. 그러나 오늘날에도
중국의 할아버지, 할머니 연배의 노인분들 중에는 보통화를 잘
구사하지 못하는 경우가 적지 않다. 교통이 발달하지 않았던
과거에는 지금처럼 먼 거리를 이동할 일이 많지 않았을뿐더러,
타 지역 사람들과 만날 기회도 적었기 때문이다. 또 같은 지역
사람들끼리는 사투리만으로도 의사소통이 가능했으니, 훨씬
편하고 자연스러운 방언을 놔두고 굳이 표준 중국어를 배울
필요가 없었을 것이다.

그러면 언제부터 본격적으로 보통화를 광범위하게 사용하게
되었을까? 1949년 중화인민공화국이 성립되자 광활한 중국
대륙을 통합하려는 움직임이 일었다. 통합을 위한 첫 단추는
언어의 통일이었다. 중국 내에서 사람들끼리 의사소통이
원활하지 못해 생겨나는 불편함을 줄이고, 언어를 통해 사회
전체를 통합하자는 생각에서였다. 1956년 2월 6일, 중국
중앙정부는 베이징 지역의 발음을 표준음으로 하고, 북방어의
어휘를 기초로 한 공용 언어인 보통화 사용을 적극 권장하였다.

중앙 정부는 특히 방송이나 교육기관과 같은 공적인 장소에서의
방언 사용을 금지하였다. 1980년대부터 상하이의 모든
학교에서도 표준 중국어로 수업을 진행하기 시작했다. 그렇기
때문에 대부분의 학교 교실 문 앞에는 "請講普通話"(보통화로
말하세요) 라는 말이 쓰여 있다.

## 신분을 드러내는 도구, 상하이 말

공적인 장소에서는 표준 중국어를 사용하지만, 길 위에서는
여전히 방언이 오고 가는 경우가 많다. 같은 지역 사람과 만나면
방언으로 대화하는 게 훨씬 자연스럽고 편하기 때문이다.
그러나 자신이 상하이 사람이라는 신분을 드러내고 싶은 욕구도
한몫한다. 바꾸어 말하면, 상하이 방언을 말할 수 있다는 건
자신이 상하이 사람이라는 뜻이기 때문이다.

관광객들이 많이 다니는 곳이 아닌, 상하이 시민들이 주로
생활하는 일대의 상점에 들어가 보면 알게 될 것이다. 열에
일곱은 상하이어로 말을 걸어오거나, 가격을 불러준다. 이때에도
자신이 사용하기 편한 사투리를 사용하는 것일 수도 있지만,
동시에 고객이 상하이 사람인지 타 지역 사람인지를 분별하기
위한 의도도 숨어 있다. 상하이어를 구사하지 못한다는 것은
타 지역에서 온 사람이라는 뜻이기 때문이다. 상하이에 온 지
얼마 되지 않았을 때 나는 간단한 상하이어조차 몰랐기 때문에

편의점 계산대 아주머니의 말을 알아듣지 못했다. 그래서 늘
계산대 기계에 적힌 숫자를 보고 주섬주섬 지갑을 꺼내 계산할
수밖에 없었다. 아주머니는 아마 습관적으로 자신이 자주 쓰는
편한 사투리를 사용하는 것이었을 테다. 그러나 편의점같이 가격
정찰제가 아닌 곳은 그 지역 방언을 구사하지 못하면 바가지를 쓸
수도 있기 때문에 조심할 필요가 있다.

상하이 사람들은 국제적인 대도시에 살고 있는 자신들이 타
지역 사람들보다 우월하다는 인식이 깔려있다. 그리하여 간혹 타
지역에서 온 사람들을 무시하기도, 배척하기도 하는 배타적인
기질을 내비치는 경우도 있다. 이때, 자부심이 강한 이들에게
사투리는 언어의 일종이라기 보다는 자신들이 타 지역 사람들과는
다른 신분이라는 것을 드러내는 도구로 사용되는 것이다. 반대로
상하이 사람들끼리는 서로를 끈끈하게 결속시켜 주는 매개체가
되기도 한다.

상하이에 살면서 상하이어가 상하이 사람이라는 신분을
드러내주는 도구로 사용된다는 것을 느낀 적이 종종 있었다.
한 번은 식사를 하러 간 음식점에서 일어난 일이다. 종업원의
태도가 좀 불친절하긴 했는데, 특히 옆 테이블의 서비스가
좋지 않았던 모양이다. 그 테이블에 앉아있던 손님과 종업원이
옥신각신 언쟁을 벌이더니, 나중에는 손님이 종업원을 향해
상하이어로 고래고래 소리를 지르며 말했다. 그러자 종업원은 더
이상 아무 말도 하지 못하고 자리를 떠났다. 아마 손님은 대화 중

말투에서 종업원이 타 지역 사람이라는 것을 눈치채고 상하이어로
말한 것으로 추측된다. 나도 아직 상하이어는 익숙하지 못해
손님이 어떤 말을 했는지 정확히 알아듣지는 못했지만,
말하는 태도에서 흡사 '나는 상하이어로 말할 수 있는 상하이
사람이야'라는 의기양양함이 느껴졌다.

상황이 이렇다 보니 상하이에서 상하이 방언을 잘 구사하지
못하면 차별받기 십상이다. 일자리를 찾으러 상하이에 온 타
지역 사람들은 "상하이에서 돈을 벌고 싶다면 가장 먼저 해야 할
일은 상하이어 배우기"라며 무시 받지 않기 위해 고군분투한다.
상하이어를 배운다는 것은 상하이에 융합되기 위한 첫 단계라고
생각하는 것이다. 서점 한편에는 상하이 방언 배우기 책이나
DVD가 잔뜩 쌓여 있는데, 배우려는 사람들이 많아 판매량이 좋다.
상하이어를 가르치는 학원도 생겨나면서 수강생들이 북적거린다고
한다. 정보화 시대인 만큼 인터넷으로도 배울 수 있고, 스마트폰이
보급되면서 상하이 방언 학습에 관련된 어플도 생겨났다. 언제
어디서나 쉽고 편리하게 배울 수 있게 된 것이다.

상하이 친구는 상하이에 살면서 간단한 사투리 몇 마디 정도는
알고 있어야 되지 않겠냐며 상하이 방언을 알려주기도 했다.
배운 몇 가지는 지금까지도 아주 실용적으로 잘 사용하고 있다.
상하이에서는 '안녕하세요!'라는 뜻인 니하오를 '농허우(侬好)',
'감사합니다'라는 뜻의 셰셰(谢谢)를 '샤샤'라고 발음한다.
이 밖에 쇼핑할 때 필수단어인 '얼마예요?'는 표준 중국어로

말하면 뚜어샤오치엔?(多少錢) 이지만 상하이에서는 간단히 '지디(几细)'라고 하며, '좀 깎아주세요'의 뜻인 피엔이디엔은 상하이어로 '비니디(便宜点)'라고 한다. 인사말인 '안녕히 가세요.'는 표준 중국어로 짜이찌엔(再見) 이지만 상하이어로는 '째웨이(再会)'로 발음한다.

간단한 사투리를 배운 후로는 택시를 탈 때나 과일 가게 아주머니와 인사를 나눌 때 상하이 방언으로 말을 건네기도 했다. 물론 간단한 인사밖에 할 줄 모르는 서투른 사투리였지만 모두 반갑게 맞아주었다. 우리도 바꿔 생각해 보면 사투리를 쓰는 외국인에게 친근감이 절로 느껴질 것 같다. 어쨌든 상하이에 살면서 느낀 점은 간단한 상하이어 몇 마디 정도만 알고 있어도 상하이 사람들에게 보다 더 친근하게 다가갈 수 있다는 것이다.

하지만 최근 들어 상하이 방언의 상황이 그렇게 낙관적인 것만은 아니다. 겉으로 볼 땐 여전히 많은 사람들이 방언을 사용하고 있는 것 같아 보이지만, 젊은 층으로 갈수록 사용량이 점점 줄어들고 있기 때문이다. 물론 방언사용이 감소하는 데는 여러 가지 이유가 있을 것이다. 중앙 정부에서 사회 통일을 위한 일환으로 공적인 장소에서의 사투리 사용을 자제하도록 했고, 젊은 층들이 교육의 장인 학교에서 표준 중국어로 수업을 받는 것이 가장 큰 이유이지 않을까 싶다. 최근에는 각 지역 사람들의 이동과 교류가 많아지면서 서로 편하게 소통하기 위해 표준어 사용이 증가할 수밖에 없었다.

또한 젊은 층에서는 방언을 사용하면 촌스럽게 느껴질 뿐만 아니라, 타 지역 사람을 배려하지 않는 행동이라는 인식이 자리 잡고 있어 방언사용이 점점 감소하는 추세라고 한다. 이는 비단 상하이만의 문제가 아니다. 상하이어, 광동어를 포함한 대다수의 방언들이 직면해 있는 소실 위기는 또 하나의 문제점으로 떠오르고 있다. 상하이 방언이 점차 사라질 위기에 놓이자 상하이에서는 방언을 유지하기 위한 갖가지 노력을 기울이고 있다. 몇 해 전부터 버스에서는 정차역을 알려주는 안내방송에 상하이어 방송을 추가했다. 라디오에서도 진행자가 상하이어로만 이야기하는 방송도 있고, 몇몇 유치원에서는 어린 아이들에게 상하이어를 가르치는 시간을 마련하기도 했다.

방언이라는 것은 단순히 한 지역 사람들이 사용하는 언어만을 의미하지 않는다. 방언에는 지역 고유의 역사와 문화, 그리고 그들만의 삶이 고스란히 배어 있기 때문이다. 상하이에서도 상하이어는 그 역사와 맥락을 함께 한다. 타 지역 사람들의 유입으로 언어가 자연스레 영향을 주고받았고, 다른 지역의 언어를 수용하고 포용했다. 조계지라는 특수한 역사적 배경은 양징방 언어를 탄생시켜 상하이어에 스며들었다. 이처럼 오랜 역사로부터 축적되어 온 방언에는 언어라는 의미를 뛰어넘어 한 지역의 오랜 전통문화와 일상생활, 역사와 문화를 담는 커다란 그릇이 된 것이다. 방언이 사라진다는 것은 그 지역의 전통적인 문화를 잃는다는 것을 의미하기에 상하이 방언을 유지하기 위한 노력은 오늘도 계속되고 있다.

## 때로는 달콤하게,
## 가끔은 느끼하게

"날아다니는 것은 비행기 빼고, 네 발 달린 것은 책상 빼고
다 먹는다"라는 말이 있다. 바로 중국 음식을 두고 하는 말이다.
그만큼 중국에서는 여러 가지 다양한 식재료를 사용하여
요리하고 음식의 종류 또한 많다는 의미다. 그러나 한편으로 이
재치 있고도 엽기적인 말은 중국에서는 정말 뭐든 다 먹을 것만
같은 막연한 두려움을 안겨주기도 한다. 실제로 중국에 오니
"어머나, 세상에! 이런 요리가 있다니!"라는 생각이 들 정도로
신기하고 별난 요리가 많았다.

중국에서는 광활한 영토만큼이나 식재료도 풍부하고 다양하다.
장구한 역사를 거쳐 내려오는 동안 오랜 전통과 풍습을 간직한
음식문화가 형성되기도 했다. 또한 조리 방법으로는 삶고,
볶고, 굽고, 찌고, 튀기고 등등 얼마나 많은지, 가뜩이나 풍부한
식재료가 여러 조리법을 거쳐 다양한 음식으로 재탄생한다. 같은
식재료를 사용할지라도 지역에 따라, 그리고 조리법에 따라
음식의 풍미가 달라지는 것이다.

다양한 중국 음식을 맛보고 싶다면 중국 음식점으로 가보자.
특히 여럿이 식사를 할 때면 중국 음식의 다채로움은 진가를

다양한 중국 요리

발휘한다. 둥그런 원형 테이블에는 입맛을 돋우는 에피타이져
격인 렁차이(冷菜)에서부터 따뜻한 음식인 러차이(熱菜),
메인요리인 주차이(主菜), 간식 격인 디엔신(點心), 그리고
따뜻한 탕(湯)의 순서대로 나온다. 요리 한 접시만 해도 양이
상당히 많기 때문에 여럿이 함께 다양한 음식을 맛보는 게 가장
합리적이다.

중국에서 생활하면서 중국 친구들과 함께 식사할 기회가
많았는데, 우리와는 사뭇 다른 점이 몇 가지 있었다. 가장 먼저
눈에 띄는 건 메뉴판의 두께다. 수많은 중국 음식 종류를 사진과

함께 담아 놓았기에 어찌나 두둑한지 적어도 20~30여 장은 되는 것 같다. 중국인들은 음식을 시킬 때면 채소 요리, 고기 요리, 생선 요리, 해산물 등 땅에서 나는 것과 땅 위를 걸어 다니는 것, 그리고 물에서 헤엄쳐 다니는 것을 골고루 시킨다. 특히나 여럿이 모여 식사를 하게 될 때면 절대로 대충 고르는 법이 없다. 요리의 맛과 모양, 색감뿐만 아니라 한 발 더 나아가서 음양의 조화까지 신경 써가며 고른다. 덕분에 테이블 위에 오른 요리들은 색감도 화려할뿐더러 다양한 영양소를 골고루 섭취할 수 있다는 장점이 있다. 대신 음식 주문이라는 막중한 임무를 맡은 친구는 어려운 책을 정독하듯 메뉴판을 한 페이지씩 넘겨가며 요리 선택에 신중을 가하는 수고가 있었지만 말이다.

많은 사람들이 함께 식사하게 될 때면 중국인들이 빠지지 않고 꼭 선택하는 메뉴가 있다. 바로 생선요리다. 생선은 중국어로 '위(魚)'라고 발음하는데, 이는 여유가 있다는 '위(餘)'와 음이 같다. 특히 '위(餘)'는 경사스럽고 여유가 넘치며 풍요로움을 뜻하기 때문에 중국인들은 생선요리를 좋아한다.

또 한 가지 우리와는 다른 점을 꼽자면? 여럿이 함께 식사를 할 때면 거의 밥을 시키지 않는다는 것이다. 특히 디엔신 종류가 다양한 상하이에서는 요리를 먹고 난 후에는 보통 간단히 먹을 수 있는 춘권(春卷), 셩지엔(生煎)과 같은 디엔신이나 면을 먹는 정도였다. 밥과 반찬이 항상 같이 나오는 우리로서는 잘 이해가 가지 않는 부분이기도 하다. 중국 친구들에게 왜 밥을 시키지 않느냐고 물었더니 "음식 종류가 이렇게나 많은데 왜 밥으로 배를 채워. 음식이 아직 많이 남아있으니 어서 부지런히 먹자고~"라는 대답이 돌아왔다. 과연, 다양한 음식문화를 갖고 있는 중국인들의 자부심 섞인 대답이 아닌가 싶다.

중국인들의 음식 사랑은 실로 대단하다. 상하이의 유명 음식점 앞에는 저녁 시간이나 주말이 되면 음식을 맛보러 온 사람들로 바글바글하다. 사람이 너무 많아 한두 시간 줄 서서 기다리는 경우도 다반사다. 오랜 시간 기다려야 하는 게 짜증이 날 법도 한데 사람들은 대기표를 뽑아 들고 '맛있는 음식을 먹기 위해서라면 이 정도쯤은 감수해야 되는 거 아니야?' 하는 태도로 의연하게 기다린다. 음식점 앞에 긴 줄을 서가며 기다리는 게 예삿일이기 때문에 바깥에 대기용 의자를 놓아둔 곳도 수두룩하다. 여기에다 한 술 더 떠 기다리는 사람들에게 꽈즈(瓜子, 볶은 해바라기 씨)를 나눠주거나 아예 장기판이나 탁구대를 마련해 놓는 음식점도 더러 있다.

## 먹는 것을 중시하는 중국인

그렇다면 중국인들은 왜 이처럼 먹는 것을 중시하는 걸까? 중국의 유명한 인문학자인 이중톈(易中天) 교수는 『중국인을 말하다(閑話中國人)』라는 책에서 그 원인을 중국인들이 기아를 경험해왔기 때문이라고 말한다. 유목 생활을 한 나라와는 달리

음식점 앞 대기중인 사람들

중국은 먼 옛날부터 주로 농경 생활을 해왔다. 농사를 짓고 나서는 자연환경의 영향을 많이 받았고, 수확시기를 기다려야만 했다. 만약 그 해에 기근이 들면 사람들은 어쩔 수 없이 굶주린 배를 움켜쥘 수밖에 없었던 것이다. 그리고 이런 생각은 지금에까지 이르게 되었다고 한다. 어느 정도 일리 있는 말이지 싶다.

이 밖에도 중국인들에게 왜 이렇게 '식 문화'를 중시하는지 물어보면 대부분이 이 속담을 예로 든다. '민이식위천(民以食爲天)', 즉 백성은 먹는 것을 하늘로 여긴다는 말이다. 이는 한(漢)나라의 역사가였던 반고(班固)가 저술한 『한서(漢書)』의 「역이기전(酈食其傳)」에서 유래한 말이다. 중국인들이 왜 오래전부터 '식(食)'을 중시해왔는지를 잘 보여주는 예이기도 하다.

이 기록은 진(秦)나라가 멸망하면서 한(漢)나라의 왕인 유방과 초(楚)나라의 왕인 항우가 세력다툼을 벌이던 시대(기원전 206-기원전 202년)로 거슬러 올라간다. 유방은 형양(滎陽)에서 곡창 지대인 오창(敖倉)을 차지했지만, 일 년간의 대치 끝에 항우에게 포위당하고 말았다. 당시 유방은 후퇴를 고민하고 있었다. 그런데 유방의 책략가였던 역이기(酈食其)가 그에게 말하길, "왕은 백성을 하늘로 여기고, 백성은 먹는 것을 하늘로 여깁니다. (王者以民爲天, 而民以食爲天) 폐하께서 전쟁에서 이기시려면 반드시 이 곡창 지대를 지켜야 합니다. 만약 이곳 오창을 포기한다면 우리에게 불리하게 작용할 것입니다. 그러니 더 이상 물러나지 말고 이곳을 지키옵소서. 그래야지만 병사들의 마음을 굳건히 할 수 있고, 그들의 사기를 진작시킬 수 있습니다."하고 조언하였다. 결국 5년 동안 계속되었던 초한전쟁(楚漢戰爭)은 유방의 승리로 이끌 수 있었다고 한다. 이 이야기는 중국인들의 삶에서 먹는 것이 얼마나 중요한지 오랜 시간 동안 거듭 생각하게 만들었음이 분명하다.

또한 중국에는 '밥이 보약'이라는 우리의 표현과 비슷한 '약식동원(藥食同源, 약과 음식은 그 근원이 같다)', 식보(食補, 음식으로 몸을 보한다)라는 말이 있다. 음식은 약과도 같다는데, 어찌 먹는 걸 중시하지 않을 수 있을까.


달콤 짭조름한 상하이 음식


중국의 각 지역에서는 자연과 기후 특성에 걸맞게 각기 다른 입맛을 만들어 내기도 했다. 겨울에 온도가 뚝 떨어지는 북방지역에서는 지방을 축적하고 열을 발생시키기 위해 칼로리가 높고 짠맛의 음식이 발달했다. 그래서 따뜻한 성질의 파와 마늘을 넣은 요리가 많다. 여름철 더위와 축축한 날씨가 계속되는 쓰촨(四川)이나 후난(湖南) 등 지역은 어떤가. 이곳 사람들은 혀끝이 마비될 정도로 얼얼하면서도 매운 마라(麻辣)맛 음식을 먹으며 궂은 날씨를 이겨낸다. 얼마나 매운 것을 좋아하면 '구이저우(貴州) 사람은 매운 것을 두려워하지 않고, 후난 사람은 매워서 어떤 것도 두려워하지 않으며, 쓰촨 사람은 맵지 않을까 두려워한다'는 말이 생겨났을까 싶다. 여름철이면 40도를 웃도는 분지 지형의 충칭은 너무 더워 '중국의 화로'라고 불리기도 한다. 때문에 충칭 사람들은 땀을 뻘뻘 흘리는 와중에도 뜨거운 훠궈(火鍋, 중국식 샤브샤브)를 먹음으로써 이열치열의 방법으로 무더위와 정면 돌파한다.

그렇다면 번방차이(本幫菜)라고도 불리는 상하이 음식은 어떨까? 상하이는 항구 도시답게 해산물이 풍부하다. 해산물 이외에도 채소나 고기 등의 각종 식재료가 풍부하기 때문에 재료 본연의 맛을 살린 요리가 많다. 그래서 식탁에 오른 상하이 음식들은 색감이 선명한 편이다. 또한 상하이 음식에는 간장과 설탕을 많이 사용하여, 달콤한 맛과 짠맛을 낸  요리가 많다. 흔히들 상하이 요리의 특징을 '진한 기름과 짙은 갈색 간장을 넣은 요리(濃油赤醬)'라고 한다. 이것은 '홍샤오(紅燒)'라는 요리법으로, 먼저 끓는 기름에 고기나 생선을 살짝 볶거나 익힌 후, 간장과 조미료를 넣고 뚜껑을 닫은 채 완전히 익히는 순서다. 짙은 갈색 간장을 뿌린 음식에는 불그스름한 빛이 돌고, 기름의 윤기까지 흘러 먹음직스럽게 보인다. 어떤 음식에는 조리 과정 중에 설탕을 넣어 달콤한 맛을 더하기도 한다.

그럼 상하이에 와서 꼭 먹어봐야 할 음식에는 어떤 게 있을까? 먼저 상하이의 대표적인 음식인 '홍샤오로우(紅燒肉)'를 꼽을 수 있겠다. 이름에서도 알 수 있듯이 위에서 설명한 '홍샤오'

동파육과 훙샤오 게,
가을철에 맛보아야 하는 따자시에

요리법으로 만들어 낸 통 삼겹살 요리다. 비계와 살코기가
적당히 섞여 있는 고기를 한 입 베어 물면 육즙이 입안으로 새어
나오는데, 가히 삼겹살 비계요리의 혁명이라 불릴 만하다. 조금만
과장을 보태자면 마치 마시멜로를 먹는 것 같다고나 할까?
그만큼 식감이 부드럽다.

　중국 역사에는 '훙샤오로우'와 관련된 두 사람이 있다. 한
명은 북송 시대의 시인 소동파(蘇東坡, 이름 蘇軾)이고, 또 다른
한 명은 중국의 전 국가주석이자 문화대혁명을 일으키기도 했던
마오쩌둥(毛澤東)이다.

　훙샤오로우의 또 다른 이름은 '동파육(東坡肉)'이다. 무슨
영문인지 요리 이름이 그의 호와 같다. 여기서 유추해볼 수
있듯이 훙샤오로우는 소동파가 발명한 음식이다. 뛰어난
문인이었던 그는 유명한 미식가이기도 했다. 이런 그가
황저우(黃州)로 유배된 적이 있다. 가난하게 살던 시절, 그는 적은
돈으로 배부르게 먹을 수 있는 방법을 고민하다가 동파육이라는
돼지고기 찜 요리를 발명한다. 이후 쉬저우(徐州)를 거쳐
항저우(杭州)에서 최고 행정책임자로 부임했을 당시, 백성들이
항저우 서호(西湖) 공사에 동원되어 대대적인 준설 공사를
벌였다. 서호가 다시 아름다운 모습을 되찾자, 백성들은 고마움의
표시로 소동파에게 돼지고기를 전달했다고 한다. 소동파는
이전에 발명한 돼지고기 요리를 만들어 항저우 백성들에게도
나눠주었다. 그리하여 항저우 사람들은 이 요리를 두고 그의 호를

따서 동파육이라 불렀던 것이다. 참 재밌게도, 누가 유명한 문장가 아니랄까 봐 소동파는 동파육을 주제로 「저육송(猪肉頌)」이라는 시도 남겼다.

그렇다면 마오쩌둥은 이 요리와 어떤 관련이 있는 걸까? 마오쩌둥은 이 요리의 열렬한 팬이라고 할 수 있다. 그가 홍샤오로우를 좋아한 일화는 중국인들에게 널리 알려져 있는 사실이다. 얼마나 좋아했으면, 일주일에 두세 번은 이 음식을 즐겨 먹을 정도였다고 한다. 그래서 마오쩌둥의 고향인 창사 샤오산(長沙韶山)에서는 그의 입맛에 맞춰 또 다른 '홍샤오로우' 요리를 만들었다. 간장을 좋아하지 않는 그의 입맛을 고려해 간장을 빼고 설탕으로 맛을 낸 것이다. 마오쩌둥의 입맛에 맞춰 요리된 홍샤오로우는 그의 성을 따서 '마오씨(毛氏) 홍샤오로우'라고 이름 붙였다.

상하이 요리하면 빠뜨릴 수 없는 요리가 또 있다. 따자시에(大閘蟹) 라고 부르는 '상하이 게'다. 게의 집게 부분에 털이 나 있는 것이 특징이다. 따자시에는 상하이 부근에 있는 쑤저우 양청호수(陽澄湖) 에서 잡힌다. 양청호수는 진흙이 적고 물이 맑기 때문에 따자시에가 서식하기에 최적의 장소라고 할 수 있다. 상하이 게는 가을로 접어들 무렵에 가장 맛있다. 날씨가 추워질 때면 따자시에의 활동량이 급격히 줄어들어서 살도 차오르고, 알도 꽉 차기 때문이다. 그래서 매년 10월, 11월이면 중국의 각지의 미식가들은 이 게를 먹기 위해 먼 걸음 마다하지 않고 일부러 상하이에 찾아오기도 한다.

따자시에는 크기에 따라 가격 또한 천차만별이다. 웬만한 음식점에 가서 먹으려면 한 마리에 최소 100위안부터 시작해서 몸집이 큰 것은 몇 백 위안이나 지불해야 한다. 가격이 부담된다면 더 저렴하게 먹을 수 있는 방법도 있다. 상하이에 있는 마트나 일반 시장에서도 따자시에를 판매하기 때문이다. 보통 한 마리당 10위안 정도에 판매한다. 음식점의 게보다 크기가 작긴 하지만, 훨씬 저렴하게 맛볼 수 있다.

사실 상하이식 따자시에 요리 방법은 그다지 특별할 게 없기 때문에 누구나 집에서 손쉽게 요리할 수 있다. 게를 수증기로 쪄낸 찜 요리가 가장 맛있는데, 게의 본연의 맛을 가장 잘 살려주기 때문이다. 알맞게 쪄내어 주황색 빛깔이 도는 따자시에는 보통 새콤한 중국식 식초나 간장에 찍어 먹는다. 또한 차가운 성질을 갖고 있기 때문에 체내의 음양조화를 맞추기 위해 도수가 높은 샤오싱주(绍兴酒)와 함께 먹기도 한다. 튀긴 게에 홍샤오 양념을 부운 홍샤오 따자시에도 상하이의 별미다.

만약 가을철에 상하이에 오게 된다면 따자시에를 꼭 한번 맛보시길 바란다. 노란 알이 꽉 차 있어 얼마나 맛있는지, 잘 쪄진 게를 새콤한 식초에 찍어 먹는 상상만 해도 군침이 핑 돈다. 나도 매년 가을철만 되면 게를 사서 맛있게 쪄먹는 연례행사를 치른다. 상하이의 가을이 행복한 이유다. 상하이의 따자시에가 하도 유명하다 보니 쉽게 먹을 수 있도록 작은 망치, 가위 등의 '게 전용 도구'를 판매하기도 한다. 흡사 수술 도구를 방불케 한다. 이 밖에도 맛볼 만한 상하이 요리로는 민물새우로 만든

달콤 짭조름한 맛이 일품인 '요우빠오허시아(油爆河虾)', 탕수육과
맛이 비슷한 갈비 '탕추샤오파이(糖醋小排)', 따자시에 게살과
두부로 만든 '게살두부(蟹肉豆腐)', 그리고 따자시에에 홍샤오
양념 부어 만든 '홍샤오 게(紅燒螃蟹)'가 있다.

　중국 음식을 먹을 때, 한 가지 조심해야 할 것이 있다.
한국에서는 고수라고 부르고, 중국에서는 샹차이(香菜)라 부르는
채소다. 비타민c가 풍부하다고 알려진 샹차이는 향신료 역할을
하여 보통 국이나 면, 요리 등에 많이 넣어 먹곤 한다. 그러나
나에게는 이 맛이 어찌나 이상하던지, 웬만한 중국 음식은
가리지 않고 잘 먹는 나도 샹차이 만큼은 아직까지도 적응을
하지 못했다. 글쎄, 이 맛을 뭐라고 표현해야 할까? 뭐라고 딱
꼬집어 말하기 어려운데, 누군가는 향이 센 깻잎 맛 같다고
하고, 누군가는 비누 맛 같다고도 한다. (그러나 향긋한 맛은 절대
아니다!) 샹차이에 익숙해질 법도 했으나, 먹으면 특유의 향
때문에 머리가 지끈지끈 아파지고 속이 안 좋아져 고생을 하니
몸에서 안 받는 게 분명하다. 때문에 나는 음식을 주문할 때면
항상 "샹차이는 넣지 말아주세요!(不要放香菜)"라고 말한다.


상하이의 간식거리


　상하이에는 갖가지 요리뿐만 아니라 '디엔신'이라고 부르는
간식거리도 많다. 발효시킨 밀가루 반죽을 길게 늘려 기름에

넣으면 치이익~ 소리를 내며 누렇게 튀겨지는 요우티아오(油条),
소금이나 설탕으로 간을 해서 마시는 콩 국물 또우장(豆浆),
향긋한 파의 향이 배어 있는 전병 총요우빙(葱油饼), 얇은
만두피에 티스푼정도의 고기소를 넣고 작게 만든 훈툰(餛飩) 등
다양하다. 그 중에서도 상하이의 대표적인 디엔신은 단연 '난샹
샤오롱바오(南翔小笼包)'와 '셩지엔만터우(生煎馒头)'이다.

'샤오롱바오'와 '셩지엔만터우'는 모두 만두의 일종이다. 먼저
샤오롱바오는 작은 대나무 찜통에 넣어 증기로 쪄낸 만두라는
뜻이다. 여느 만두에 비해 만두피가 얇고 반투명하며, 만두
속의 즙이 풍부하다는 특징이 있다. 또한 샤오롱바오 끝부분에
보통 14개 이상의 주름을 잡아준다. 정교할뿐더러 정성 들여
만들었다는 느낌이 들게 만든다. 작고 정교한 샤오롱바오는
세심한 상하이 사람들의 성격을 대변해주기도 한다.

샤오롱바오를 먹으려면 약간의 인내심과 중국인들의
'만만디(慢慢的, 천천히)' 정신이 필요하다. 막 쪄서 나온
샤오롱바오 안에는 뜨거운 즙이 가득 들어있기 때문에, 다른
만두처럼 한 입에 다 먹는다면 입천장을 데이기 십상이다.
샤오롱바오를 제대로 먹기 위해서는 숟가락이 꼭 필요하다. 먼저
샤오롱바오를 숟가락 위에 올려놓는다. 그런 다음 입으로 살짝
베어 물거나 젓가락으로 만두피를 살짝 찢은 후, 숟가락으로
만두 안에 있던 육즙을 받친다. 육즙을 호호 불어가며 식힌 후
먼저 마시고, 그 다음에야 고기소가 들어있는 샤오롱바오를

향긋한 파의 향이 배어 있는 상하이의 간식거리 총요우빙

먹는 것이다. 한번은 중국 친구와 함께 샤오롱바오를 먹으러
간 적이 있다. 먹는 방법을 설명해주는데 중국어로 들으면
음절이 3음절로 딱딱 들어맞아서 시를 읊는 줄로만 알았다.
"샤오롱바오를 조심스레 살짝 들어 천천히 옮기고, 먼저 한 입
베어 물고, 탕을 마셔(輕輕提, 慢慢移, 先開窗, 後喝湯)"하고 말이다.
　샤오롱바오는 보통 식초 간장에 찍어 먹는다. 여기에 생강을
곁들이기도 한다. 샤오롱바오를 처음 접했을 때, 그 맛도
일품이지만 만두피 안에 육즙을 어떻게 넣은 건지 궁금하기도
했다. 만드는 방법을 알아보니, 만두소에 넣을 다진 고기와 함께
고체상태로 굳은 닭 육수를 함께 넣는다고 한다. 찜기로 찌는
동안 만두가 익는 동시에 고체상태였던 닭 육수도 함께 녹으며

풍부한 육즙이 된다.

상하이 사람들은 샤오롱바오를 언급할 때 난샹의
샤오롱바오가 가장 정통적이라고 이야기한다. 난샹(南翔)은
상하이 자딩구(嘉定區)에 있는 한 지명인데, 샤오롱바오가
1871년 난샹 마을에서 탄생했기 때문이다. 당시 난샹에는
황밍셴(黃明賢)이라는 사람이 일화헌(日華軒)이란 이름의
간식 가게를 경영하고 있었다. 주로 달콤한 맛의 조그만
먹을거리를 파는 가게였다. 어느 날, 이곳을 찾은 단골손님은
그에게 "왜 이곳에서는 짭조름한 맛의 디엔신을 팔지 않는
거죠?"하고 물었고, 이에 영감을 받은 황밍셴은 음식을
연구하기 시작한다. 당시 난샹은 상업이 발달한 마을이었기
때문에 이곳을 오가는 상인들이 많았다. 그리고 상인들은 여러
지역을 오가다 보니 음식에 대한 기대치가 상당히 높았다고
한다. 그렇기 때문에 황밍셴은 다른 곳과는 차별화된 특별하고
창의적인 디엔신을 생각해내야 했다. 이때 만들어진 것이
다로우만터우(大肉饅頭)이며, 시간이 갈수록 크기가 점점 작아져
지금처럼 작고 정교한 모양의 샤오롱바오가 된 것이다.

지금도 난샹에는 150년의 역사를 훌쩍 넘긴 샤오롱바오
가게가 여전히 자리하고 있다. 난샹은 상하이 서쪽의 외곽에
위치해 있어 시내에서 출발하면 꽤 거리가 있지만, 전통적인
샤오롱바오를 맛보기 위해 직접 난샹을 찾아가는 사람도 적지
않다. 이곳이 너무 멀어 가기가 불편하다면 위위엔에 있는

샤오롱바오

난샹 샤오롱바오 지점을 찾는 방법도 있다. 위위엔 지점은
황밍셴의 먼 친척뻘인 우샹성(吳翔昇)이 1900년에 세운 가게다.
개업 초반에는 비싼 임대료를 내면서까지 위위엔에 이런 간식
가게를 낸 거에 대해 이해하지 못하는 사람들도 있었다고 한다.
그러나 시간이 흐르면서 샤오롱바오는 상하이 시내 사람들의
입맛을 사로잡았고, 연 판매액이 무려 RMB 1억 위안을 넘기도
했다. 그래서 중국인들 사이에서는 이를 두고 '중국 음식업의
기적'이라고 부른다. 현재 난샹 샤오롱바오는 상하이시
무형유산에 등재되는 영광을 누렸다.

　상하이 사람들이 즐겨 먹는 셩지엔만터우 역시 100년을 훌쩍
넘긴 역사를 갖고 있다. 옛날 상하이의 찻집에서 셩지엔만터우를
팔기 시작한 것이 시초가 되어 점차 차와 함께 마시는 간식거리로
자리 잡았다고 한다. 셩지엔만터우를 먹고 따뜻한 차를 마시면

맛도 있을 뿐만 아니라 기름기도 씻겨 내려갈 테니, 이보다 더
좋은 찰떡궁합이 어디 있으랴. 셩지엔만터우가 인기를 얻자
길거리에서도 팔기 시작했고, 더 많은 시민들이 먹을 수 있는
간식거리가 되었다.

　셩지엔이 샤오롱바오와 다른 점이 있다면 크기가 더 크고 피가
두껍다는 것과, 후라이팬에 기름을 둘러 바싹 부친다는 것이다.
셩지엔에서 '지엔(煎)'은 기름에 지진다는 뜻이다. 이처럼 중국
음식의 이름만 보아도, 어떻게 조리하는 요리인지 대충 감이
오기도 한다. 어쨌거나 다 구워진 밑 부분은 노릇노릇한 색깔을
띠며 바삭바삭하고, 위에는 깨와 쪽파를 뿌려 향긋한 맛을
더해준다. 셩지엔은 크기도 크거니와 기름지기 때문에 몇 개만
먹어도 배가 부르다. 나도 간혹 밥맛이 없거나, 간단하게 먹고
싶을 때면 셩지엔을 찾곤 했다.

　평생을 배워도 다 못 배우는 게 한자요, 평생을 먹어도 다 못
먹어 보는 게 중국 음식이라고 한다. 다양한 종류의 요리 안에는
오랜 역사와 이야기가 함께 담겨 있다. 맛과 모양과 색감, 그리고
음양의 조화와 건강까지 생각하여 만들어진 음식들은 중국인의
철학을 대변해주기도 한다. 오랜 세월 조상들의 슬기와 지혜가
담겨 있는 전통을 이어오며, 식문화에 대한 자부심을 가진 이들이
만든 음식. 이곳이야말로 진정한 미식가들의 천국이 아닐까.

# 영화가 있어 찬란했던
## 1930년대

　상하이의 여름이 시작되려나 보다. 창밖에는 제법 더운 바람이
솔솔 불어온다. 습도가 높은 상하이에서는 날이 더울 때면 조금만
움직여도 땀이 등줄기를 타고 주르륵 흐른다. 그렇다고 아직
본격적인 여름에 접어들지도 않았는데 에어컨을 켜기엔 조금
이른 감이 있다. 이럴 때면 나는 달콤한 과일을 먹으며 가만히
앉아 텔레비전을 보며 더위를 식히곤 했다.

　하루는 텔레비전 채널을 돌리는데 레드카펫 행사 장면이 눈에
들어왔다. 화려한 드레스를 입고 한껏 멋지게 꾸민 영화배우들이
하나둘씩 레드카펫 위를 지나며 카메라를 향해 손 흔드는
장면이었다. 영화제 레드카펫 행사였다. 어라, 그런데 뒤 배경이
어디서 많이 본 듯 참 익숙하다. '어디서 많이 본 곳인데, 혹시...
상하이 대극원 아니야?' 알고 보니 상하이 런민광장(人民廣場)
근처의 상하이 대극원(上海大劇院)에서 국제영화제 개막식이
열렸고, 마침 텔레비전에서는 이를 생중계해주고 있었다.

　매년 여름이 시작될 무렵인 6월이 되면 상하이에서는
국제영화제가 열린다. 1993년부터 시작된 '상하이 국제영화제'는
아시아에서 가장 권위 있는 영화제 중 하나다. 이 화려한

축제의 막이 오르면 중화권 배우는 물론 세계적인 영화배우들과
영화감독, 영화제작자들이 초청되어 레드카펫을 밟는다. 중국
전역에 있는 영화팬들은 '별들의 향연'을 보기 위해 상하이로
몰려온다. 상하이 시내의 지정된 몇 군데 영화관에서는 여러
나라의 영화를 상영하곤 한다.

　영화배우만 하더라도 400여 명 정도가 참석한다는 큰 규모의
국제영화제가 대도시인 상하이에서 개최되는 것은 그리 놀라운
일이 아닐 것이다. 그러나 상하이에서 열리는 이 영화제는
대도시라는 의미를 넘어서 나름의 특별한 의미를 지니고 있다.
역사적으로 상하이와 영화는 깊은 인연이 있기 때문이다.

　우리는 흔히 1895년 12월, 루이 뤼미에르(Louis Lumiere)가
프랑스 파리의 한 카페에서 시네마토그래프를 선보인 것을
영화의 첫 시작으로 알고 있다. 놀랍게도 이로부터 일 년도 채
되지 않았을 때, 이 갓 태어난 '영화'는 한 서양 상인의 손에
이끌려 머나먼 상하이까지 오게 되었다. 상하이에 도착한 영화는
1896년 쉬위엔(徐園)에 있는 '요우이춘(又一村)'에서 처음으로
상영되었다고 한다. 바로 이것이 영화가 상하이에 남긴 첫
발자국이다. 시간이 흐르며 영화는 상하이에 점차 뿌리를 내리며
뻗어나갔고, 1920~1930년대에는 활짝 꽃 피우는 전성기를
맞이한다.

　그렇다면 당시 가장 현대적인 발명품이었던 영화가 상하이에서
발전하게 된 것은 우연이었을까? 결코 우연이 아니었다. 같은

품종의 씨앗이라도 어떤 땅에 뿌리느냐에 따라 씨앗이 땅속에 그대로 파묻혀 죽기도 하고, 반대로 단단한 흙 사이로 고개를 내밀며 새싹을 틔우기도 한다. 상하이와 영화의 만남은 후자에 가까웠다. 당시 상하이는 세계 각국의 사람들과 여러 문화가 어우러져 탄생한 가장 현대적인 도시였고, 영화가 들어오기도 전에 이미 중국 최대의 문화 중심지로 불리며 문화적 기반이 갖춰져 있던 곳이었기 때문이다. 이런 상하이에서 영화가 뿌리내리기란 그야말로 안성맞춤이었을 것이다.

당시 스페인 상인 라모스(A.Ramos)는 1908년 홍커우(虹口) 지역에 '홍커우 대희원(虹口大戱院)'을 세웠다. 이곳은 상하이에 가장 처음으로 개관한 영화관인 동시에 중국 최초의 영화관이기도 했다. 시대적 흐름을 빨리 읽어낸 그가 영화관 사업으로 큰돈을 벌자, 일확천금을 꿈꾸며 그를 따라 영화관을 세우는 사람들이 늘어났다. 상하이 영화의 전성기였던 1920~1930년대 상하이에 소재한 영화관은 무려 50여 개에 달했다고 한다.

상하이 중심가에서도, 특히 옛 조계 지역을 거닐다 보면 역사가 오래된 영화관을 종종 발견할 수 있다. 옛 프랑스 조계지였던 화이하이중로(淮海中路)의 궈타이(國泰) 영화관, 과거 '극동 최고의 영화관'이라 불리던 다광밍(大光明) 영화관은 현존하는 대표적인 옛 영화관이다. 백 년 가까운 시간 동안 상하이 한복판을 굳건히 지키며, 오늘날에도 여전히 21세기의

1930년에 문을 연 화이하이중로의 궈타이 영화관

관객을 위해 영화를 상영하고 있다.

영화관의 내부 모습이 궁금해 일부러 이곳을 찾아가
영화를 관람한 적이 있다. 이미 백 년이란 세월을 훌쩍
넘겨버린 영화관이기 때문에 허름하지 않을까 생각했다.
그러나 내 생각과는 달리, 내부 인테리어는 고풍스러우면서도
호화스러웠다. 당시에도 관객들의 마음을 끌기 위해 넓은
좌석과 최신식 설비를 갖추었다고 한다. 당시 상하이에서는
중국 영화뿐만 아니라 서양 영화도 상영했었다. 놀라운 사실은
대부분의 할리우드 영화가 미국에서 개봉함과 동시에 상하이에서
상영되었다는 것이다. 게다가 20th Century Fox, Columbia
pictures, Universal pictures를 비롯한 미국의 8대 영화 회사가
모두 상하이에 발행인과 대표부를 두고 있었다. 상하이는 미국의
영화산업에서도 결코 간과할 수 없는 커다란 영화 시장이었던
것이다.

그렇다면 영어를 이해하지 못했던 중국인 관중들은 어떻게
할리우드 영화를 보았을까? 서양 영화를 상영하는 영화관이라면
문밖에 꼭 놓아두는 것이 있었는데, 바로 영화의 줄거리를 담은
중국어 소책자였다고 한다. 당시 영화에는 지금처럼 자막이
입혀져 있지 않았기 때문에 관중들이 대략적인 내용을 이해한
뒤 영화를 볼 수 있도록 고안해 낸 방법이었다. 이를 통해
영화관에서는 외관뿐만 아니라 관객의 입장에서 세세한 부분에도
얼마나 신경을 썼는지를 알 수 있다.

## 영화의 역사가 담긴 곳, 영화박물관

과거 '중국 영화의 중심지'의 영광을 누렸던 상하이에는 상하이
영화 역사를 한눈에 볼 수 있는 곳이 있다. 바로 지난 2013년
6월 개관한 '상하이 영화박물관'이다. 박물관이 문을 열었다는
소식을 듣고 찾아간 적이 있다. 영화박물관은 상업 중심지인
쉬자후이(徐家匯)에 자리 잡고 있었다.

박물관은 쉬자후이 지하철역에서 멀지 않은 곳에 위치해
쉽게 찾을 수 있었다. 지하철에서 나와 차오시베이로(漕溪北路)
방향으로 10여 분 남짓 걸었을까. 어느덧 눈앞에 '상하이
영화박물관'이라고 쓰여 있는 표지판이 보인다. 푸른 잔디밭이
가꿔진 너른 광장에 들어서면 정면에 네모반듯한 건물이
보이는데, 이곳이 바로 영화박물관이다. 박물관 외관은 백화점이
아닌가 착각이 들 정도로 모던하고 깔끔했다. 박물관 입구에
다다르니 구릿빛 동상이 우뚝 서 있고, 그 밑에는 '상하이 영화
제작소'라는 글자가 새겨져 있다. 이 동상은 가장 먼저 관람객을
맞이하는 동시에, 본래 '상하이 영화 제작소'가 있던 역사적인
장소였음을 소리 없이 말해주고 있었다.

영화박물관은 모두 4개의 층으로 나누어져 있다. 입장표를
사면 직원이 엘리베이터로 안내해주는데, 곧장 4층에 도착하여
한 층 한 층 내려오며 관람하는 방식이다. 중국 최대 규모의
영화 박물관답게 상하이 백 년 영화사에 대한 흐름과 설명은

영화박물관과
박물관 앞에 있는 동상과
표지판

물론이거니와, 유명 영화배우와 감독에 대한 소개, 색 바랜
영화 전문 잡지, 실제 영화 촬영에 사용되었던 뽀얗게 먼지
쌓인 각종 장비들, 그리고 당시 촬영 현장을 옛 모습 그대로
생생하게 재현해 놓은 밀랍 인형까지. 박물관이 문을 열기까지 왜
5년이라는 긴 준비기간이 필요했는지 이해가 될 정도로 이것저것
꼼꼼하게 전시되어 있었다. 책자 설명을 훑어보니 박물관에는
무려 3천여 점의 전시품이 전시되어 있다고 한다.

 박물관을 둘러보며 흥미로웠던 점은 1900년대 초반 상하이
영화는 내가 생각했던 것보다 훨씬 더 발전해 있었다는 사실이다.
일찍이 중국 영화계 종사자들은 미국 할리우드 영화에 비견할
만한 높은 수준의 영화를 만들기 위해 갖가지 노력을 기울였다.
우후죽순 생겨난 영화관과 더불어 렌화(聯華), 밍싱(明星) 등
내로라하는 영화제작사도 여럿 세워졌다. 기록에 따르면, 중국
전역에는 약 150여 개의 영화제작사가 있었는데, 그중 70%가
상하이에 집중되어 있었으며, 중국의 80~90% 이상의 영화
제작이 이곳 상하이에서 이루어졌다고 한다. 또한 영화배우를
양성하고 영화에 관련한 기술을 배우는 영화 학교도 설립되었다.
그리하여 1930년대, 중국 영화계는 좋은 영화 작품들과 수많은
스타들을 배출하며 찬란한 황금시대를 맞이하였으니, 결과는
대성공인 셈이다. 이 밖에도 적지 않은 영화 전문 잡지도
출간되었는데, 배우들의 헤어스타일이나 옷차림과 같은 패션
사진이 실리면서 한때 상하이에 유행을 일으키기도 했다.

1930년대 영화촬영 현장을 재현해 놓았다

박물관 한편에는 20세기 초부터 지금까지 영화 스크린을
누비던 영화배우들과 감독들의 사진을 벽면 가득 전시해 놓은
곳이 있다. 우리에게 익숙한 영화배우에서부터 점점 옛날로
갈수록 낯선 얼굴들이 많아진다. 이곳에서는 1930년대 중국
영화 전성기에 활동하였던 배우들도 볼 수 있다. 웃는 모습이
아름다운 후디에(胡蝶), 당대 최고의 여배우였으나, 25세에 생을
마감한 비운의 여배우 롼링위(阮玲玉), 꾀꼬리 목소리라 불리던
저우쉔(周旋) 등등의 배우들 말이다.

　이중 유독 눈에 띄는 한 사람이 있다. 훤칠한 키에 수려한
이목구비를 갖춘 전형적인 미남 영화배우 진옌(金焰). 그는
1932년 영화잡지 『전성일보(電聲日報)』에서 진행한 영화배우
인기 투표에서 남자배우 중 가장 많은 득표수를 얻는다. 그리고
여자배우 중 가장 많은 득표수를 얻었던 후디에와 함께 각각
'영화 황제'와 '영화 황후'라는 칭호를 얻게 되었다. 그런데 이
남자배우에게는 특별한 점이 한 가지 있었다. 놀라지 마시라.
자랑스럽게도 '영화 황제'라 불리던 김염(본명 김덕린)은
한국인이었다.

　어린 시절 김염은 가족과 함께 독립운동가인 아버지 김필순을
따라 중국 통화(通化)로 건너가게 되었다. 이후 고등학생이
된 김염은 영화배우가 되겠다는 꿈을 안고 상하이로 떠났다.
그리고는 중국 영화의 황금시대라 불리던 그 시절, 많은 인기
배우들과 어깨를 나란히 하며 마침내 꿈을 이룬 것이다. 박물관

'영화 황제'라 불리던
영화배우 김염

곳곳에는 그가 촬영했던 영화 작품에 대한 사진과 소개가
전시되어 있었는데, 영화에 대한 그의 열정을 느낄 수 있었다.
물론 지금 나에게 보여지는 건 영화배우로서 정상에 선 그의
모습이지만, 어찌 낯선 이국에서의 생활이 순탄하기만 했으랴.
이런저런 역경을 딛고 자신의 분야에서 최고로 우뚝 선 그의
열정에 박수를 보내주고 싶었다.

중국 국가(國歌)가 된 영화 주제곡

상하이 영화는 1930년대 전성기를 지나면서 중일전쟁과 신중국

수립, 문화대혁명과 개혁개방 등의 굵직한 역사와 만나게 된다. 그리고 시대적 흐름에 따라 흥행과 쇠퇴를 거듭하며, 시대를 반영하는 거울이 되기도, 사회적으로 광범위한 영향을 끼치기도 했다.

영화는 중국 국가(國歌)와도 깊은 인연이 있다. 혹시 중국의 국가를 들어본 적이 있으실지 모르겠다.

일어나라!
노예 되기 원치 않는 사람들이여!
우리의 피와 살로 새로운 장성을 쌓자!
중화민족에 닥친 가장 위험한 시기
억압에 못 견딘 사람들의 마지막 외침
일어나라! 일어나라! 일어나라!
우리 모두 일치단결하여,
적의 포화를 뚫고 전진하자!
적의 포화를 뚫고 전진!
전진! 전진! 전진하자!

중국 국가의 가사다. 총을 메고 당장이라도 전장에 나가야 할 것 같이 전투적인 분위기가 가득하다. 이것은 시대적 배경과 밀접한 관련이 있는데, 중일전쟁이 발발하기 직전인 1935년에 작사·작곡됐기 때문이다. 한 가지 재밌는 사실은 중국 국가 「의용군행진곡(義勇軍進行曲)」이 본래는 당시 인기리에 상영된 영화 '풍운아녀(風雲兒女)'(1935년)의 주제곡이었다는 점이다.

　일제의 만주 침략 이후, 1930년대 일본의 침략 행위가
노골화되자, 극작가였던 톈한(田漢)은 항일을 주제로 한 영화
극본을 쓰기로 결심한다. 영화를 통해 민중들에게 항일의식을
고취하기 위한 것이었다. 그는 영화 줄거리를 쓰는 동시에
주제곡의 가사도 함께 작사했다. 그리고 곧바로 젊은 작곡가인
니에얼(聶耳)에게 보내 가사에 알맞은 작곡을 요청했다.
이것이 바로 영화 '풍운아녀'와 그 주제곡 「의용군행진곡」의
탄생 비화다. 중국을 위기로부터 구하자는 내용이 담긴
영화는 상영되자마자 선풍적인 인기를 끌었으며, 주제곡인
「의용군행진곡」 역시 중국 전역에 두루두루 퍼져 한창
유행했다고 한다. 이런 사연을 갖고 있는 영화 주제곡은 1949년,
중화인민공화국 국가로 임시 채택되었고, 1982년이 되어서
국가로 정식 채택되었다. 영화 주제곡이 국가로 지정되다니,
아마도 세상에서 유일무이하지 않을까.


　영화촬영 세트장


　상하이 영화의 과거를 되돌아볼 수 있는 장소가 상하이
영화박물관이라면, 현재 진행 중인 상하이 영화의 생생한 모습을
볼 수 있는 곳은 상하이 영화촬영 세트장(上海影視樂園)이다.
상하이 남서쪽인 송장(松江) 지역에 위치해 있다. 여기는

중국에서 열 손가락 안에 드는 영화·드라마 촬영지로, 1930년대 상하이의 옛 모습을 그대로 재현해 놓았다. 한국에 잘 알려진 작품 중 '쿵푸허슬', '색·계', '황제의 딸'과 우리나라 영화 '암살'도 이곳에서 촬영되었다고 한다. 아마 옛 상하이에 관련된 이야기를 담은 작품 대부분은 이곳을 배경으로 촬영되었다고 해도 과언이 아닐 것이다.

이곳은 영화촬영 세트장인 동시에 관광지이기도 하다. 영화촬영지 곳곳을 얼마나 생생하게 재현해 놓았는지, 번화가인 난징로(南京路)와 전통 거주지 스쿠먼(石庫門), 유럽식 건축을 포함한 옛 건축은 물론이며, 한쪽 벽면에 다다다닥 붙어있는 빛바랜 영화 포스터, '딩딩당당' 요란한 소리를 내며 달리는 전차와 인력거를 비롯해 당시 사용되던 교통편까지, 마치 타임머신을 타고 1930년대로 날아와 그때의 시간을 걷는 것 같은 기분이다.

길을 돌아다니면 그 시대에 주로 입던 의상인 치파오와 중산복을 입은 사람들이 간간이 보인다. 알고 보니 이들은 1930년대 상하이 모습을 배경으로 웨딩촬영 중이었다. 상하이 사람들에게 있어 백 년이 다 되어가는 1930년대의 모습은 촌스러운 과거가 아닌 소중하게 간직하고픈 그리운 옛 모습인 듯싶다.

상하이 사람들은 상하이 역사에서 가장 찬란했던 시절로 1930년대를 꼽는다. 당시 '동양의 파리', '십리양장(十里洋場)'이라 불리던 화려한 상하이는 이들의 향수를 불러일으킬 만하다. 그러나 과연 1930년대는 찬란하기만 했을까? 상하이의 1930년대는 일본으로부터 숱한 침략을 받던 시기였다. 1932년 1월 28일에는 '1·28 사변'이 일어났고, 1937년에는 중일전쟁이 발발하여 상하이까지 피해가 컸다. 이로 인해 상하이 조계 지역은 한순간에 고도(孤島)가 되었다. 어찌 보면 상하이의 1930년대는 가장 찬란했던 동시에 가장 혼란스러운 시기이기도 했던 것이다.

'펜은 칼보다 강하다'라는 말처럼, 전쟁의 포화 속에서도 강인한 생명력을 가진 상하이의 문화와 문학, 그리고 예술은 빛이 났다. 그중에서도 1930년대 영화는 결코 빼놓을 수 없을 것이다. 일찍이 '동양의 할리우드'라 불리던 상하이에서 영화는 상하이 시민들의 생활에 영향을 주기도 했고, 시민들의 삶과 비극적인 역사의 단편은 영화의 소재가 되기도 했다. 1930년대 상하이가 찬란했던 이유는 어쩌면 영화가 있어서가 아니었을까. 그러나 전쟁이 계속되고 영화 제작에 제약을 받자, 상하이의 적지 않은 영화사들은 홍콩으로 자리를 옮겨갔다. 홍콩영화가 발전할 수 있었던 것은 상하이 영화의 토대가 마련되었고 그 영향을 받았기 때문이라고 할 수 있다. 열강에 의해 유린당했던 1930년대 상하이에서 영화의 르네상스 시기가 왔던 것은, 영화를 통해 세상에 말하고자 했던 상하이 사람들의 애환이 녹아있기 때문은 아니었을까 생각해 본다.

# 상하이를 주름잡던
## 주먹세계 청방

꽤 오래전, 홍콩에서부터 '홍콩 누아르' 바람이 한국에 불어온
적이 있다. '영웅본색'이나 '아비정전', '무간도'와 같은 범죄
액션 영화가 상영되며 선풍적 인기를 끈 것이다. 희뿌연 연기가
피어오르는 담배를 입에 물고, 시커먼 선글라스로 얼굴을 반쯤
가린 채 권총을 쥐고 다니는, 어느 암흑가에서 벌어지는 범죄
조직의 이야기. 손에 땀을 쥐게 하는 긴장감도 있고 앞으로
이야기가 어떻게 전개될까 흥미진진하기도 했지만, 한편으로는
피비린내가 진동하는 듯한 살벌한 장면을 보는 것만으로도
얼마나 마음 졸였는지 모른다.

그런가 하면 과거 1920~1930년대 상하이에도 이와 비슷한
범죄 조직의 이야기가 전해내려 온다. 그중에서도 '청방(青幫)'은
상하이를 주름잡으며 큰 세력을 차지했던 조직이다. 청방이
유명했던 이유로는 단순히 거대한 조직이었기 때문만은
아니었다. 물론 이들은 갖은 범죄를 저지르며 잔인하기로 악명
높았지만, 이 밖에도 정치와 결탁하기도 하고, 상하이의 굵직한
역사와 함께하며 여러 전설적인 이야기를 남기기도 했다. 마치
베일에 가려진 듯 워낙 비밀스러운 조직이었기 때문에 여전히

수수께끼처럼 남아있는 이야기가 많다. 얼마 전, 신문가판대에서 이것저것 훑어보다가 『청방의 비밀을 파헤치다』라는 제목의 잡지를 본 적이 있는데, 그동안 밝혀지지 않았던 새로운 내용이라며 잔뜩 글이 실려 있었다. 그런가 하면 청방을 모티브로 한 '상하이탄', '대상하이'와 같은 드라마나 영화가 인기리에 상영되기도 했다. 이미 한 세기가 지난 일이지만, 중국인들에게 청방의 이야기는 여전히 흥미로운 대상이지 않나 싶다.

청방의 세력이 크게 성장한 것은 1920~1930년대의 일이지만, 그보다 훨씬 전인 청나라 옹정제 초기인 1726년에 성립되었다. 이들이 처음부터 범죄 조직이었던 것은 아니다. 본래 청방은 경항대운하(京杭大運河)를 통해 강남에서 베이징으로 양곡을 운반하며 생계를 이어가던 운수 노동자들의 조직이었다. 사회 하층민으로 숱한 억압을 받던 이들은 함께 힘을 합치며 점차 세력을 키워나갔다. 그러나 이후 해운이 발달하며 내륙의 수로를 이용하는 참운이 몰락하게 되자, 졸지에 일자리를 잃은 청방 조직원들은 생계를 위해 하나둘씩 상하이에 자리 잡기 시작했다.

상하이에 들어온 청방은 번잡스러운 도시 분위기에 발맞추어 점차 도시화 되었다. 1900년대 초반에는 아편을 밀매한다거나, 도박장 혹은 기원을 경영하면서 막대한 돈을 벌어들이는 거대한 범죄 조직으로 성장한 것이다. 이들이 상하이에서 세력을 크게 확장할 수 있었던 이유는 무엇이었을까? 바로 조계 역사라는 특수한 환경과 시대적 상황이 크게 작용했기 때문이다. 그들은 주로 프랑스 조계지에 기반을 두고 활동했는데, 조계지는 외국 관할이었기에 중국 측에서 전혀 손 쓸 수가 없었던 것이다. 대신 프랑스 조계지는 이들을 보호해 준다는 명목으로 대가를 받아 챙겼다. 갖은 범죄와 불법 활동을 일삼던 청방에게, 중국의 손길이 미치지 않던 조계지야말로 최적의 활동 장소였을 테다.

청방 조직 중에서도 가장 유명한 사람을 꼽자면 황진룽(黃金榮), 장샤오린(張嘯林), 그리고 두웨성(杜月笙)을 들 수 있겠다. 이들은 청방 삼대형(靑幇三大亨) 즉, 청방의 세 거물이라고 불리며 온 상하이를 꽉 주름잡고 있었다. 너무나 유명하고 막강한 세력을 가진 그들이었기에, 상하이에서 이 세 사람을 모른다는 것이 오히려 이상한 일이었다. 당시 상하이 사람들 사이에는 "황진룽은 탐욕스럽고, 장샤오린은 싸움꾼이며, 두웨성은 사람 노릇을 할 줄 안다"라는 말이 널리 퍼져있었다고 한다. 말 그대로 황진룽은 재물에 눈이 멀어 돈 버는 일이라면 사족을 못 썼고, 장샤오린은 극악무도하여 온갖 못된 짓을 하면서 사람을 때렸다. 그나마 두웨성이 이 세 사람 중 가장 사람다웠다는 것이다.

겉보기에 이들 세 사람은 의형제나 다름없어 보였다. 그러나 속내를 들여다보면 이들 모두는 각자의 제자를 거느리고 있는 독립된 세력이었다. 이들은 자신의 이익을 위해 서로를 이용하기도 하고, 견제하기도 했지만, 또 협력하기도 했다. 그야말로 겉으로는 웃고 있지만, 과연 마음속에는 어떤 꿍꿍이를 품고 있는지 도무지 알 수 없는 일이었다. 만약 셋 중에 한 명이 마음만 먹는다면 우두머리 중의 우두머리로 군림할 수 있지 않았을까? 아마 그랬을지도 모르겠다. 그러나 이들은 공생의 길을 택했다. 번화하고 화려한 만큼 험난하고 각종 위험이 도사리고 있는 상하이에서 혼자의 힘으로 살아남기란 어렵다는 것을 이미 잘 알고 있었기 때문이다. 그렇기에 이들은 서로의 꽌시(關係)와 처세술을 동원하며 함께 세력을 키워나갔다. 바꾸어 말하면, 이들의 이야기를 자세히 살펴본다면 중국인들이 중시하는 꽌시라든가, 처세술, 그리고 체면에 대해 이해할 수 있는 것이다.

이 세 사람의 세력이 처음부터 같았던 것은 아니다. 이들에게도 약간의 세력 차이가 존재했다. 굳이 청방의 서열순위를 매겨보자면 황진룽의 세력이 가장 강성했고, 그다음으로 두웨성, 마지막으로 장샤오린의 순서로 나열할 수 있겠다. 게다가 나이 차가 스무 살 가까이 나는 황진룽과 두웨성은 본래 스승과 제자 사이였다.

먼저, 청방 중 세력이 가장 강성했던 황진룽은 프랑스 조계 경찰서의 경찰이었다. 그는 각종 미궁에 빠진 사건들을 해결하며 승진을 거듭하였고, 나중에는 중국인 중에서 유일하게 감찰관 자리까지 올라간다. 그러나 이것은 그가 명탐정같이 예리한 추리력을 갖고 있다거나 뛰어난 능력이 있어서가 아니었다. 어릴 적 성황묘(城隍廟) 부근 표구점 일했던 그는 주변의 불량배들과

상하이 '청방 삼대형(靑帮三大亨)'인 두웨성, 장샤오린, 황진룽(왼쪽부터)

안면이 있었는데, 경찰이 되고 나서도 여러 사건을 해결하기 위해
그들과 어울려 지내곤 했다. 불량배들을 모두 자기 편으로 끌고
와서 제압하기도 하고, 그들로부터 이 바닥의 정보를 제공받아
사건을 손쉽게 해결하기도 했던 것이다. 그는 자신의 세력을 더
넓히기 위해 청방에 가입하였고, 나중에는 프랑스 조계 경찰과
청방의 우두머리라는 두 가지 지위를 겸했다.

　황진룽이 한창 승승장구하고 있을 때, 두웨성이 제자로
받아달라며 황진룽을 찾아왔다. 두웨성은 푸둥 촨샤(浦東川沙)
사람으로, 어릴 적 부모를 잃고 떠돌이로 지내다 황푸강을 건너
상하이에 온 청년이었다. 스류푸(十六鋪)의 한 과일가게 점원으로
일하며 생계를 유지해나갔다. 그러나 발붙일 곳을 찾아야 한다고
생각하여 명성이 자자한 황진룽을 찾아온 참이었다. 성실하고
총명했던 두웨성은 얼마 지나지 않아 황진룽과 그의 부인

린구이성(林桂生)에게 총애와 신임을 얻었다. 나중에는 조직
내에서 가장 중요한 일인 아편 밀매를 담당하며, 높은 지위를
얻게 된다.

이 이야기는 잘 알려져 있지 않으나 장제스(蔣介石)도 한 때
황진룽을 스승으로 모신 적이 있다. 1920년대 초, 상하이에 증권
열풍이 분 적이 있다. 순식간에 140여 개의 증권거래소가 생겨날
정도로 기세가 대단했다고 한다. 이 열풍을 따라 장제스 역시
증권거래소 헝타이하오(恒泰號)를 설립했다. 그러나 1921년 불어
닥친 금융위기로 결국 거래소는 문을 닫게 되었고, 장제스는
그만 몇만 위안의 빚을 지고 말았다. 그리고 돈을 돌려달라는
채권자들의 빚 독촉과 거센 항의가 빗발쳐왔다. 막다른 궁지에
몰린 장제스는 상업계 유명인사였던 위치아칭(虞洽卿)으로부터
황진룽을 소개받았고, 그의 제자가 되기로 한다. 이는 순전히
상하이의 거물이었던 황진룽의 보호를 받기 위해서였다.

장제스를 제자로 받아들인 황진룽은 어느 날 채권자들을
만찬에 초대했다. 그리고 그들에게 이렇게 말했다고 한다.
"즈칭(志淸, 장제스의 학명(學名)이자 당시 사용했던 이름)은 나의
제자가 되었다. 즈칭의 돈을 원하면 나에게 와서 받아 가라"하고
말이다. 그러나 상하이의 으뜸인 황진룽인데, 누가 감히 그에게
돈을 달라고 할 수 있었을까? 뿐만 아니라 가뜩이나 체면을
중시하는 중국인들이기에, 채권자들은 감히 여러 사람 앞에서
황진룽의 체면을 깎을 수 없었다. 결국엔 어느 누구도 황진룽이란

거물을 방패로 삼고 있는 장제스를 해코지하지 못했다. 황진룽의 한마디로 수습이 된 이 일화는 당시 상하이에서 그의 세력이 어느 정도인지를 가늠하게 하는 사건이었다. 또한 중국 특유의 꽌시와 체면 문화가 제대로 작용한 사례라고도 할 수 있겠다. 중국의 인문학자인 이중톈(易中天)은 체면에 대해 중국인의 사교에서 통행증과 같다고 말한 바 있다. 체면이 있으면 심지어는 적도 친구로 만들 수 있고, 곤경에서 벗어날 수도 있으며, 모든 일들을 순조롭게 해결할 수 있다는 것이다. 중국에서 꽌시와 체면이 얼마나 큰 힘을 발휘하는지를 알 수 있겠다.

청방이 악명 높기로 유명했던 건, 조직에서 행한 세 가지 악행 때문이었다. 도박, 기원(유곽), 그리고 아편이 그것이다. 조계지의 번화한 길거리에는 청방 조직이 관리하는 도박장이 문을 열었고, 인적이 드문 뒷골목에는 인신매매단이 득실거리며 수많은 범죄가 일어나기도 했다. 남자를 납치하면 고된 노동을 하는 쿨리(苦力)로 보내고, 여자들을 납치하면 기원에 보낸다는 소문도 무성했다. 당시 '도박장과 기원은 황진룽이나 두웨성이 연 게 아니라면, 장샤오린이 연 것'이라는 말이 나돌 정도였다고 한다. 이처럼 이들은 암흑세계에 밀접하게 관여하고 있던 것이다.

그중에서도 아편무역은 청방에게 매우 중요한 경제적 원천이었다. 1925년, 황진룽과 두웨성은 진팅순(金廷蓀)과 함께 아편을 거래하는 산신회사(三鑫公司)를 설립했다. 머지않아, 영국에서 상하이 조계에 아편 무역을 금지한다는 소식이

들려왔다. 산신회사는 기회를 틈타 프랑스 조계지의 아편 무역을
독점할 수 있었고, 이로 인해 이들은 큰돈을 벌 수 있었다.

오늘날 신러로(新樂路)에 가면 당시 사용되던 옛 건물이 그대로
남아있다. 지금은 수석공관(首席公館, Mansion Veranda)이라는
호텔로 사용되고 있다. 하루는 근처를 지나가다 궁금한 마음에
안으로 들어가 구경한 적이 있다. 로비 한쪽 벽면에는 두웨성의
살아생전 모습이 담긴 액자가 걸려있었고, 먼지 묻은 유성기와
당시의 화폐, 문서를 비롯한 옛 물건들이 전시되어 있었다.
이곳의 시곗바늘만큼은 청방의 전성기였던 1930년대에 그대로
머물러있는 것만 같았다.

한 가지 재미있는 사실은 흉악한 범죄 조직이었던 이들에게
그다지 어울리지 않는 고상한 취미가 있었다는 것이다.
그것은 바로 '전통극' 관람이었는데, 이들의 취미는 단지
취미에만 그치지 않았다. 직접 중심가에 전통극장을 열었고,
메이란팡(梅蘭芳)을 비롯한 유명 경극 배우를 초청하여 무대에
세우기도 했다. 푸저우로(福州路) 있는 '티엔찬 무대(天蟾舞臺)',
옌안동로(延安東路)의 공무대(共舞臺), 시장중로(西藏中路)의
황금 대희원(黃金大戲院) 등 적지 않은 극장이 청방 조직에서 연
것이다. 일부 극장은 지금까지도 사용되고 있다.

청방은 정치와 결탁하기도 했다. 몇 년 전만 해도 금융위기로
채권자들에게 쫓기던 장제스가 1927년 돌연 상하이에 다시
모습을 나타냈다. 이번에는 국민혁명군 총사령 신분으로 군벌로

조계시절 아편을 거래하던 산신회사
지금은 수석공관호텔로 사용되고 있다.

분열된 중국을 하나로 통일하기 위해, 자신의 군대를 거느린
채 늠름한 모습으로 상하이에 입성한 것이다. 사실 장제스가
상하이에 오기 전, 청방 두목들은 미리부터 이 소식을 전해
듣고는 공산당과 국민당 사이에서 저울질을 하고 있었다.
입장을 분명히 하지 않던 그들은 1927년 3월, 장제스가 상하이에
도착하자 곧바로 그의 편으로 돌아섰다. 과연, 처세술에 능한

이들이었다. 때마침 공산당 초기 혁명 진영을 진압하려던
장제스는 오직 군대의 힘만을 가지고는 부족할 것 같다는 생각에
상하이에서 강한 세력인 청방의 힘을 빌리기로 한다. 청방 역시
자신들의 힘을 더 키우기 위해서는 정치적인 든든한 후원자가
필요한 참이었다. 이러한 정치적 필요에 의하여 쌍방의 의견은
일치했고, 양쪽은 결탁키로 했다.

그 후로 청방은 장제스의 지시에 따라 움직였다. 장제스가
공산당을 향해 총부리를 겨누라고 지시하자, 청방은 먼저 지도자
격인 총공회위원장 왕쇼우화(汪壽華)를 제거했다. 4월 12일에는
상하이쿠데타가 일어났다. 국민혁명군이 공산당의 지원을 받은
상하이 노동자 규찰대에 대해 무장해제를 강행한 것이다. 이 일로
공산당원은 물론 정치에 참여하지 않은 무고한 노동자들까지
희생되었다. 약 5천 명 가까운 사상자가 발생했다고 하니,
참혹하기 그지없는 사건이었다. 1927년 벌어졌던 상하이쿠데타
대규모 유혈사태는 프랑스 작가 앙드레 말로의 소설『인간의
조건』(1933)에도 묘사되어 있다.

상하이쿠데타는 제1차 국공합작 결렬과 장제스 정권 수립
등 중국혁명의 전환점이었을 뿐더러, 청방 입장에서도 하나의
전환점이 되었다. 국민당과 결탁하고 난 후, 황진룽과 두웨성은
국민 혁명군 소장참의(少將參議) 자리에 앉게 되었다. 상하이
범죄 조직이었던 청방에서 체면이 서는 떳떳한 신분이 된
것이다. 이때부터 그들은 달라지기 시작했다. 그중에서도

두웨성의 변화 가장 컸다. 두웨성은 다년간 피워오던 아편을
끊었다. 그리고 날씨가 춥든 덥든 간에 점잖고 고상해 보이는 긴
두루마기(長衫)를 입고 생활하며 이미지를 바꿔나가기 시작했다.
상하이 금융계의 정세가 불안했을 때 두웨성이 도산 위기에
처한 은행을 물심양면 도운 적이 있었다. 이렇게 만들어진
금융계의 꽌시로 그는 점차 공상, 금융, 항운 등 분야에 세력을
뻗어나갈 수 있었다. 비록 어릴 적부터 제대로 된 교육을 받지
못해 글조차 제대로 읽을 줄 몰랐던 두웨성이지만, 한편으로는
그 누구보다도 세상 물정에 밝고, 생존능력이 뛰어난 인물이기도
했다. 이 험난한 상하이에서 살아남기 위해 늘 촉각을 곤두세우며
주시해왔던 그였기에 가능한 일이었다. 그 역시 새로운 인생을
꿈꾸며, 선장이 한껏 힘을 주어 배의 방향키를 돌리듯 서서히
인생의 방향을 틀기 시작했다.

　두웨성이 다른 청방 두목들과는 확연히 다른 점이 있었다.
돈보다는 사람을 더 소중히 여긴다는 것이다. 두웨성을 두고
"사람 노릇 할 줄 안다"고 말한 것은 그의 이런 인간적인 면모를
보고 이야기하는 것일 테다. 그는 의로운 일을 위해 자신의
재물을 기꺼이 내놓곤 했다. 그 예로, 고향에 전염병이 창궐할
때면 사비를 털어 주민들에게 약을 돌렸다. 또 주변 지역에
수해가 발생했을 때는 자선을 모금해 불우이웃을 도왔다. 그리고
아이들의 교육을 중시하여 학교를 설립하기도 했다.

　두웨성은 주변 사람들에게 종종 이렇게 말하곤 했다. "나

두웨성은 말이야, 다른 사람들이 돈을 쌓아둘 때, 우정을
쌓아둔다네. 돈은 언젠가 전부 써버려 없어질 때가 있겠지만,
우정은 전부 다 쓰지 못하기 때문이지"라고 말이다. 이것이
바로 인정(人情)을 중시하고, 사람을 소중히 여기는 그의
인생철학이었으리라.

그렇다면 장샤오린이 '청방 삼대형'의 서열 중 가장 마지막에
놓일 수밖에 없던 이유는 무엇일까? 워낙 황진룽과 두웨성의
세력이 막강한 이유도 있었을 것이다. 그러나 가장 결정적인
이유로는 중일전쟁 당시 장샤오린이 한 행동에서 비롯되었다.
1937년, 일본의 침략으로 중일전쟁이 발발하면서 중국 전역이
들끓었다. 상하이에도 일본의 마수가 뻗쳐왔다. 일본군은
상하이에서 가장 세력이 큰 청방을 끌어들이기 위해 두목들을
찾아다녔다. 그런데 여기서 청방 삼대형 세 사람은 각기 다른
모습을 보인다.

두웨성은 항일자금을 마련하고, 군대 위문활동을 벌이기도
했으며, 나중에는 홍콩으로 건너감으로써 일본에 불참 의사를
나타냈다. 황진룽은 두문불출 칩거하였다. 이처럼 황진룽과
두웨성 두 사람 모두 직·간접적으로 항일에 대한 의지를 내비친
셈이다. 그러나 장샤오린은 이들과는 정반대의 길을 선택하고
만다. 일본군에게 군용물품을 보급하고, 항일 애국지사를
살해하기도 하는 등 돌이킬 수 없는 죄악을 저지른 것이다. 그의
매국노 행각이 많은 이들의 원성을 샀음은 두말할 나위 없다.

결국 그는 자신의 보디가드인 린화이부(林懷部)에게 죽임을 당한다. 자신이 믿고 고용한 보디가드에게 죽임을 당하다니, 참으로 비참한 최후가 아니었나 싶다. 어찌됐든 매국노가 된 그의 행각은 오점으로 남았다. 이것이 그가 청방 두목 중에 서열이 늘 마지막에 놓일 수밖에 없게 된 이유다.

20세기 초, 상하이는 분명 모험가들의 낙원, 동방의 파리로 불리는 기회의 땅이자 화려함을 뽐내는 도시가 틀림없었다. 게다가 일찍이 전차와 전기, 수도 등 서양의 선진적인 기술이 도입되어 편리한 생활을 누릴 수 있었다. 그러나 이와 동시에 상하이는 범죄 조직이 들끓고, 각종 범죄가 일어나며, 아편이나 도박 같은 유혹이 넘치는, 위험이 도사리는 곳이기도 했다.

기회와 위험, 그리고 명과 암이 공존하던 조계 시절, 조계 역사라는 특수한 환경 아래 세력을 키워나갔던 범죄 조직 청방. 1943년 조계지가 폐지되고, 신중국이 성립되며 결국 청방의 역사도 막을 내렸다. 몇 년 안 되어 1951년 두웨성이 홍콩에서 병사했다. 1953년 황진룽 역시 고령의 나이로 세상을 떠났다. 공교롭게도 조계지가 번화할 때 청방의 세력 역시 흥성했고, 조계 역사가 사라질 때 이들 역시 몰락하며 흥망성쇠를 함께 한 것이다. 어쩌면 역사라는 거대한 소용돌이 앞에서, 그리고 죽음이라는 거센 바람 앞에서 한때 상하이를 주름잡던 그들 역시 영락없이 흔들리는 작은 촛불이었을지도 모른다.

# 인구수만큼
# 다양한 교통수단


　상하이에서 생활한 지 오랜 시간이 흘렀지만 횡단보도를
건너려고 하면 여전히 겁부터 난다. 신호를 무시한 채 불쑥불쑥
튀어나오는 각종 교통수단들 때문이다. 자전거는 물론이거니와
오토바이, 전동차, 그리고 각종 차들이 도로 위에 뒤엉켜 있다.
비단 상하이뿐만이 아니다. 대부분의 중국 전역에서 볼 수 있는
일로, 길 건널 땐 필히 고개를 좌우로 흔들며 좌측과 우측을
번갈아 살펴보아야 한다.

　도로에 따라 상황이 다르긴 하지만, 간혹 길 위에 뒤엉킨
각종 교통수단들은 무엇이 그리 급한지 차선 신호가 빨간불로
바뀌었음에도 정차하지 않고 "빵빵~" 소리를 내며 횡단보도
쪽으로 질주하곤 한다. 언제 횡단보도로 달려들지 모르는
자동차와 오토바이, 그리고 자전거가 마치 하나하나 넘어야
하는 장애물처럼 느껴지기만 한다. 위협적인 교통수단에 온몸이
굳어버려 횡단보도에 그대로 서 있기를 몇 번, 다 건너고 나면
"휴~"하고 한숨이 절로 나온다. 신호를 위반할 만큼 엄청나게
급한 일이 있어서 빨리 간 것이라고 믿고 싶다.

　몇 년 전, 학교에서는 상하이에 방문한 외국인 작가 여덟 명을

초청하여 교류회를 개최한 적이 있다. 상하이시에서는 매년 전 세계 작가들을 초청하여 약 3개월 간 머무르게 한 후, 가장 인상 깊었던 일화를 소재로 소설을 쓰도록 하는 프로젝트를 진행하고 있는데, 그중 하루는 작가들이 학교에 방문하여 학생들과 교류하는 시간을 가졌던 것이다.

당시 초청된 외국인 작가들은 유럽에서 온 작가가 대부분이었다. 작가들은 차례대로 간단한 자기소개와 상하이에 온 소감을 발표하였다. 마지막 질의응답 시간이 되자, 머리를 질끈 묶은 한 중국 학생이 자신이 평소 존경하고 애독하였던 한 외국인 작가에게 질문을 던졌다. "상하이에 머무르면서 가장 인상 깊었던 일이나, 작품으로 쓸 만한 소재는 찾으셨는지요?" 하며 어떤 내용을 쓸 것인지 살짝 귀띔해달라고 했다. 학생들은 모두 예리한 관찰력을 가진 작가들이, 또 저 머나먼 유럽에서 온 외국인들이 과연 상하이의 어떤 부분이 인상적이었을까 꽤나 궁금했을 터이다. 작가는 잠시 골똘히 생각하더니 "상하이는 매우 아름답고 매력적인 도시입니다. 앞으로 남은 시간 동안 상하이에 대해 더 보고, 느껴보아야겠죠. 음... 일단 지금까지 생각하고 있는 소재로 '파란불인데도 길 건너기 힘든 상하이에서는 도대체 언제 길을 건너야 할까?'에 관해 글을 써볼까 합니다." 장내는 예상치 못한 작가의 답변으로 웃음이 터져 나왔다. 어쩌면 중국 학생들은 '외국인이 중국의 대도시인 상하이에 와서 과연 어떠한 느낌을 받았을까?' 하며 거창한 대답을 기대했을지도 모르겠다.

그렇다. 여러 사람들이 느낄 정도로 상하이 도로 위의 상황은 무법천지다. 2010년 상하이 세계박람회가 개최된 이후 교통편이 많이 개선되긴 했으나, 혼잡스러운 건 여전히 마찬가지다. 상하이의 상주인구가 2천 5백 명이나 되는 오늘날, 이 엄청난 인구가 출퇴근 시간에 동시에 이동한다고 생각해 보라. 얼마나 많은 사람들로 붐빌지, 상상만 해도 숨이 턱턱 막힌다. 그렇기에 상하이의 많은 인구수만큼이나 많고 다양한 교통수단은 필수다. 상하이에는 육상, 지하, 수상을 이용한 다양한 교통편이 있다.

## 대중교통, 버스와 무궤도 전차

상하이 도로 위의 대표적인 대중교통 수단으로는 버스가 있다. 거리마다 약간의 차이가 있긴 하지만 일반적으로 상하이의 버스비는 2위안 정도로 매우 저렴하다. 환승 혜택도 있기 때문에 그 전에 다른 버스나 지하철을 이용한 후, 또 다시 버스를 이용할 경우에는 그 반값인 1위안만 내면 된다.

상하이에는 겉보기에는 버스와 다를 바 없는 교통수단이 있는데, 바로 무궤도 전차이다. 버스와 다른 점이 있다면 공중에 설치된 전선에서 전력을 공급받아 운행한다는 점이다. 그래서 전차의 지붕 위를 보면 기다란 전선이 연결되어 있다. 현재 상하이에서 운행 중인 무궤도 전차 노선은 단 6여 개 뿐이다. 특히 상하이시 중심가를 걷다 보면 일부 구간에서 종종 전차를

무궤도 전차 버스

발견할 수 있다.

상하이에서 버스의 첫 출현은 1922년의 일이지만, 이 무궤도
전차는 이보다 더 오랜 역사를 간직하고 있다. 1900년대
초반만 하더라도 상하이에는 마차, 인력거와 같은 교통수단이
대부분이었다. 1904년, 조계지 내에서는 전차와 같은 대중교통의
필요성을 인식하고, 입찰공고를 냈다. 그 결과 영국의 Bruceo
Peebles 회사가 낙찰되어 궤도전차의 공정사업 권리를 획득했다.
1908년 3월, 상하이 최초의 궤도전차가 등장하는 역사적인
순간을 맞이했다. 와이탄 부근의 광동로(廣東路)에서부터

징안스(靜安寺)까지, 총 길이 6km를 오가며 운행하기 시작한
것이다. "땅땅땅" 소리를 내던 전차는 당시 많은 사람들의
교통편으로 이용되었다. 차의 등장은 상하이의 현대화, 대중화된
교통의 시작을 알리며 도시의 근대 대중교통 발전을 가속화하는
역할을 했다. 그로부터 6년 후, 1914년에는 영상(英商) 상하이
전차 회사를 시작으로 궤도가 없는 무궤도 전차를 개통하며,
몇 년에 걸쳐 노선이 늘어났다. 무궤도 전차가 가장 많을 때는
22개의 노선이 운행되었다고 한다.

　　1908년에 개통된 궤도열차는 1963년 8월 철거되었다.
철거하기까지 55년 동안 상하이 시민들의 교통수단으로
애용되었지만, 역사의 뒤안길로 사라지고 만 것이다. 무궤도
전차의 노선도 해마다 줄고 있지만, 몇 개의 노선은 오늘날에도
상하이 시민들의 발이 되어주고 있다.


해마다 늘어나는 지하철


　　상하이에서는 지상의 교통난을 해결하기 위한 방안으로
지하를 이용하기로 한다. 1993년 5월, 상하이의 첫 지하철인
1호선이 개통되었고, 이때부터 지하철이 정식으로 운행되기
시작했다. 세계에서 가장 오래된 지하철인 런던 지하철이
1863년에 개통되었고, 베이징의 지하철이 1971년에 개통되어
운행하였으니, 상하이의 지하철 개통은 다른 대도시에 비해 늦은

지하철 내부

편이었다.

그로부터 30년이 다 되어가는 오늘날, 상하이에는 모두 20개의
노선이 운행되고 있다. 500개가 넘는 지하철역이 생겨났으며,
지하철 노선 총 길이는 무려 800km가 된다고 한다. 그 짧은
시간에 어떻게 많은 노선이 생겨났는지 믿기지 않을 노릇이지만,
해마다 거미줄처럼 점점 늘어나는 지하철 노선을 두 눈으로 직접
보았기 때문에 믿을 수 밖에 없겠다.

내가 상하이에 처음 왔던 2005년만 해도 지하철은 5호선까지
밖에 없었다. 학교가 상하이에서도 북쪽 끝인 양푸구(楊浦區)에
위치했기 때문에 난징로(南京路)와 같은 중심가에 한번 나가려고
하면 큰마음을 먹고 외출해야 했다. 다행히도 학교에서 도보
20분 거리에 3호선 장완전(江灣鎭)역이 있었기 때문에 지하철을
타고 출발할 수는 있었다. 문제는 그 다음이었다. 가려는
목적지에서 가까운 지하철역에서 내린 뒤, 다시 버스 혹은 택시를
타거나 도보로 걸어 다녀야 했기 때문이다.

하지만 곧 상하이에는 변화가 일기 시작했다. 2010년
상하이에서 개최된 세계엑스포 박람회 전과 후를 기점으로
상하이 시내 전체는 흙먼지를 내뿜는 공사장이 되어버렸다.
잠시 그런 불편을 감내하고 나니 어느새 여러 노선의 지하철이
개통되었고, 교통이 훨씬 편리해진 것이다. 앞으로는 상하이
어디를 가던 지하철을 타고 갈 수 있도록 교외 지역까지도
노선을 늘릴 계획이라고 한다. 상하이 곳곳은 촘촘하게 잘 짜여진

뜨개질처럼 지하철로 연결되면서 교통이 더욱 편리해질 것이다.

## 황푸강의 터주대감, 페리

상하이의 대중교통은 도로 위의 버스와 지하철뿐만이 아니다. 상하이의 젖줄인 황푸강으로 한 번 눈을 돌려보자. 먼저 황푸강을 찬찬히 살펴보면, 우리의 한강과는 사뭇 다른 풍경이다. 한강에는 강의 남쪽과 북쪽을 연결하는 대교와 철교가 많다. 30개가 넘는다고 한다. 특히 서울 시내에서는 한강 다리에 밤이 되면 은은한 조명을 켜놓아 운치 있는 서울 야경을 만들어낸다. 반면, 상하이시 중심가인 와이탄에서 황푸강을 바라보면 두 사이를 잇는 다리가 많이 보이지 않는다. 지금까지 황푸강에 모두 13개의 대교가 놓여 있지만, 시 중심가보다는 주로 외곽 지역에 위치해 있다. 황푸강 위의 대교가 많지 않기 때문에 푸시와 푸동을 오갈 때 항상 꽉 막히지 않을까 생각했다. 물론 출퇴근 시간에는 꽉 막히곤 했지만, 평소에는 그렇지 않았다. 비밀은 지하에 숨어있었다. 바로 황푸강 밑으로 하저터널이 뚫려있기 때문이었다. 이미 17개의 하저터널이 이용되고 있다.

다리와 하저터널이 푸시와 푸동을 연결해주는 끈과 고리와 같은 존재라면, 황푸강 위의 페리는 탁구공처럼 양쪽을 왔다갔다 오가는 교통수단이다. 중국어로 '룬두(輪渡)'라고 불리는 페리는 1911년부터 운행하기 시작하여 이미 백여 년의 유구한 역사를

간직하고 있다. 상하이의 중심에 황푸강을 끼고 있기 때문에 룬두
문화가 자연스럽게 형성된 것이다. 시간의 흐름에 따라 페리의
모습도 점차 변화가 있었다. 지금은 모터 달린 튼튼한 선박이
페리로 이용되고 있지만, 몇십 년 전에는 나무를 뗏목처럼 이어
사용하거나 나무로 만든 목선으로 운행하기도 했다. 그러나
열악한 배의 환경에 적재량을 초과하는 경우도 있었기 때문에
안타깝게도 전복사고나 침몰사고가 빈번했다고 한다.

　　1990년대 이전까지만 해도 황푸강 위에는 대교가 없었기
때문에 룬두는 황푸강을 건너는 유일한 교통수단이었다. 상황이
이러하니 이용객이 많을 수밖에 없었다. 1980년대에 상하이의
룬두는 황금시대를 맞이하여 일평균 이용객이 무려 백만 명을
넘겼다고 한다. 그러나 1990년대 푸동 개발과 더불어 황푸강에
대교와 하저터널이 생기며 룬두는 상하이 시민들과 점점
멀어져갔다.

　　현재 황푸강을 오가는 페리의 항로는 모두 17개이다.
그중에서도 푸동의 동창로(東昌路)와 푸시 와이탄 부근의
진링동로(金陵東路)를 연결하는 동금선(東金線) 노선의 승객 수가
가장 많고, 가장 많이 이용되고 있다. 동창로에 정박하면 부근의
동방명주, 상하이 세계금융센터 등과 가깝고, 진링동로 부근에는
와이탄, 위위엔 등의 관광지와 가깝기 때문에 여행객들이
이용하기에도 최적의 노선이라고 할 수 있겠다. 또한 노선마다
차이가 있긴 하지만, 일반적으로 배에는 사람뿐만 아니라

룬두(페리)

자전거나 오토바이를 싣고 이용할 수도 있다.

　나도 가끔 와이탄에서 푸동으로 건너갈 때면 이 페리를
이용하기도 하는데, 난 순전히 관광 목적이다. 황푸강에는
관광을 위한 유람선이 많이 다니긴 한다. 그러나 서울 사람들이
한강 유람선을 잘 타지 않듯이, 상하이 사람들도 마찬가지로 잘

타지 않는다. 한 시간 정도 황푸강을 운행하는 유람선 가격은
100위안이 훌쩍 넘는다. 비싼 가격이기 때문에 어쩌다 한번 타게
되는 외국인 관광객이 주로 이용객이다. 나도 처음 상하이에
왔을 때는 한두 번 타보았지만, 지금은 유람선 대신 페리를 타고
관광한다. 황푸강을 건너는 데 걸리는 시간은 고작 5-10분이라
짧지만, 2위안이라는 아주 착한 가격으로 이용할 수 있다.
잠시나마 기분전환을 할 수 있어 참 좋다. 2위안의 행복이랄까.

　페리는 버스나 지하철같이 자주 있는 게 아니다. 20분
간격으로 배가 다니기 때문에 시간이 어긋나면 배가 올 때까지
페리 정류소에 앉아 기다려야 한다. 도착한 배는 사람들을 싣고
뱃고동 소리를 내며 천천히 출항하기 시작한다. 코끝에 스치는
비릿한 바다 내음도 맡아진다. 특히 깜깜한 밤중에 페리를 타고
황푸강 중간에 위치하게 되면, 화려한 조명이 빛나는 푸동의
고층빌딩과 푸시의 고풍스런 와이탄 건축물을 동시에 볼 수 있다.
상하이를 대표하는 가장 아름다운 양쪽 풍경을, 또한 상하이의
과거와 현재의 모습을 함께 감상할 수 있는 것이다.


어디를 가나 볼 수 있는 자전거


　자전거는 중국 사람들이 많이 이용하는 교통수단 중 하나이다.
중국에 처음 오신 분들은 꼬리에 꼬리를 무는 기나긴 자전거
행렬이 낯설게만 느껴질지도 모른다. 중국에서 자전거는

저렴하게 구매할 수 있고, 친환경적이며 기름값이 들지 않는다는 장점 때문에 많은 사람들이 애용한다. 그러다 보니 길 중간중간 위치한 자전거 상점, 자전거 수리점을 심심치 않게 볼 수 있다.

자전거 가게에서는 자전거 본체를 비롯해 바구니·안장·자물쇠·딸랑이 종 등 자전거에 필요한 그 모든 것들을 판매하고 있다. 자전거를 타고 다니는 사람이 많기 때문에 자전거 수리점도 문전성시를 이룬다. 수리점 아저씨의 손톱에는 새까만 기름때가 잔뜩 끼어 있어 그동안 얼마나 많은 자전거를 수리했는지 짐작이 간다.

방학 때 잠시 한국에 돌아갔다가 다시 중국에 도착할 때면, 어김없이 치렀던 혼자만의 의식이 있다. 바로 밖으로 나가 자전거를 타고 달리는 일이다. 페달을 밟고 쌩쌩 달리면 기분까지 상쾌해졌다. 중국은 '자전거 왕국'이라고 불릴 만큼 자전거를 이용하는 사람이 많다 보니 자전거 전용도로가 잘 정비되어 있다. 또 인도 한 켠에는 자전거를 세울 수 있도록 주차공간이 마련되어 있기도 하다.

조심해야 할 점은 길가에 세워진 자전거를 노리는 자전거 도둑도 적지 않다는 것이다. 어찌나 수법이 좋은지, 자물쇠가 채워져 있더라도 그들이 한 번 찍었다 하면 자전거가 소리 소문없이 사라지기 일쑤다. 주변에서도 걸핏하면 자전거를 도둑맞았다는 얘기가 심심치 않게 들려온다. 내 자전거 역시 자전거 도둑의 마음을 빼앗었던 게 분명하다. 이미 세 차례나 흔적도 없이 사라진 걸 보면 말이다. (사실 자전거뿐만 아니라 지갑, 핸드폰, MP3 등 다양한 물건들을 도둑 맞았다.) 마음은 아팠지만, 도를 닦듯 '물건 하나 잃어버린 적 없다면 어떻게 중국에서 살아봤다고 말할 수 있겠어'라며 스스로에게 위안이 되는 말을 되뇌곤 했다. 사정이 이렇다 보니 대형마트 앞이나 지하철역 등 규모가 있는 자전거 주차장에는 자전거를 안전하게 지켜주는 경비가 있다. 자전거 주차 비용은 주차장마다 다르긴 하지만 보통 자전거는 0.5위안, 오토바이는 1위안을 지불한다. 경비 아저씨들이 퇴근하기 전인 저녁 시간까지는 안심하고 놓아둘 수 있다.

비가 내리는 궂은 날씨에도 자전거 행렬은 계속된다. 특별한 점이 있다면 자전거용 우비를 입는다는 것이다. 우산을 든 채 자전거를 타기란 위험천만한 일이기 때문이다. 비가 내리는 날이면 빨강·노랑·파랑 등 눈에 잘 띄는 색깔의 우의를 입고 자전거 물결을 따라 흐르는 자전거족들을 볼 수 있다. 회색빛이 깔린 우중충한 날씨에 알록달록한 색깔들이 길 위에 뒤섞여 동화 속 세상을 만들어낸다. 나도 이런 우의가 신기해서 사 입어본 적이 있다. 성인 무릎까지 오는 길이의 우의는 먼저 머리에 씌운 후, 어깨에 걸쳐 입는 순서다. 입는 방법이 꼭 망토를 입는 것과 같다. 방수기능은 물론이거니와 모자도 달려있는데, 캡모자처럼 앞에 챙이 있어 빗방울을 막아준다. 우의의 넓은 폭은 자전거 핸들 앞까지 덮을 수 있도록 설계되어 있다. 비를 쫄딱 맞은 우의는 실내에 펼쳐 놓고 말려야한다는 번거로움이 있긴 하지만, 비 오는 날에도 자전거 행렬을 막을 수 없는 참신한 아이디어인 것 같다.

중국의 사자성어 중에 입향수속(入鄕隨俗)이란 말이 있다. '로마에 가면 로마법을 따르라'라는 말이 있듯이, 그 고장에 가면 그 고장의 풍속을 따르라는 뜻이다. 자전거 왕국인 중국에 와서 자전거를 못 탄다는 것은 말이 안 되는 일. 물론 먼 거리를 이동할 때는 버스나 지하철 같은 대중교통을 이용하지만, 걸어가기엔 멀고 그렇다고 버스를 타고 가자니 가까운 어중간한 거리를 가야 할 때면 자전거가 제격이다. 학교 캠퍼스도 넓기 때문에 학교 안에서도 대부분의 학생들이 자전거를 타고 다닌다. 그러니 중국에 오면 자전거 배우기는 필수라고 할 수 있겠다. 나 역시 중국에 와서 자전거를 배우기 시작했는데, 처음에는 중심을 못 잡아 뒤뚱거리며 넘어지기를 반복했다. 하지만 자꾸 해보면 안 될 일도 없다고, 이제는 한 손으로만 핸들을 잡고 탈 수 있는 여유까지 생겼다. 간혹 양손을 모두 주머니 속에 넣고 핸들을 잡지 않은 상태로 자전거를 타는 고수들이 지나가는데, 그 모습을 볼 때마다 바퀴 하나에 페달만 밟은 채 몸의 중심만으로 균형을 유지하는 서커스 곡예단이 생각난다. 곡예와도 같은 모습에 박수가 절로 나온다.

자전거가 학교 안에서의 주요 교통수단이다 보니, 중국 친구들의 자전거 구매에도 나름의 노하우가 있었다. 하루는 분명 튼튼한 철 자물쇠로 꽉 잠가 놓았음에도 불구하고 사라진 자전거를 애타게 찾는 내 모습이 안쓰러웠는지, 중국 친구들은 자전거 구매 팁을 알려주었다.

먼저 컬러풀한 예쁜 색깔의 자전거는 되도록 사지 말라고 했다. 더군다나 번쩍번쩍 빛이 나는 새로 뽑은 자전거라면 자전거 도둑의 타깃이 되기 더 쉽겠다. 여기에 한술 더 떠서 자물쇠까지 튼튼하지 않다면 '내 자전거 참 예쁘죠? 탐나지 않나요?' 하는 격이라나? 그러니 자전거 구매 두 번째 팁은 자물쇠에 투자하는 것이란다. 약간 비싸더라도 자물쇠는 꼭 튼튼한 걸로 사서 앞바퀴, 뒷바퀴 두 개를 채우면 좋다고 했다. 하지만 뭐니뭐니 해도 가장 좋은 방법은 중고 자전거를 구매하는 방법이다. 중고 자전거 판매점에서 얼마든지 저렴하면서도 내구성 좋은 쓸 만한 자전거가 있다는 것이다. 혹여 중고로 산 자전거를 도둑맞는다고 해도 저렴하게 샀으니 마음이 덜 아프지 않겠냐고 덧붙여 말했다. 한마디로 자전거 도둑은 마음만 먹으면 자전거를 훔칠 수 있기 때문에 비싸고 좋은 자전거는 살 필요가 없다는 것이 대다수 중국 친구들의 의견이었다.

1970년대에는 손목시계와 재봉틀을 비롯해 자전거가 결혼 생활의 세 가지 필수품으로 인식되기도 했다. 자동차가 많지 않던 시절, 중국인들에게 자전거는 없어서는 안 될 이동 수단이었던 것이다. 그러나 21세기에 들어서며 자전거는 조금씩 전동차로 대체되기도 했다. 전동차(電動車)의 종류는 다양한데 자전거처럼

도로 위 공유자전거

생긴 것도 있고, 오토바이처럼 생긴 것도 있다. 자전거는
페달을 밟아야만 움직이지만, 전동차는 페달을 밟을 필요가
없다. 오토바이처럼 발을 밑바닥에 편안하게 올려두고, 오른손
손잡이를 당겨 속력을 내면 된다. 그러나 전동차는 오토바이와는
또 다르다. 오토바이는 주유를 해야 하지만, 전동차는 핸드폰을
충전하듯 전기를 충전해서 사용하는 방식이다. 그렇기 때문에
전동차는 소음도 적을뿐더러 공기 오염도 없다.

　이처럼 자전거가 그동안 중국에서 지켜왔던 왕좌의 자리를

전동차에게 내어주는 건 아닌가 싶었는데, 최근 몇 년 사이
중국에 다시금 자전거  바람이 불기 시작했다. 중국에 공유경제가
활성화되며, 그 일환으로 '공유 자전거' 붐이 일게 된 것이다.

자전거는 몇십 년째 중국인들의 대표적인 교통수단으로
애용되어 왔고, 지금까지도 계속되고 있다. 중국인들의 삶의
일부이자, 중국의 이색적 풍경 중 하나인 자전거. 자전거가 없는
중국은 앙꼬 없는 찐빵처럼, 도저히 상상할 수 없을 것 같다.

3

상
하
이
를

만
나
다

## "아라 상해닝!"


　중국에서 상하이 사람은 유명하다. '상하이 사람'이라고 하면
중국 사람들에게 그려지는 이미지가 있다나? 굳이 어떻다고
말하지 않아도 다들 무언가 알고 있는 눈치다. 처음 중국에 왔을
때, 상하이 사람이라고 하면 당연히 세련되고, 도회적인 이미지를
지칭하는 줄로만 알고 있었다. 그도 그럴 것이 상하이는 중국에서
가장 모던한 도시오. 중국의 유행을 선도하는 도시가 아닌가.
그러나 중국 사람들이 이야기하는 상하이 사람은 내가 생각했던
이미지와는 거리가 멀었다.

　십여 년 전, 중국의 오랜 역사를 간직한 고도 시안(西安)으로
여행을 간 적이 있다. 시안 지리가 익숙지 않아 택시를 탔는데,
택시기사님이 한국 손님은 처음 태워본다며 폭포수 같은
질문을 쏟아냈다. 당시 한류열풍이 막 불기 시작한 때라, 한국
연예인들에 대한 이야기가 주된 화제였다. 그러다 중국 어디에서
공부하고 있냐는 질문에 상하이에서 공부하고 있다고 대답하자,
아저씨는 "허, 그 잘난 상하이?"라며 이번에는 따발총같이 빠른
말투로 상하이 사람들의 흉을 보는 것이 아닌가.

　'응? 도대체 왜 그러지? 상하이 사람들이 뭐 어쨌다는 거야?'

상하이 이야기가 나오자 갑작스럽게 변한 아저씨의 말투에 어리둥절하기만 할 뿐이었다. 나는 묵묵히 아저씨의 말을 들으며, 이를 단순히 다른 지역 간에 존재하는 지역감정 정도로만 생각했다. 실제로 중국 내부를 깊숙이 들여다보면 지역감정이 존재한다. 크게는 남방과 북방으로 나뉘어 서로를 비방하기도 하는데, 오랜 전쟁을 겪어온 역사적인 경험이나 문화적인 차이로부터 켜켜이 쌓여온 오해들이다. 사실 이런 지역 간의 차이나 지역감정은 세계 어디를 가나 조금씩 존재하지 않는가. 더군다나 중국은 워낙 땅덩어리도 클뿐더러 56개의 다양한 민족이 살아가는 나라이니 이런 오해가 없는 게 오히려 이상한 일일지도 모르겠다. 게다가 중국에서 시안은 북방에 속하고, 상하이는 남방에 속하니 기사 아저씨가 얘기한 것도 남·북방 간의 지역감정이 아닌가 싶었다.

그런데 이 일이 있고 나서 관심을 가져서 그런지 '상하이 사람들'에 대한 이야기가 유난히 많이 들리기 시작했다. 그동안 텔레비전이나 책을 통해서 보고 들었던 '상하이 사람들'에 대한 평가를 종합해서 말하자면 다음과 같다.

상하이 사람들은 영리하고 돈 계산에 빠르다. 또한 시간 약속도 잘 지킨다. 그러나 자기 이익만을 추구하고 쪼잔한 경향이 있다. 상하이 여자들은 기가 세서 드세고 무섭다. 반면, 상하이 남자들은 여성스런 말투에 아내에게 눌려 사는 공처가들이다.

물론 상하이 사람들에 대한 칭찬도 있지만, 은근슬쩍 교묘하게 풍자하는 내용이 더 많아 보인다. 글쎄, 왠지 모르게 안 좋은 수식어는 다 갖다 붙인 것 같다.

사실 한 지역 사람들의 성격을 어떻게 한마디로 정의 내릴 수 있으랴. 사람 성격이라는 것은 선천적으로 타고난 것도 있고, 또 사회적 환경을 통해 후천적으로 형성되는 경우도 있는데 말이다. 같은 지역 사람이라 해도 개개인의 성격이나 기질이 다른 것은 어찌 보면 당연한 일이다. 더군다나 상하이에 사는 사람들은 2,500만 명에 다다른다. 말이 2,500만 명이지, 무려 우리나라 인구의 절반 가까이 되는 숫자다! 호주나 루마니아 인구가 2천만 명을 웃돌고, 인구가 2천만 명이 채 되지 않는 나라도 수두룩하니, 상하이에 있는 사람들만을 데리고 나라 하나를 만든다고 할지라도 인구수에서는 결코 밀리지 않을 것이다. 또한 상하이는 중국 각지의 사람들이 몰려드는 곳이며 세계 여러 나라에서 온 외국인들도 많다. 이렇기 때문에 상하이 사람들이 어떻다고 이러쿵저러쿵 얘기하는 것은 더더욱 힘들 것이다.

그러나 내가 보았던 텔레비전이나 책에서는 '한 지역의 풍토는 그 지역의 사람을 기른다(一方水土養一方人)'라는 속담을 가지고 근거를 들어가며 이야기하고 있었다. 기후나 풍토와 같은 환경적인 요소가 그 지역 사람들의 습관이나 생활방식에 영향을 미친다는 것이다. 후천적으로 형성된 성격이 되겠다. 지리적·역사적·사회적인 요소에 기인한 것으로 어느 정도

일리가 있지 않나 싶다. 물론 간혹 예외도 있고 조금 과장된 표현도 섞여 있어서 고개가 갸우뚱해지기도 하지만, 어떤 부분에 있어서는 저절로 고개가 끄덕여지기도 한다.

내가 오랜 시간 상하이에서 생활하며 관찰해본 결과, 상하이 사람들에게서 몇 가지 두드러진 성격을 관찰할 수 있었다. 그중 한 가지는 자부심이 굉장히 강하다는 것이다. 물론 상하이처럼 역사가 짧은 도시에서 상하이 사람들이 과연 무엇에 자부심을 가지냐고 반문하는 이들도 있을 것이다. 정말이지 역사적인 각도에서 바라본다면, 본격적으로 발전이 시작된 역사가 200년도 채 안 된 상하이는 유구한 역사를 간직한 베이징이나 시안 등 도시에 비할 바가 못 되기 때문이다.

단, 상하이 사람들이 느끼는 우월감은 베이징과는 조금 다르다. 베이징 사람들이 오랜 역사를 간직한 수도이자 정치적 중심지로서 자부심을 느낀다면, 상하이 사람들은 경제의 중심지이자 국제적인 대도시로서 자부심을 느낀다. 역사적으로 상하이는 상업이 발달한 어촌지역일 뿐 별다른 주목을 받지 못했다. 그러나 1840년대에 발발한 아편전쟁의 패배로 강제 개항된 후, 이곳은 특수한 지역으로 탈바꿈한다. 굴욕의 상징과도 같았던 조계지가 형성되고 많은 외국인들이 상하이에 살게 된 것이다. 동시에 상하이 사람들은 외국인을 통해 중국에서 가장 먼저 서양 문물을 받아들였고, 자연스레 시야가 넓어지게 되었다. 이 영향으로 상하이는 중국에서 가장 빠른 속도로

발전하는 동시에 중국에서 가장 먼저 국제화된 대도시로
발돋움할 수 있었다. 지금 상하이는 금융과 상업의 중심지로
우뚝 성장하여 중국 경제를 이끄는 선두 역할을 하고 있다. 즉,
'상하이런(上海人)'이라는 상하이 사람들의 우월감과 자부심은
중국에서 가장 크고 발전한 도시에 살고 있다는 것에서 비롯된
것이다.

물론 자신이 살아가는 도시에 대해 애정을 갖고 있다는 것은
좋은 일이다. 그러나 뭐든지 너무 지나치면 탈이 나기 마련이다.
자부심을 갖고 있다는 것으로만 그치면 좋으련만 문제는 여기서
그치지 않는다는 데 있다. 이런 자부심은 간혹 잘못된 방식으로
표출되기도 하는데, 타지에서 온 사람들을 '촌사람'이라고
무시하며 배척하는 태도로 이어지곤 하기 때문이다.(물론 모든
상하이 사람들이 다 이런 것은 아니다!)

타 지역 사람들 역시 상하이의 경제적 발달, 유행의 선두주자,
국제화된 도시 등 상하이의 이 모든 것을 인정한다. 그러나 타
지역 출신이라고 하면 상하이 사람들이 시골 사람 취급하며
은근슬쩍 무시하는데, 이런 차별을 받는 사람들이 상하이 사람을
좋아할 리가 만무하다. 정확하게 이야기하자면 그들은 상하이를
좋아하고 동경하면서도 상하이 사람들에 대해 조금은 아니꼬운
감정을 품고 있는 것이다. 그래서 타 지역 사람들은 '상하이는
개방적이지만, 상하이 사람들은 개방적이지 않다'는 둥, '큰
상하이에 사는 작은 시민들'이라는 둥…… 간혹 불만을 늘어놓곤

한다. 문득 시안에서 만난 택시기사 아저씨가 상하이 사람들 애기가 나오자 왜 그렇게 열을 올렸는지 이해가 된다.

내 생각에 상하이 사람들의 자부심이 가장 잘 드러나는 것은 상하이 방언이 아닐까 싶다. 중국의 각 지역에서는 지역 사투리를 사용한다. 사투리는 그 지역의 역사와 문화가 그대로 담긴 채 전승되어 온 소중한 문화이자, 지역 사람들끼리 대화하기 편리한 수단이다. 그러나 상하이에서는 이러한 소통의 수단 외에도 자신이 상하이 사람이라는 것을 과시하기 위한 수단으로 사용되기도 한다. 상하이에서 상하이 방언을 구사할 수 있다면 상하이 사람이고, 반대로 구사하지 못한다는 것은 타 지역 사람이라는 뜻이기 때문이다. 그들끼리 상하이어로 이야기를 나눔으로써 상하이 사람이라는 신분을 드러내는 것이다.

난징(南京) 출신의 천리라는 친구는 졸업을 앞두고 상하이의 한 회사에서 인턴을 시작했다. 오랜만에 만난 자리에서 회사 일은 어떠냐고 물었다. 그런데 이 말 한마디에 천리의 입에서는 그동안의 불만이 봇물 터지듯 술술 흘러나온다.

"회사 일은 할만 해. 업무도 많이 익숙해졌고. 그런데 회사 직원이 나 빼고 다 상하이 사람이야."

"응? 그게 왜?"

"회의할 때나 직원들끼리 이야기할 때, 다들 상하이말로 한다니까. 내가 못 알아듣는 거 뻔히 알면서도. 휴, 나에 대한 배려가 전혀 없는 거 있지. 나는 회의에 들어가서 꿀 먹은

벙어리처럼 가만히 앉아만 있다 나와."

비단 천리뿐만이 아니었다. 타 지역 출신의 여러 중국
친구들도 이런 경험들이 몇 번씩은 있다고 했다.

그러고 보면 내가 상하이 친구에게 처음 배운 사투리는 가장
기본적인 인사말인 농허우(儂好, 안녕)였다. 그리고 그 다음으로
배운 말이 '아라 상해닝(阿拉上海人)'이었다. 아라 상해닝은 '우리
상하이 사람'이라는 뜻이다. 그런데 나는 이 말을 들을 때마다 좀
이상하다는 생각이 든다. 예를 들어 우리가 누구한테 이야기할
때, "나는 서울 사람이야"라고 말하지, "우리 서울 사람은 말이야,
어쩌고저쩌고~" 이렇게 이야기하는 경우는 드물지 않은가. 나
역시 상하이 사람들이 '아라 상해닝'이라고 말하는 걸 여러 번
들어본 적이 있다. 이 말속에는 물론 상하이 사람 간에 유대적인
관계를 나타내기도 하지만, 상하이 사람과 타 지역 사람들 간에
선을 긋는다는 의미가 내포되어 있기도 하다. 타 지역 사람들에
대한 일종의 배타적인 행동이라고도 할 수 있겠다.

그러나 내가 생각할 때, 상하이 사람들의 이런 배타적
행동은 가히 모순적이라는 생각이 든다. 과거로 거슬러
올라가면 대부분의 상하이 사람들 역시 타 지역에서 이주해
온 사람들이기 때문이다. 주지하다시피 상하이는 여러 지역의
이주민들이 유입된 도시다. 역사자료에 따르면 1843년 개항 당시
상하이의 인구는 고작 20만 명 정도였다고 한다. 그러나 1949년
중화인민공화국 수립 이후의 인구 통계를 보면 546만 명으로

증가했고, 현재는 2,500만 명으로 껑충 뛰었다. 200년이 채 안 되는 시간 동안 100배 이상이나 증가했다는 말인데, 이 많은 인구가 도대체 어디서 왔겠는가 말이다.

과거 대부분의 이주민들은 주변 지역의 저장성(浙江省)과 장쑤성(江蘇省) 출신으로 태평천국이나 항일전쟁, 국공내전 발발 등 전란을 피해 상하이로 온 이들이었다. 멀리서는 산동성(山東省)이나 후베이성(湖北省), 광동성(廣東省)에서 온 경우도 있었다. 몇 차례에 걸쳐 일어난 폭발적인 인구 증가로, 상하이에는 본토박이들보다 이주민의 비율이 훨씬 더 높아지게 된다. 그렇기 때문에 상하이에서 진정한 본토박이를 찾는 일은 아마 바닷가에서 바늘 찾기처럼 어려운 일일지도 모른다.

또한 이들이 처음부터 상하이 사람이라는 정체성을 갖고 있었던 것도 아니었다. 비록 20세기 초반 상하이는 동방의 파리라 불리며 화려함을 뽐내는 도시이긴 했지만, 이주민에게 있어 이곳은 단지 전란을 피하고 돈을 벌 수 있는 임시처일 뿐이었다. 대부분이 마음속으로는 '상하이에서는 잠시 머물며 돈도 좀 벌다가 고향으로 돌아가야지'라는 생각을 갖고 있었다. 상하이의 유명한 작가 왕안이(王安憶)의 소설 『푸핑(富萍)』에서도 이러한 이주민들의 생각과 모습들이 잘 묘사되어 있다. 장쑤성 출신의 여자 몇 명은 상하이에 와서 보모 일을 하며 생활한다. 그러나 이들이 낯선 도시에 와서 열심히 일하고 돈을 버는 이유는 따로 있었다. 바로 고향에 돌아가 편안한 노년을 보내기

위해서였다. 이들에게 있어 고향은 어떤 의미였을까? 상하이처럼
화려하진 않더라도 내가 나고 자란 세상에서 둘도 없는 특별한
곳, 마음속으로 항상 그리워하는 이상향이 아니었을까. 이러한
이주민들의 태도는 '사람은 늙으면 고향으로 돌아가고 싶고,
나뭇잎도 떨어지면 뿌리로 돌아간다'(人老歸鄕, 葉落歸根)라는
중국 전통사상과 무관하지 않다고 생각한다.

그렇다면 이들은 과연 언제부터 상하이 사람이라는 정체성을
갖게 된 것일까? 바로 '후커우(戶口)'라는 호적관리제도가
시행되고 나서부터다. 이것은 엄격하게 인구의 유입을 통제하는
제도로, 1958년부터 이 제도가 시행되면서 사람들은 더 이상
예전처럼 자유롭게 이전할 수 없게 된다. 만약 고향으로 돌아갈
경우 다시 상하이에 돌아오기란 힘든 일이었다. 또한 도시에서
시민들에게 제공하는 복지나 혜택은 월등히 좋았으므로 많은
이들은 선택의 갈림길에서 상하이를 선택한다. 그리하여 많은
사람들은 이때부터 차차 상하이에 정착했고, 상하이 사람이라는
신분을 갖고 있다는 것을 소중하고 귀하게 여기기 시작했다.
어떻게 보면 이들은 단지 상하이에 좀 더 일찍 왔다는 이유로,
쉽게 상하이 후커우를 얻을 수 있었던 운 좋은 사람들인 것이다.

중국 여러 지역에 대한 칼럼을 쓰는 김용한 칼럼니스트는
그의 글에서 "외지인을 무시하고, 스스로를 상하이어를
쓰는 문화인이라고 과시하는 상하이인의 태도는 열등감의
산물"이라며, "일천한 역사와 문화가 상하이인의 정체성을 확실히

심어주지 못했다"고 말한 바 있다. 상하이 사람들은 자신과 남을 구분 짓고 나서야 정체성을 얻었으며, 남을 깔봄으로써 자신을 높이고 우월감을 느꼈다는 것이다.

한 가지 재밌는 사실은 중국 타 지역 사람들에게는 배타적인 상하이 사람들이 외국인에게는 한없이 친절하다는 것이다. 상하이 사람들이 외국인에게 호감을 갖고 좋게 생각하는 것 역시 과거 조계 역사와 관련이 있다. 과거 수많은 외국인들이 상하이에 와서 살고, 이곳에 그들의 문화를 전파했기에 상하이 사람들은 상대적으로 외국에 대해 별로 거리감이 없는 것이다. 그러나 처음부터 그랬던 건 아니다. 옛날 상하이 사람들은 아편전쟁을 일으키고 중국을 공격해온 외국을 좋게 생각할 리 없었다. 그들은 외국인들이 사는 조계지를 오랑캐 이(夷)자를 써서 '이장(夷場)'이라고 불렀다. 그러나 머지않아 그들이 조계 지역과 서양 문화에 익숙해지며 이장은 '양장(洋場)'으로 바뀌었다. 이 호칭의 변화만 보더라도 외국인에 대해 경계하고 적대시하던 태도에서 호의적으로 바뀌었음을 알 수 있다.

글을 여기까지 쓰다 보니 너무 상하이 사람들을 몰아붙였나 하는 생각이 든다. 상하이 사람들과 같은 도시 안에서 살아가는 사람으로서, 이번에는 상하이 사람들의 편에 서서 변명 아닌 변명을 해볼까 한다.

자, 먼저 타 지역 사람들을 차별하는 상하이 사람들이지만, 그들의 속내를 자세히 들여다보면 자신들끼리도 서로가 서로를 높게 평가하지 않는다. 특히 상하이에는 "관농샤스터(關儂啥事体, 이게 당신과 무슨 상관이에요!)"라는 개인주의적인 인식이 만연해있다. 원래 상하이 사람들 자체가 자신을 실속을 가장 중요하게 생각하고, 남에게는 그다지 신경을 쓰지 않는 뜨뜻미지근한 사람들인 것이다.

　또한 지금은 외곽 지역에 신도시가 여러 군데 생겨서 덜 하긴 하지만, 과거에는 상하이 사람들끼리도 계급 차이가 존재했었다고 한다. 보통 상즈자오(上只角)와 샤즈자오(下只角) 나뉘는데, 상즈자오는 옛 조계 지역인 상하이 중심지역과 시내 번화가를 말하고, 샤즈자오는 조계 이외의 중심지에서 벗어난, 시내 번화가에서 거리가 먼 지역을 뜻하는 말이었다. 상즈자오는 주로 지금의 상하이 서남쪽 황푸(黃浦)나 징안(靜安), 쉬후이(徐匯), 창닝(長寧) 등 지역이다. 오늘날 역시 번화한 중심가다. 반면 샤즈자오는 상하이 동북 쪽에 위치한 자베이(匣北), 양푸(楊浦) 등 지역인데, 과거에 이곳에는 여러 대형 공장이 세워졌고, 주로 가난한 이들이 살았다고 한다. 그러나 시간이 흐르며 이 지역 역시 꽤 발전되었다. 언젠가 중심가에 나왔다가 물건이 많아 택시를 타고 갈 일이 있었다. 택시를 잡아타고 학교가 있는 양푸구에 간다고 했더니, 택시기사 아저씨는 언제 적 이야기를 하고 계신건지 "양푸에 간다고? 어휴, 거긴 시골 동네라 난 잘 몰라. 안가."하며 승차 거부를 한 적도 있다. 일부 상하이 사람들에게 자베이나 양푸는 여전히 시골이라는 과거의 인식이 남아있나 보다.

　한 가지 더. 상하이만 그런 게 아니라 본래 중국에서는 같은 고향 출신인 지연 관계를 중시한다. 중국의 정치무대만 보더라도 상하이방(上海幇)이라든지, 쓰촨방(四川幇) 등 출신 정치세력에 따라 파(派)가 나눠져 있다는 얘기가 나오곤 한다. 과거 중국 지도자였던 덩샤오핑도 자신의 고향인 쓰촨 출신들을 대거 등용했고, 전 주석 장쩌민(江澤民)도 마찬가지로 상하이 출신들을 등용했기 때문이다. 정계에서뿐만 아니라 사업에서도 이렇게 고향 출신들끼리 서로 이끌어주는 경우가 허다하다고 한다. 땅덩어리가 넓은 중국에서는 어떤 속셈을 갖고 있을지 모르는 타 지역 사람보다는 이왕이면 고향 사람이 더 믿을만하다고 생각하기 때문이란다. 앞서 보았던 역사적인 이유로 상하이 사람들의 배타적 성향이 조금 강하긴 하지만, 어쨌든 중국 전반적으로 동향인끼리 뭉치는 경향이 있는 것이다.

# 상하이 사람은
# 쪼잔하다?


    중국 친구에게 들은 에피소드다. 각 지역에 흩어져 있던 중국 사람들이 오랜만에 한데 모인 식사 자리에서 일어난 일이라고 한다. 화기애애한 분위기 속에 갑자기 베이징 남자가 벌떡 일어나더니 괄괄한 목소리로 "오늘은 내가 한 턱 낼게! 많이들 먹어. 자~ 건배!" 하고 말하였다. 그러자 주변에 있던 친구들은 "오~ 이 친구! 역시 북방 사람답게 통이 크고 시원시원하구먼. 그럼 오늘 잘 먹을게!"라며 대답했다고 한다. 다음번 모임 자리가 있자, 이번에는 상하이 남자가 "자, 친구들! 오늘은 내가 한 턱 낼게!"라고 말하였다. 하지만 어쩐 일인지 친구들의 반응은 이전 모임과는 판이하게 달랐다고 한다. "이야, 오늘은 네가 산다고? 너 정말 상하이 사람 같지 않구나! 근데…… 너 돈 많이 써도 괜찮겠어?"라며 걱정 섞인 대답이 돌아왔다고 하니 말이다. 물론 이 에피소드는 화통한 북방 사람과 그에 비해 인색한(?) 남방 사람의 특질을 보여주기 위해 극단적인 예로 표현된 우스갯소리이다. 하지만 상하이 사람이 한 말에 사람들의 반응은 왠지 모르게 빈정대는 듯해 보인다.

    중국 전역에 보편적으로 깔려있는 상하이 사람에 대한 특징이 있다. 바로 '영리하고 계산을 잘하는' 기질이다. 사실 '영리하고 셈에 밝은 특성'은 좋은 식으로 표현된 것이다. 이 말을 부정적으로 바꿔 표현한다면 쪼잔하고 쩨쩨하며 인색하다는 뜻의 '샤오치(小氣)'이기도 하기 때문이다.

## 돈에 인색하고 계산적인 사람들

상하이 사람의 쪼잔한 특징은 그리 멀지 않은 곳에서도 심심치 않게 볼 수 있다. 먼저 음식점에서도 그 예를 찾을 수 있다. (물론 절대적인 것은 없다! 사람과 상황에 따라 다를 수도 있다.) 상하이에서는 보편적으로 'AA즈(AA制)'라고 일컫는 더치페이 문화가 발달해 있다. 특히 여러 명이 함께 식사를 하게 될 때면, 동전 1위안(약 200원) 하나까지 계산하여 모두 균등하게 지불한다. 아무리 작은 일이라도 시시콜콜 따지기를 좋아하는 성격을 가진 상하이 사람들에게는 무척이나 자연스러운 모습인 것이다. 그러나 호탕하고 털털한 성격의 북방 사람들에게는 이 모습이 인색하고 쩨쩨한 모습으로 비추어지기도 한단다. 보통 북방 사람들은 여럿이 함께 밥을 먹더라도 "오늘은 내가 한 턱 낼게!", "그래? 잘 먹었어. 다음번엔 내가 살게!"와 같은 대화가 오가거나, 서로 계산을 하려고 아웅다웅 다투는 게 보편적인 모습이기 때문이다. 그렇기 때문에 북방지역 사람들은 밥을 먹고 난 후 달그락거리며 동전 하나까지 나누어 계산하는 상하이

**상하이 식량 배급표**
가장 왼쪽에 있는 표가 반량 식량 배급표이다.

사람들의 모습을 보고 쩨쩨하다며 혀를 내두른다. 서로 다른
생활환경에서 비롯된 문화적 차이지만, 아무래도 서로에게
익숙하지 않은 모습인 것은 분명하다.

  사실 상하이 사람의 쪼잔한 모습은 어제오늘 일이 아니다.
무려 몇십 년 전으로 거슬러 올라가도 그 모습을 찾을 수
있기 때문이다. 중국에서는 1950년대부터 1990년대까지 식량
배급표가 있어야만 식량을 구매할 수 있었다. 이는 계획경제
시기이던 당시 식량이 부족해지자 구매를 제한하기 위한
목적으로 중국 전역에 걸쳐 시행된 정책이며, 특수한 경제적
배경 아래 존재했던 역사적 산물이기도 하다. 그동안 경제적
발전으로 항상 주목을 받아왔던 상하이였지만, 무슨 일인지 식량
배급표 정책이 시행된 이후에는 좀 엉뚱한 일로 주목을 받게

된다. 상하이에서는 타 지역에는 없는 유일무이한 배급표가 발행되었는데, 바로 절반으로 나눈 반량(半兩) 배급표가 생겨난 것이다. 한 장의 배급표로도 식량을 사기에 충분치 않은데, 그걸 또 반으로 나눈 배급표라니! 기가 막힐 따름이다. 기록에 따르면, 반쪽짜리 배급표로는 요우티아오(油條) 하나 정도를 구매할 수 있었다고 한다. 상하이에서 발행된 $\frac{1}{2}$ 식량 배급표는 중국 전역의 사람들에게 상하이 사람들이 영리하면서도 인색하다는 느낌을 심어주기에 충분했다.

물자가 풍부해지면서 식량 배급표는 이미 역사 속으로 사라진 지 오래지만, 오늘날 상하이 시장 곳곳에서는 여전히 남아있는 인색한 모습들을 간간이 찾아볼 수 있다. 시장에서는 몇 마오(毛, 십원 단위)라도 더 깎으려는 소비자와 몇 마오라도 더 벌려는 상인 간에 밀고 당기는 팽팽한 신경전이 벌어진다. 작은 것에 연연해하는 상하이 사람들의 성격과 상업이 발달한 환경으로부터 형성된 흥정 기술에 능한 특징들이 뒤섞여 이러한 모습을 자아내는 것이다. 실제로 상하이는 경제와 상업이 발달한 도시이기 때문에 대부분이 상술에 능하다. 또한 '만만디(慢慢的)'라는 중국인 특유의 느긋한 성격 때문에 흥정이나 협상 시에도 결코 조바심을 내지 않지만, 결국에는 원하는 바를 얻게 되는 일명 흥정의 고수들이다. 그렇기 때문에 상하이로 사업하러 오는 사람들은 종종 이렇게 말하곤 한다. "중국에서도 상하이 사람들 지갑 여는 게 가장 어렵네." 라고 말이다.

## 거리를 유지하는 인간관계

돈 쓰는 것에 인색하고 계산적이라는 이유로 '샤오치'라고
불리는 것은 우리 눈에 보이는 쪼잔함일 것이다. 하지만 또 다른
종류의 샤오치가 있으니, 바로 사람과 사람 사이의 관계에서
비롯된 것이다. 상하이에서는 유난히도 물건이나 돈에 관해서
나의 것과 남의 것 간의 경계가 명확한 편인데, 뭐라 딱 꼬집어
말하기는 힘들지만 이는 인간관계에서도 마찬가지이다.

중국 북방 지역에서는 친구끼리 『삼국지연의(三國志演義)』에
나오는 도원결의처럼 의형제를 맺는 일이 빈번하다. 오늘 처음
만난 사이라도 서로 마음만 잘 맞으면 곧바로 친구가 되곤 한다.
그러나 상하이 사람들은 처음 만난 상대에게 경계심을 가지는
것은 물론이거니와 시종일관 거리를 유지한다. 친구를 사귈 때도
너무 가깝지도, 그렇다고 너무 멀지도 않게 일정한 거리를 두기
때문에 친구가 되기 쉽지 않은 편이다. 그러나 오랜 시간 함께하며
서서히 우정과 신뢰가 쌓이면 진정한 친구가 될 수 있다.

상대방과 일정한 거리를 유지하려는 상하이 사람들의 성격
때문에, 타지 사람들은 상하이 사람들에 대해 정이 없다고 느낄
지도 모른다. 그렇다면 상하이 사람들은 왜 이렇게 방어적이며
남들과 거리를 두려고 하는 것일까?

상하이는 일찍이 서구화된 생활과 사상이 물밀듯 들어온
도시이기 때문에 실리주의와 개인주의적 사상이 상하이

사람들에게 영향을 끼쳤다. 또한 상업 사회였던 상하이에는 개인의 이익을 중시하는 사상이 보편화되었다. 뿐만 아니라 인구 밀집도가 높고, 유동 인구가 많은 경쟁이 치열한 대도시에서 살아남기 위해서 사람들은 자신의 실속을 챙겨야 했다.

그러나 가장 커다란 이유로는 '한 지역의 풍토는 그 지역의 사람을 기른다(一方水土養一方人)'의 환경적 요인으로부터 가장 큰 영향을 받지 않았을까 하고 생각한다. 상하이의 뒷골목을 잘 살펴보면, 롱탕(弄堂)이라 불리는 골목 양쪽으로 옹기종기 모여 줄지어 늘어선 허름한 집들을 발견할 수 있다. 스쿠먼(石庫門) 이라고 부르는 이 집들은 벽돌과 나무를 이용해 지어진 상하이의 독특한 전통 주거 양식이다. 재밌게도 상하이 사람의 전통적인 거주 양식인 롱탕 스쿠먼은 그 곳 사람들의 영리하고 계산적이며, 쪼잔한 성격 형성에 영향을 주었다고 할 수 있다.

롱탕의 길 폭은 3~4m 정도로 매우 좁다. 이 좁다란 롱탕을 중심으로 양쪽에는 3~4층 되는 집들이 다닥다닥 붙어있다. 애초에 스쿠먼 건물 하나는 본래 한 가구가 살도록 지어진 것이라고 한다. 그러나 수급 불균형으로 주택난에 시달렸을 당시, 많을 때는 대여섯 가구가 한집에 함께 살 수밖에 없었다. 상황이 이러하니 화장실과 주방은 주민들이 공동으로 사용해야 했다. 항상 북새통을 이루었을 게 불 보듯 뻔하다.

당시 함께 사용했던 주방을 살펴보면 상하이 사람의 영리함과 동시에 쪼잔한 면도 엿볼 수 있다. 한집에 여러 가구가 함께

거주하기 시작한 초반에는 공용주방의 전기세를 주민들이 다
함께 나누어 냈었다고 한다. 하지만 요리할 때 아랫집 아무개네
집은 전등을 오랜 시간 동안 켜놓았고, 또 윗집 누구네는
짧은 시간만 사용했을 뿐인데 주민 모두가 같은 비용을 내니
불공평하다는 목소리가 나오기 시작했다. 그러자 고심 끝에
상하이 사람들은 기발한 생각을 해낸다. 공용부엌 안에서도 각
가정에서 사용하는 가스레인지 위에 집집마다 전구를 설치하기로
한 것이다. 계산을 따로 하기 위한 방법이었다. 본인들이 사용한
전기세만 내면 되니, 굉장히 공평하고 합리적인 발상이었다.
이러한 배경 때문에 어떤 스쿠먼 건물에 몇 가구가 함께
거주하는지 알고 싶다면, 공동 부엌에 등이 몇 개나 달렸는지
세어보면 된다는 우스갯소리가 나오기도 했다.

　거주 공간은 협소한데 여러 가구가 밀집하여 살고 있으니
이웃 간에 부딪치는 일도 빈번했다. 공용으로 부엌과 화장실을
사용하다 보니 옆집 개똥이네는 언제 사용하고, 윗집 소똥이네는
언제 사용한다는 암묵적인 약속, 즉 규칙을 만들어낼 수밖에
없었다. 이것은 이웃 간에 모순을 피하는 그들만의 방법이었던
것이다. 중국에서 상하이 사람들은 규칙을 잘 준수하는
편에 속한다. 이러한 생활 습관 역시 어느 정도 스쿠먼 거주
환경으로부터 영향을 받았다고 할 수 있겠다.

　가까운 이웃이다 보니 사소한 일로 서로의 마음을 상하게
하는 일은 빈번했기 때문에 분쟁이나 갈등을 피하기 위해 서로가

서로에게 신중하고 조심해야 했다. 결국 상하이 사람들은
이런저런 갈등을 애초에 피하기 위해 이웃 간에 조그만
일에도 시시콜콜 따지게 되었고, 이러한 생활방식은 자연스레
쪼잔하면서도 계산적인 성격을 만들어냈다.

롱탕 생활은 상하이 사람들에게 영리하면서도 계산적인 삶을
살게 하였고, 사람과의 관계에 있어서도 너무 멀지도 너무
가깝지도 않은 적당한 거리를 유지하게 했던 것이다. 나의 것은
나의 것, 남의 것은 남의 것, 나도 너의 이익을 추구하지 않을
테니, 너도 내 것을 건들지 마라는 생각이 바탕이 되어 상하이
사람들의 생활 습관으로 이어져 온 것이라고 할 수 있겠다.

상하이에서 오래 생활하다 보니 그새 미운 정, 고운 정 다
들어서일까? 아니면 상하이 사람들과 많이 부딪치다 보니
자연스레 그들의 입장에서 생각할 수 있는 기회가 많아져서
일까. 전반적으로 상하이 사람들을 보았을 때, 다른 지역에
비해 대체적으로 쪼잔한 면이 있어 보이긴 한다. 하지만 상하이
사람의 성격 형성에 이러한 배경이 있음을 알게 된 후, 이들을
조금이나마 이해할 수 있게 되었다.

다시금 상하이에서 생활하는 동안 내가 만났던 상하이
사람들의 얼굴을 머릿속에 하나씩 떠올려보았다. 내가 어려운
일에 직면했을 때면 두 팔 걷어붙이며 친절하게 도와주는
친구도 있었고, 통 크게 맛있는 상하이 음식을 사준 친구도
있었다. 그리고 집으로 초대해 성대한 만찬을 차려주어 환영해준

친구와 그 가족들도 있었다. 중국 타 지역 사람들이 편견 어린 시선으로 보는 것처럼 상하이 사람들 모두 다 '샤오치'하거나 이기적인 모습은 아니었다. 시간이 지날수록 냉정하게만 보였던 그들의 성격도 익숙해져 갔고, 그들에 대한 나의 편견도 차차 사그라졌다.

사실 타지 사람들, 특히 북방지역 사람들이 그들의 기준에서 상하이 사람들을 부정적인 시선으로 바라보는 것도 이해가 가긴 한다. 하지만 관점을 어디에 두느냐에 따라 손바닥 뒤집듯 장점이 단점이 될 수도, 단점이 장점이 될 수도 있다는 생각이다. 타지 사람들이 단점이라고 생각했던 것들이, 분명 상하이에서는 오히려 장점으로 작용하는 경우가 있기 때문이다. 작은 돈이라도 아끼려는 모습은 절약 정신이 투철하고, 돈을 규모 있게 쓴다는 장점이지 않은가. 더치페이는 제일 공평하고 가장 합리적인 방법이기 때문에 어느 누구도 불만을 갖지 않는다. 자질구레한 작고 사소한 일에도 따지는 모습은 작은 부분까지 고려할 줄 아는 세심한 모습이기도 하다. 각자 갈 길 간다는 상하이 사람들이지만 대신에 배신도 없고 충돌도 없다. 사람 간에 일정한 거리를 유지하여 차갑지도 또 뜨겁지도 않은 인간관계이지만, 이로 인한 분쟁이나 갈등이 적다. 생각을 달리하니 합리적인 모습들이 보인다.

하루가 다르게 변화하는 상하이는 상전벽해라는 말이 딱 어울리는 곳이다. 지금도 상하이는 계속해서 발전하고 있고,

상하이 사람들은 이 세계적인 무대 뒤에서 묵묵히 이러한 발전을 도왔다. 상하이, 그리고 상하이 사람들의 성공 뒤에는 반드시 이유가 있을 것이다. 물론 근면 성실하고, 열심히 일하는 등 여러 가지 이유가 있겠지만, 그 뒤에는 실질적이고 합리적이며 세세한 것까지 생각할 줄 아는 세심함이라는 상하이 사람들의 특징도 한몫하였을 것이라고 나는 생각한다. 상하이 사람들이 일군 성공 신화가 궁금하다면 잠시 생각을 달리하여 그들의 단점보다는 장점을 보도록 노력해야 하지 않을까 싶다. 이성적이고 합리적으로 살아가는 그들. 이제 내 눈에는 자신들만의 생활방식으로 살아가는 상하이 사람들이 행복해 보이기만 한다.

# 슈퍼우먼과 살림꾼

## 살림하는 남자

상하이에는 우리에게 낯설게 느껴지는 모습들이 종종 있다.
자전거 타고 다니는 사람이 많아서 모든 도로의 가장자리에는
자전거 전용도로가 있는 것과 곳곳에 자전거 전용 주차장이
있다는 것, 이른 아침부터 간단한 아침 식사를 판매하는 길거리의
풍경, 미용실에 들어가면 대부분이 남자 미용사라는 것 등등,
낯설면서도 생소한 모습이 한두 가지가 아니었다. 그중에서도
가장 의아했던 모습이 있었으니, 바로 홀로 시장에 와서 장보는
아저씨들의 모습이었다. 장바구니를 든 아저씨들은 아내 혹은
가족과 함께 온 것도 아니었다. 물론 요즘은 시대가 바뀌어
남자들 역시 적극적으로 집안일에 참여하는 시대다. 그러나
아저씨들이 홀로 장 보는 풍경은 한두 번 해본 솜씨가 아닌 듯해
보였다. 매우 능숙하고 자연스럽게 신선한 식재료를 고르고
여기저기서 장을 본 뒤 유유히 사라지는 그들의 모습은 사회에서
보던 상하이 남자들과는 또 다른 모습이었다.

중국에서 상하이 남자가 집안 살림꾼이라는 것은 이미 정평이

장보고 귀가하는 남자

나 있는 사실이다. '상하이 남자들은 단체로 어디 가서 집안일 교육이라도 받는 거 아니야?' 하는 의문이 들 정도로 빨래며, 설거지, 요리, 장보기 등 못하는 집안일이 없기 때문이란다. 중국 남방 사람의 특성상 성격도 온순한데 거기다 살림까지 잘하니, 중국에서 상하이 남자는 1등 신랑감으로 손꼽힌 지 오래다.

언젠가 인터넷에서는 중국 여성들을 대상으로 '어느 지역 남자와 결혼하고 싶은가?'라는 설문조사를 한 적이 있었는데, 그 중 상하이 남자가 가장 높은 득표수를 얻었다. 특히 중국

북방지역에 속하는 베이징과 산동(山東)지역 여성들에게 많은
표를 얻었다고 한다. 또한 어느 드라마 극 중에서는 "이왕 시집갈
거면 상하이 남자에게 가라!"라는 대사가 있었는데, 이 대사는
중국 전역에 유행어처럼 번졌고, 상하이 남자의 인기는 더욱
높아졌다고 한다.

나도 상하이에서 생활하는 동안 상하이 남자에 대한 이야기는
익히 들어보았다. 과일 가게 아주머니, 택시를 타면 말을
걸어오는 기사님을 비롯해 모두 상하이 남자가 참 괜찮다며
칭찬 일색이다. 나뿐만이 아니라 주변의 여성 친구들도 여러
사람들에게 상하이 남자에 대한 칭찬을 여러 번 들어보았다고
한다. 아니, 도대체 상하이 남자가 어떻길래 모두 그렇게 칭찬
일색인 걸까? 이쯤 되면 상하이 남자와 결혼한 여자들의 반응이
궁금해질 터이다. 상하이 남자와 결혼한 주변 사람들에게
물어보았더니, 모두 하나같이 입을 모아 이구동성으로 말한다.

"상하이 남자 정말 좋아! 내 남편 정말 자상해!"

상황이 이렇다 보니 상하이 남자들은 타지역 남자들의 질투
어린 시기와 비난을 받기도 한다. 특히 커다란 체구에 성격까지
호탕한 북방 남자들은 '남자는 남자다워야지!'라는 생각으로
남성스러움을 중시하는 경향이 있다. 이런 그들이 보기에 상하이
남자들이 남자다워 보일 리 없다. 내가 볼 때도 북방지역의
대표인 베이징 남자와 남방지역의 대표인 상하이 남자는 풍기는
분위기조차 다르다. 아니, 정반대의 이미지라고 할 수 있겠다.

중국에 살면서 보았던 중국인들에 비추어 볼 때, 북방 남자라고
하면 대체적으로 커다란 체구에 시원시원한 성격, 괄괄한 목소리,
술이 가득 담긴 커다란 사발을 들이키는 모습이 떠오른다. 보통
사내대장부라는 뜻의 '한즈(漢子)' 혹은 '난즈한(男子漢)'이 북방
남자를 형용하는 단어로 주로 사용되곤 한다. 반면 상하이 남자는
북방 사람에 비해 체격도 왜소하고, 얼굴도 곱상하며, 깔끔한
옷차림, 술보다는 커피를 즐겨 마시는 정반대의 모습이다.

　게다가 부드럽고 나긋나긋한 상하이 사투리도 상하이 남자의
남성성을 완화시키는 데 한몫하는 것 같다. 상하이 사투리는
타지역 사투리에 비해 톤이 높기도 하거니와 부드러운 느낌이다.
화통하기로 유명한 북방 사람이 들었을 때 상하이 사투리는
간혹 노래 부르는 것처럼 들리기까지 한단다. 때문에 북방
사람은 상하이 남자의 말투를 두고 남자다움이 부족한 것 같다며
'냥냥창(娘娘腔, 여성 같은 말투)'이라며 조롱하곤 한다.

　이뿐만이 아니다. 베이징 남자와 상하이 남자는 생활 모습
자체가 다르다. 예를 한 번 들어볼까? 보통 베이징 남자들끼리
모여 대화를 나눈다면 술 한상 앞에 놓고 커다란 주제로 이야기를
나는 경우가 다반사다. 정치의 중심지인 베이징에 사는 시민답게
정치 이야기나 사회적인 이야기가 주를 이루는 것이다. 그러나
상하이 남자들은 이와 좀 다르다. 우선 탁자 앞에 놓인 게 술이
아닌 커피, 혹은 차이다. 그들도 물론 큰 주제를 갖고 이야기하긴
하지만 집안일 같은 가정에 관련된 이야기도 적지 않다. 예를

들어 요리 방법이라든지, 아이들의 교육은 어떻게 시켜야 하는지
등등. 상하이 남자들의 대화는 사소하고 자질구레한 화제까지
더해져 무궁무진해진다.

또한 상하이 남자들은 장보기, 요리, 빨래, 설거지 등
대부분의 집안일에 능수능란하다. 실제로 여러 집안 살림을
도맡아 하기도 한다. 그렇기 때문에 북방 남자들의 시각에서
볼 때면 상하이 남자들이 남자답지 못하다고 느끼는 것이다.
그리하여 상하이 남자들에 대해 '앞치마 두른 남자', '부엌데기
남자', 심지어는 아내를 무서워하는 '공처가(恐妻家, 중국에서는
치관옌(妻管嚴)이라고도 한다)라고 비꼬며 빈정대곤 한다.

그러나 상하이 남자들의 입장은 이들과 다르다. 자신들은
공처가가 아닌 애처가이며, 아내에게 눌려 사는 게 아니라 아내를
사랑하고 아끼기 때문에 분담하여 함께 하는 것이라고 말한다.
어찌 되었든 상하이 남자들은 여성을 존중하고 배려할 줄 아는
신사의 모습을 갖추고 있는 것 같다.

## 슈퍼우먼

그렇다면 상하이 여자들은 어떨까? 혹자는 상하이 여자들이
애교도 많고 여성스럽다고 하지만, 또 다른 누군가는 기가 세고
무섭다고 하기도 한다. 상하이를 배경으로 한 드라마 속의 상하이
여자들은 하나같이 무서운 모습으로 남편을 지지고 볶으며,

남편은 그런 아내에게 쩔쩔매는 모습이 많이 그려져 있다.

그렇다면 과연 어떤 게 상하이 여자의 진짜 모습일까? 결론부터 말하자면 상하이 여성에게는 두 모습이 모두 해당된다고 한다. 양둥핑(楊東平)은 중국의 대표적인 두 도시 베이징과 상하이의 여러 방면을 비교하며 『중국의 두 얼굴』이라는 책을 펴냈다. 여기서 그가 말한 상하이 여자에 대한 특징은 이렇다. 상하이에서는 여성의 애교 있고 사랑스러운 모습을 '디아(嗲)'라고 하는데, 이것은 여성이 가진 온유함, 말솜씨, 자태, 여성미, 매력 등에 대한 종합적인 평가로, 상하이에서 디아는 여성에 대한 최고의 찬사다. 반면 상하이 여자의 또 다른 모습으로 '쭈어(作)'가 있다. 이는 여성의 마음이 좁고 제멋대로임을 일컫는 상하이 속어이다. 이 설명 뒤에 양둥핑은 상하이 여성의 성격 및 특징에 대해 밖에서는 디아이지만, 집에서는 쭈어이며, 또한 결혼 전엔 디아이지만, 결혼 후엔 쭈어로 변하는 게 상하이 여자의 본성이라고 덧붙였다.

물론 대중매체에서 그려내는 무서운 상하이 여자의 모습은 반영되는 과정에서 어느 정도 과장과 편견이 있을 수 있다. 실제 모습을 문학작품이나 매스컴에 표현하게 되었을 때, 작가 혹은 감독의 의도에 따라 어느 정도 부풀려져 표현되는 경우가 있기 때문이다. 그러나 상하이 여자가 무섭다는 사실은 완전히 틀린 말은 아닌 것 같기도 하다. 물론 이 많고 많은 상하이 사람 모두를 일반화시킬 수는 없고, 개개인의 가정사도 흔히

들여다볼 수 없는 노릇이지만, 적어도 내가 밖에서 목격한 몇 가지 장면들은 상하이 여성은 좀 무섭다는 인상을 심어주기에 충분했다. 우선 데이트하는 남녀를 마주치면 남자가 여자친구의 가방을 들어주는 경우가 허다했다. 또한 길거리에서 남녀가 싸울 때 큰 소리로 화를 내는 쪽은 항상 여자들이었다. 남자들은 그 옆에서 아무 말 없이 두 손에 불이 나도록 싹싹 빌고 있었다. 유학생들끼리 이야기를 나눌 때도 자신들이 목격했던 무서운 상하이 여자들의 모습을 한마디씩 던지기도 했다. 물론 모든 상하이 여자가 다 그렇진 않겠지만, 여러 사람이 공통되게 그렇다고 느끼니 무섭다는 말은 어느 정도 맞는 말 같다.

그러나 흥미로운 점은 타지에서 상하이 여성에 대한 평가가 높다는 것이다. 그 주된 이유로는 상하이 여성 중에는 직장에서 출중한 능력을 갖춘 유능한 여성이 많고, 가정에서는 생활 능력이 강하다는 것이다. 내가 보아 온 주변의 상하이 여성들은 가히 '슈퍼우먼(女强人)'이라고 할만했다. 가정에도 충실했으며, 사회에서도 책임감 있고 유능한 직장인의 모습이었다.

상하이뿐만 아니라 중국 전체로 보았을 때 전업주부보다 사회에 진출하여 일을 하는 여성이 많은 편이다. 경제적인 이유 때문에 일하는 사람도 적지 않겠지만, 사회 전반적으로 여성의 사회진출을 환영하는 분위기도 한몫했을 것이다. 또한 중국에서는 70년대 초부터 '한 자녀 정책'이 실시되어 자녀로 외동 하나만을 두고 있는 경우가 대부분이었다. 이 때문에 양육에

쏟는 시간이 적어지고 일할 수 있는 시간이 많아진 것도 여성의
사회진출이 많아진 이유 중 하나가 될 수 있을 것이다.

이 밖에도 상하이 여성은 사회에서뿐만 아니라 가정에서도
지위가 높다. 집집마다 사정이 다르긴 하지만, 대부분 가정의
재산권은 아내가 쥐고 있었고, 그녀들은 당당한 태도로 남편에게
집안일을 분담시켜 함께 하도록 했다. 여자 혼자 집안일을 도맡아
하는 경우는 극히 드물었다.

상하이 남자와 여자의 결혼 생활이 대체적으로 이렇다는
모습을 보며 나는 의문을 갖지 않을 수 없었다. 중국은 유교
사상을 바탕으로 무려 몇천 년이라는 오랜 시간에 걸쳐
봉건사회가 지속되어 왔고, 봉건사회의 잔재인 남존여비 사상이
만연하지 않았는가. 비록 문화대혁명 시기에 반봉건 기치를
내걸어 구습을 타파하고 남녀평등을 주장하였지만, 중국에는
여전히 봉건사상이 남아있는 곳이 있다. 그 예로 베이징을 비롯한
동북 지역에는 봉건사상이 여전히 뿌리 깊게 박혀있다. 베이징
여자도 맞벌이를 하는 경우가 많지만, 부권이 여전히 존재하여
집안일은 거의 여자가 도맡아 하는 경우가 적지 않기 때문이다.
하지만 이런 상황에도 불구하고 상하이에서는 마치 봉건사상이
피해간 것만 같다. 남녀평등을 넘어서 여성의 지위가 더 높아
보이기까지 하니 말이다. 그렇다면 상하이는 왜 베이징과 상반된
모습을 보이는 것일까?

사실 청나라 말기까지만 해도 상하이 역시 남존여비 사상이

만연했다. 남편이 죽으면 따라 죽음으로써 목숨으로 정조를
지키거나, 평생을 수절하며 살았던 열녀가 많았다. 상하이 지역의
열녀들을 기록한 책인『열녀』를 보면, 원나라·명나라·청나라를
통틀어서 8천여 명이나 되는 열녀가 기록되어 있음을 알 수 있다.

하지만 1840년대에 들어서자 '굴욕의 역사'라고도 불리는
조계의 역사는 상하이의 많은 부분들을 송두리째 바꿔놓았다.
상하이가 개항하자 외국인과 서양 문화가 물밀 듯이 들어왔다.
조계지가 형성되고 외국인들이 많아지자 상하이 사람들에게는
이들의 모습이 신선한 충격으로 다가왔다. 외국인들의 평등한
부부관계와 서양의 신사들이 여성에게 매너 있게 행동하는 법을
어깨너머로 볼 수 있었고, 서양 남자들의 매너와 신사도를 보고
배우게 되었다. 상하이 사람들은 중국에서 가장 먼저 서양인들의
생활방식을 접하게 된 것이다.

한편, 상하이에 온 서양 사람들은 중국 여성들이 남성들로부터
받는 억압과 멸시, 차별대우를 보고 경악했다고 한다. 이런
모습을 보고는 "중국에서 여성을 대하는 모습은 마치 감옥 안의
죄수를 대하는 것 같다"며 분노하기도 했다. 1850년대에는 서양
선교사들이 연이어 여자 학교를 세워 여학생을 모집하기도
했다. 여권신장을 위해서는 교육이 중요하다고 생각한 그들은
상하이 여성들에게 근대 교육을 받을 수 있는 기회를 제공했던
것이다. 미국의 리들(Liddle) 부인은 1895년 상하이에서는
처음으로 전족폐지운동을 펼치기도 하였다. 전족이란 어릴

적부터 발을 꽁꽁 묶어 더 이상 자라지 않게 함으로써 여성의
활동 범위를 제한하는 악습이었다. 이에 영향을 받은 사상가
캉유웨이(康有爲), 량치차오(梁啓超)와 탄스통(譚嗣同) 등은 전족을
반대하는 '부전족회(不纏足會)'를 조직하였다.

　이밖에 당시 중국인 스스로도 여성 지위에 대한 새로운
인식이 싹트기 시작했다. 상하이에 살고 있던 저장성 상인인
징위엔산(經元善) 역시 1898년 학교를 세웠는데, 이것은 중국인이
최초로 세운 여학교였다. 서양 선교사들이 상하이 여성들의
교육과 여성 해방에 앞장선 동시에, 중국인들도 자발적으로
여성의 권리 향상을 위해 여권운동에 힘쓰기 시작한 것이다.

　이 밖에도 상하이 여성의 지위가 변화한 일화를 살펴볼 수
있는 이야기가 있다. '월분패(月份牌)'라고 불리던 옛날 달력이
있었는데, 서양 제품의 상업 광고와 결합된 것이 특징이었다.
또한 달력에는 그림도 그려져 있었는데, 초반에는 주로 중국
전통의 산수화를 비롯해 명승고적, 희곡의 인물 등이었고,
나중에는 여성의 모습을 그린 월분패가 등장하기도 했다. 특히 이
월분패는 1900년대 상하이에서 꽤 유행했다고 한다. 당시 중국
베이징대학의 학장이었던 차이위엔페이(蔡元培)나 출판인으로
유명한 장위엔지(張元濟) 등을 비롯한 중국 지식인들이 서로
월분패를 선물로 주고받았으며, 대부분의 가정에서는 집안에
월분패를 걸어놓을 정도였다고 하니 말이다.

　이와 관련된 재미있는 일화가 있다. 1910년만 하더라도

보수적인 사회 풍조 때문에 당시 여성이 광고 모델을 할 수 있는 분위기가 형성되지 않았다. 그렇기 때문에 월분패의 화가인 관후이농(關蕙農)은 「쌍매(雙妹)」라는 작품을 창작할 때, 여성 모델을 찾지 못했고, 어쩔 수 없이 남성 두 명을 모델로 삼을 수밖에 없었다. 이 남성들은 당시 경극 무대에서 활동하던 신분으로, 여장을 한 채 월분패 광고에 임했던 것이다.

그러나 1930년대 들어 상하이의 유명한 『양우(良友)』 화보에서는 진짜 여성들의 형상을 볼 수 있다. 그녀들은 전통적인 속박으로부터 벗어나 민국시기 유행했던 치파오를 입으며 자신을 드러내는 일에 당당한 태도로 응했다. 이것은 당시 여성의 신체뿐만 아니라 사상적인 측면도 해방시켰다는 하나의 지표로 볼 수 있을 것이다. 또한 난징로의 백화점에서는 중국에서 가장 먼저 여성 직원을 채용하였고, 이때부터 상하이 여성들이 점차 직업을 갖기 시작했다. 이러한 변화는 과거 상하이 사람들의 인식에 거대한 변화가 있었다는 것을 드러내주는 일화이다.

이러한 과거의 역사적 맥락과 닿아 현재 상하이 여자들은 당당하게 자신의 목소리를 내는 데 매우 익숙하다. 이런 모습은 타 지역 사람들, 특히 북방 사람들이 볼 때 상하이 남편은 상하이 부인에게 옴짝달싹 못해 보이는 것 같고, 상하이 여성이 무섭게 비치는 것이다.

또한 상하이 여자들은 복잡한 인간관계와 사회가 얽혀 있는 대도시 상하이에 살기 때문에, 생존을 위해 이 사회를 잘 헤쳐나갈 수 있는 지혜 역시 갖추고 있다. 때문에 이런 그녀들은 사회생활도 매끄럽게 잘해나가는 동시에, 집안에서도 어떤 역할을 맡아야 하는지 잘 알고 있다. 그녀들은 남편을 옥박지르기도 하지만 체면을 살려주기도 하는 등 회유정책을 펴나간다. 그리하여 남편이 집안일을 즐거운 마음으로 분담하도록 만드는 것이다. 이처럼 그녀들은 앞서 말한 디아와 쭈어의 균형을 이루어 직장에서는 유능한 여성으로, 가정에서는 생활력 강한 아내의 모습으로 인정받는 '슈퍼우먼'이다. 이런 그녀들은 중국의 이상적인 모습으로 거듭나고 있다.

과연 상하이 남자는 정말 왜소하고 남자답지 못할까? 물론 생활환경이나 기후가 다르다 보니 북방 사람보다 체격이 왜소한 건 사실이다. 그러나 229cm의 장신으로 중국에서 가장 키가 큰 농구선수 야오밍(姚明)과 중국 최고의 '허들 영웅' 류샹(劉翔)은 모두 상하이 남자이다. 중국의 인기 운동선수이자 강인한 정신력을 가진 이들은 각자의 위치에서 최고의 기량을 발휘한 바 있다. 중국의 최고를 넘어 세계의 최고로 자리 잡은 그들은 상하이의 자부심이며, 상하이 남자가 남자답지 못하다는 편견을 깨주었다. 아무쪼록 상하이는 큰 도시만큼이나 워낙 다양한 사람들이 살고 있으니, 미리부터 상하이 남자, 상하이 여자에 대해 편견을 가질 필요는 없을 것 같다.

# 이색적인 공원 맞선

상하이에서 가장 번화한 난징동로(南京東路) 끝자락에는 런민공원(人民公園)이 위치해 있다. 평일에는 여느 공원과 다를 바 없이 평범해 보이지만, 매주 주말만 되면 이곳에서는 흥미로운 풍경이 펼쳐진다. 주말 내내 이곳은 사람들로 복작복작 붐비며, 호떡집에 불난 것을 방불케 할 정도로 시끌벅적하기 때문이다. 도대체 주말마다 이곳에서는 무슨 일이 일어나는 걸까? 일단 공원 안에 들어서면 길 양쪽에 펼쳐진 각종 우산들을 볼 수 있다. 그리고 우산 위로는 A4 용지만 한 종이들이 빼곡히 붙어있다. 이곳을 방문한 사람들 중에는 간간이 젊은이들도 보이지만, 머리가 희끗희끗한 연세 지긋한 어르신들이 훨씬 많다.

공원 안 대부분의 어르신들은 저마다 하얀 종이 위에 무언가를 적어놓은 피켓을 들고, 서로를 향해 열정적으로 떠들어대고 있다. 공원 한편에서 마주친 두 아주머니는 서로의 피켓을 힐끔 쳐다보더니 이내 다가가 말을 건네는데, 대화 내용이 아주 기겁할 만하다.

"댁의 아드님은 상하이에 집이 있나요?"

아니, 만나자마자 이런 사적인 질문이라니! 하지만 그들은

이에 그치지 않고 무례하기도 하고, 실례일 수도 있을 법한
질문과 대화를 계속 이어나간다.

　"우리 아들로 말씀드릴 것 같으면 직장도 튼튼하고, 집도 있고
차도 있어요. 게다가 요리도 잘한답니다. 일등 신랑감이에요.
호호호. 댁의 따님은 연봉이 어떻게 되지요?"

　초면에 이런 대화를 나눈다는 것이 장소가 어디건 간에 전혀
상상할 수 없는 노릇일 테지만, 여기서는 당연한 필수코스다.
이 두 아주머니뿐만 아니라 공원에 모인 다른 사람들도 입을
열자마자 서로의 자녀들에 대해 탐색하는 대화들이 오고 간다.
그들은 대화를 나눈 뒤 한참 만에 상대와 뜻이 맞은 듯 서로의
연락처를 교환한다. 그리고는 몇 사람과 더 이야기를 나눈
다음에야 만족스러운 미소를 지으며 공원을 빠져나온다.

　감이 오셨는지 모르겠다. 이들은 바로 미혼자녀를 둔
부모들로, 자녀들의 짝을 구하기 위해 대리 맞선을 보고 있는
모습이다. 위의 대화 내용처럼 이들은 상대방 자녀의 직업과
연봉, 차와 집의 유무 등 여러 가지 조건을 물어본 뒤, 서로의
조건에 부합하면 부모들끼리 연락처를 교환하는 것이다.
우주선을 달 착륙에 성공시키는 나라에서, 그것도 중국에서
가장 현대적이라는 상하이라는 대도시에서, 자녀들의 짝을 찾는
방법은 이토록 전통적이고 아날로그적인 방식으로 진행하다니!
참으로 아이러니하다.

　이처럼 런민공원은 주말만 되면 상하이의 중노년층 사이에서

홍커우공원 대리맞선

유명한 맞선 장소로 탈바꿈한다. 2004년 즈음, 상하이
런민공원에서 자발적으로 형성된 이 맞선 문화는 본래 젊은
남녀가 짝을 찾거나, 어르신들이 친구를 사귀어 이야기를 나누는
것에서 발단이 되었다고 한다. 시간이 흐르며 오늘날에는
결혼적령기 자녀를 둔 부모들이 자녀의 신상정보가 적힌
소개서를 들고 모이면서, 바쁜 자녀들을 대신하여 배우자감을
물색하는 진풍경을 이루고 있는 것이다. 또한 상하이뿐만
아니라 다른 지역에도 퍼져나가 공원에서 이런 대리 맞선
풍경이 펼쳐지는 경우가 적지 않다고 한다. 내가 자주 가던

홍커우공원에서도 주말이 되면 종종 부모님들의 대리 맞선이
진행되었다.

고작 이력서뿐이지만 본인의 의지와는 상관없이 이곳에
참가하게 된 자녀들의 연령대도 다양하다. 현재 결혼적령기인
1990년대 이후 출생한 90허우(90後)를 포함하여 1980년대 생인
80허우(80後), 1970년대 생인 70허우(70後), 그리고 재혼까지.
공원 한편에 마련된 벽보에는 이력서가 빽빽하게 붙어있다.
자녀들의 정보뿐만 아니라 원하는 배우자감의 스펙까지, "상하이
후커우(戶口)를 가진 남자에 학력은 대졸을 원하며, 집은 한 채
이상 있을 것, 월급은 매달 RMB 만 위안 이상 될 것" 등등 매우
구체적으로 제시해놓은 사람도 있다. 앞서 말한 것처럼 부모들은
자녀의 신상정보가 적힌 피켓을 들고 돌아다니다가, 자신의
조건에 부합하는 상대의 부모를 만나면 자녀의 나이와 직업
얘기에서부터 시작해 차, 집, 돈 문제와 같은 물질적인 조건과
현실적인 이야기를 나누기 시작하는 것이다.

21세기를 살아가는 오늘날, 도심 한복판에서 새롭게 형성된
맞선 문화는 순전히 부모들의 의지대로 진행되고 있다. 부모가
자녀를 대신하여 배우자감을 물색하고, 경제적 조건이나 집안
등을 계산하는 것이다. 이것은 부모가 상대를 정해주는 중국
전통의 결혼방식이었던 중매결혼과 사회적 지위나 경제력이
비슷한 두 집안끼리 결혼을 하는 문당호대라는 말을 떠올리게
한다. 그 옛날 혼례라는 것은 가문과의 결합을 통해 가문의

위상을 유지 혹은 상승시키려는 의미도 내포되어 있었다. 이것이
중국의 전통적인 혼례관이었다. 시대가 많이 변해 지금은 신분과
계급이 있는 사회도 아니거니와 더더욱 가문을 상승시키기 위해
결혼을 하는 시대도 아니다. 그러나 어른들이 현실적인 조건을
묻는 이유는 비슷한 환경에서 자란 두 자녀를 이어주어야 더
행복할 수 있을 거라 생각하는 중국의 전통 혼례관이 여전히
남아있기 때문이다.

이 밖에도 중국 사람들은 상대적으로 물질적인 면을 추구하는
것을 숨기지 않고 가감 없이 드러내는 경향이 있다. 이것은 맞선
장소에서도 마찬가지다. A4 용지에 적힌 자녀의 결혼 이력서에는
물질적인 요소를 가장 잘 나타내주는 직업과 연봉, 차와 집의
유무가 어김없이 적혀있다. 이와 더불어 상하이 후커우가 있는지
없는지도 매우 중요하게 생각한다. 중국에는 지역마다 후커우
제도가 있다. 상하이에 살면서 상하이 후커우의 유무에 따라
받을 수 있는 복지 혜택은 확연히 달라지기 때문에 결혼 시장에서
중요시되는 것이다.

혹시 주말에 런민공원 부근에 갈 일이 있다면 한 번 구경삼아
가보시면 좋을 것 같다. 몇천 명의 사람들이 모여 바글바글한
이곳은 얼마나 열정이 넘치는 곳인지 모른다. 마치 취업박람회가
열린 것 같은 분위기 속에서 사람들은 우산이나 벽에 걸린
이력서들을 주의 깊게 훑어보고 사뭇 진지한 태도로 임한다.
심지어 할아버지 할머니가 손자 또는 손녀의 혼사를 위해 나오는

경우도 종종 있다.

그러나 안타깝게도 부모들의 이러한 노력에 비해 결과는 좋지 않은 듯싶다. 중국청년보(中國靑年報)의 한 기사에 따르면 부모의 대리 맞선이 자녀의 결혼으로 이어지는 경우가 1% 남짓일 것이라고 하니 말이다. 또한 한 아버지의 뉴스 인터뷰에 의하면, 딸의 혼사를 위해 6년 동안 부모들의 대리 맞선 장소에 나왔지만 아직까지 적합한 사윗감을 찾지 못했다고 한다. 그럼에도 불구하고 그는 아직 희망을 버리지 않은 듯했다.

하지만 이와는 반대로 정작 결혼적령기의 주인공들은 바쁜 일상에 치여 이성을 만날 시간과 연애할 여유가 없거나, 직장과 일을 더 중시하여 연애를 할 필요성을 느끼지 못한 채 담담한 경우가 더 많다. 배움의 기회가 많아져 학력이 높아지고, 사회진출이 활발해짐에 따라 청년들은 결혼보다는 개인의 능력과 성취감을 더욱 중요하게 생각하는 것이다.

통계에 따르면, 미혼자의 숫자는 점차 증가해 오늘날 싱글족 인구는 2억 명이 넘는다고 한다. 또한 싱글족의 대다수는 베이징, 상하이와 같은 대도시에 거주한다고 한다. 이러한 현상에 걸맞게 몇 년 전에는 골드미스터와 골드미스를 가리키는 말로 성난(剩男), 성뉘(剩女)와 같은 신조어가 등장하기도 했다.

이에 대한 중국 정부의 해결책도 눈여겨볼 만하다. 중국 각 지역에서는 정부의 지원으로 해마다 대규모 맞선을 개최하기도 한다. 상하이에서도 젊은이들의 결혼을 위해 적극적으로 나서고

있다. 상하이에서는 미혼자들을 위해 매년 수천 명의 남녀가
단체로 맞선을 볼 수 있도록 초대형 맞선자리를 마련하기도 했다.
상하이시에서 주최하는 것인 만큼 신뢰도도 높고 인기도 많다고
한다.

이뿐만이 아니다. 중국 TV 프로그램 중, 맞선을 소재로
한 프로그램이 굉장히 다양하다. 마치 우리나라에서 방영된
'선다방', '나는 SOLO'와 같은 맞선 프로그램이다. 중국에서도
마찬가지로 TV 맞선 프로그램은 대부분 높은 시청률을 기록하며
많은 시청자들의 흥미를 끌고 있다.

상하이의 대표적인 TV 채널인 동방 위성TV(東方衛視)나
상하이싱상(上海星尙)에서도 맞선 프로그램을 방영한 적이
있다. 흥미로운 점은 결혼 당사자뿐만 아니라 부모님도 함께
출연한다는 것이다. 중국 전통 사회에서 결혼이라는 것은 집안과
집안의 만남으로 인식이 되었는데, 당사자의 의견보다는 부모의
의견이 더 중요할 수밖에 없었다. 그렇기 때문에 몇몇 맞선 TV
프로그램은 중국에서 몇천 년 동안 지속되어 온 중국 전통의
방식을 적용하여 맞선 프로그램을 기획한 것이다.

특히 상하이에서 인기 있는 프로그램인 '중국식 맞선'은
당사자인 자녀는 도리어 무대 뒤에서 관중처럼 지켜보고 있을
뿐, 부모가 스튜디오 무대에 나와 자녀의 배우자감과 교류하며
진행하는 방식이다. 부모와 자식 간에 결혼에 대한 의견을
진솔하게 교환하며 세대 간 교류를 높여 소통을 하겠다는 취지로

마련된 프로그램이라고 할 수 있겠다. 그런가 하면 제목부터
심상치 않은 '장모님의 사위 찾기'라는 프로그램은 결혼적령기의
딸을 둔 어머니가 출연하여 딸의 평생 반려자가 되었으면
하는 사윗감을 고르는 방식이다. 결혼 당사자가 뽑는 게 아닌,
장모님이 사위를 뽑는다는 이 프로그램의 콘셉트는 참으로
독특해 보였다. 우리로서는 짝을 찾는데 부모님과 함께 TV 맞선
프로그램에 참여한다는 것이 좀 어색해 보이기도 하지만, 좋게
해석한다면 결혼에 대한 애절함과 진정성이 엿보인다고도 할 수
있겠다. 최종적으로 이 프로그램에서 맺어진 커플들이 결혼을
했는지의 여부는 알 수 없다. 그러나 부모들이 TV 출연까지
해가며 자녀의 배우자감 물색에 열심인 것은 명백한 사실인
것이다.

　이러한 부모들의 노력을 보고 누군가는 극성맞다고 생각할
수도 있겠고, 또 다른 누군가는 자녀의 일에 굉장히 열정적이라고
생각할 수도 있겠다. 어쨌든 그들은 사회적인 핫이슈 중의
하나이자 자녀들의 문제인 결혼에 굉장히 관심이 많으며,
적극적으로 동참하여 이러한 결혼문제를 해결하기 위해 노력하고
있다. 어쩌면 애지중지하는 자녀들의 배우자를 찾는 일이니
그들이 두 팔 걷고 나서는 건 너무나 당연한 일일지도 모르겠다.

　그러나 이러한 중국 사회와 부모님들의 노력을 비웃듯, 중국
젊은이들은 버젓이 솔로들의 날, '광군제(光棍節, Single's Day)'를
만들어 기념하고 있다. 싱글을 뜻하는 숫자 1이 연달아 네 개나

들어간 11월 11일이 바로 그 날이다. 이날은 본래 난징대학교의 학생들이 솔로들끼리 모여 기념하자고 생각해낸 문화에서 유래되었다고 한다. 시간이 흐르며 학교 캠퍼스에서 점차 사회로 전파되었고, 인터넷을 통해 중국 전역으로 확산하면서 지금의 솔로들의 날이 되었다는 의견이 지배적이다. 어쨌든 이날은 중국의 전통적인 명절도 아니거니와, 서양에서 중국으로 전해진 기념일도 더더욱 아니다. 오직 중국 젊은이들이 스스로 만들어내고, 젊은이들 사이에서 생겨나기 시작한 날인 것이다. 어떻게 보면 이날은 중국의 솔로들이 서로 교류하는 문화, 스트레스를 해소하는 플랫폼과 같은 역할을 한 다고도 볼 수 있겠다.

좀 쌩뚱맞긴 하지만, '광군제' 때 가장 바쁜 사람은 누구일까? 의아하게도 정답의 주인공은 택배기사들이다. 몇 년 전부터는 '광군제'에 상업적인 요소도 가미되었는데, 중국 최대 전자상거래 업체인 알리바바는 솔로들의 외로움을 쇼핑으로 달래거나, 소비를 하면 스트레스가 풀린다는 발상에서 마케팅을 하여 이 기념일에 합세하였다. 그리하여 솔로들을 위해 대규모 할인행사를 진행한다고 하여 점차 '솔로들의 날'에 '쇼핑의 날'이라는 의미도 더해진 것이다. 이 마케팅은 성공을 거두어 거래액은 해마다 증가하여 신기록을 기록하고 있다. 2021년에는 광군제 행사로 매출액이 무려 99.9조원을 넘어섰다고 한다. 이 밖에도 자유와 행복을 추구하는 싱글족들은 중국의 새로운 소비

세력으로 부상하고 있다.

"왔다 갈 한 번의 인생아, 연애는 필수 결혼은 선택. 가슴이 뛰는 대로 하면 돼"

유명한 노래 가사의 일부이다. 이 가사에 나오듯, 결혼은 더 이상 필수가 아닌 선택인 시대가 되었다. 젊은이들은 자유를 추구하며, 스스로 싱글임을 당당히 드러내고 이것을 하나의 놀이 문화로 만들 정도로 가치관이 변화한 것이다. 물론 결혼 적령기의 자녀를 둔 부모들의 조급한 마음과 근심 걱정도 이해가 안 가는 것은 아니다. 그리고 런민공원의 맞선 문화처럼 자녀보다 긴 세월을 살아온 부모가 사람을 보는 안목이 훨씬 뛰어날지도 모르겠다. 그리고 부모들이 중시하는 직업, 연봉, 차와 집의 유무와 같은 물질적인 조건이 삶과 일상생활에 있어 빼놓을 수 없는 중요한 요소이기도 하다.

그러나 더욱 중요한 것은 당사자의 선택, 그리고 다양성이 존중되는 사회이지 않을까 싶다. 결혼 생활이 맞는 사람이 있는가 하면, 혼자인 게 편한 사람도 존재하기 때문이다. 또한 자녀에게 적합한 사람은 자녀만이 알 수 있을 것이다. 인생을 살다 보면 물질적인 조건보다는 상대방의 가치관, 인생관이 더욱 중요할 수도 있다. 결국 결혼이라는 최종적인 결정권은 자녀에게 있는 것이다.

매주 런민공원 맞선 행사를 찾는 어르신들의 궁극적인 목적은 자녀의 결혼이겠지만, 바깥에 나와 친구도 사귀고

이야기도 나누고 교류를 하는 일종의 사교의 장 역할도 하지
않고 있나 생각해 본다. 어떻게 보면 광군제가 젊은이들을
중심으로 한 문화이듯, 공원에서 벌어지는 맞선 행사 역시
일종의 어른들의 문화, 걱정을 해소할 수 있는 어른들의 소통의
창구이자 플랫폼이지 않을까 싶다. 그리고 부모와 자녀들은 각자
오프라인과 온라인이라는, 서로 상반된 세계에서 제 역할을
톡톡히 하고 있다. 이것은 시대가 급변한 중국의 사회, 특히
상하이의 사회를 반영한 모습이라고 할 수 있겠다.

# 캠퍼스와 대학생들

　무더운 더위가 한 풀 꺾이는 9월로 접어들 때면, 중국의
새 학년이 시작된다. 3월에 새 학년을 맞이하는 한국과 달리,
중국에서는 9월부터 새 학년이 시작되는 것이다. 가을학기가
시작되기 직전, 중국 대학교 안에는 조금 특별한 풍경이
펼쳐진다. 책가방을 멘 학생들은 온데간데없고, 얼룩무늬
군복을 입은 학생들이 학교를 가득 메우기 때문이다. 군복을
입은 학생들은 교실이 아닌 운동장으로 향한다. 그리고는
'쥔쉰(軍訓)'이라고 부르는 군사훈련에 참여한다. 중국식
오리엔테이션이라고나 할까? 학교마다 조금씩 차이가 있긴
하지만, 입학하기 약 2주 전부터 실시되는 게 보통이다. 중국의
대학교뿐만 아니라 중학교와 고등학교에서도 입학을 앞둔
신입생들에게 실시되곤 한다.

　군사훈련 역사가 언제부터 시작되었는지를 살펴보면,
하상(夏商)시대까지 거슬러 올라간다. 이때부터 학생들에게
군사훈련을 실시했다는 기록이 남아있다. 제후들 간에 전쟁이
끊이지 않던 그 당시에는 활을 쏘거나, 말을 타는 등 전쟁에
대비하기 위한 훈련이 주된 내용이었다. 그러나 오늘날에는 중국

젊은이들의 나라 사랑과 국방 관념 강화, 결속력 제고, 그리고 나 자신과의 싸움에 뜻이 있다고 한다.

이런저런 궁금한 마음에 중국 학생들에게 군사훈련에서 뭘 배우냐고 물어보았다. 군사사상이나 야영 훈련을 비롯해 몇 가지 기본적인 동작을 배워 반복하고, 열을 맞추어 몇 시간을 서 있기도 한단다. 학생들 모두 군복을 착용하고, 군에서 파견 나온 교관들이 직접 훈련을 시키는 등 제법 그럴듯한 모습을 갖춘 모양이다. 8월 중순의 뜨거운 뙤약볕에서 훈련을 받다 보니 더위를 먹어 쓰러지는 학생도 더러 있다고 한다. 조금 안쓰러운 마음이 들기도 하지만, 한편으로는 이런 고된 훈련을 통해 얻어지는 것 역시 적지 않을 거란 생각도 든다. 이러한 경험은 분명 새로운 환경에 적응하는 데 있어, 더 나아가 인생을 살아가는 데 있어 단단한 밑거름이 되어줄 것이기 때문이다. 2주 동안의 고된 훈련을 마친 새내기들은 까무잡잡한 피부에서부터 티가 난다. 그리고 좀처럼 가시지 않은 군사훈련의 여파로 군기가 바짝 든 채 학교생활을 시작한다. 어색할 틈도 없이 힘든 시간을 함께 이겨내며 급속도로 친해진 전우(?)들과 함께 말이다.

개강을 하면 캠퍼스 안은 온통 학생들로 북적거린다. 중국 대학의 수업 시간은 보통 오전 8시부터 시작되고, 가장 늦은 수업은 저녁 8~9시 무렵에서야 끝난다. 아침 일찍부터 저녁 늦게까지 수업을 할 수 있는 이유는 학생들 대부분이 기숙사 생활을 하고 있기 때문이다. 땅덩어리가 넓은 중국에서는 학생들의 집이 학교와 거리가 먼 경우가 많기 때문에, 대학교는 물론 중·고등학교 때부터 기숙사 생활을 하는 학생들이 적지 않다.

일찍 자고 일찍 일어나는 습관은 중국인들의 보편적인 습관 중 하나다. 이러한 습관은 학교에서도 예외가 아니다. 대부분의 중국 학생들은 아침부터 일찍부터 일어나 아침 식사를 꼭 챙겨 먹는다.

가끔 아침 일찍 밖으로 나서면 어김없이 보이는 풍경이 있다. 학교의 작은 공원이나 숙소 베란다 같이 한적한 곳에서 영어 혹은 다른 외국어 읽기에 열중하고 있는 중국 학생들의 모습이다. 처음에는 이 모습이 낯설기만 했다. 그러나 학생들은 누가 지나가든 말든, 누가 듣든 말든 조금도 신경 쓰지 않고 오히려 크게 소리를 내가며 연습하기 바빴다. 가만 보면, 중국 친구들의 외국어 회화 실력은 상당히 수준급인데 조독(早讀)이라고 하는 '아침 읽기'가 그 비법 중 하나가 아닐까 싶다. 참고로 중국의 초·중·고등학교에서는 아침 수업 시작 전, 반 전체 학생이 한목소리로 영어문장을 읽곤 한다. 이러한 경험들이 축적되어 습관이 된 것인지, 몇몇 학생들은 대학에 진학해서도 자발적으로 연습을 거듭하는 것이다.

참, 먹는 걸 중시하는 중국의 학교 식당은 어떨까? 중국의 학교 식당은 아침에도 문을 연다. 아침 식사 메뉴는 죽이나 빵, 빠오즈(包子), 요우티아오(油條)와 같은 간단한 음식들이다. 길거리에서 파는 아침과 별반 다르지 않다. 점심과 저녁에는

상하이 학교 식당의 모습

그날의 메뉴가 정해져 있는 한국의 학교 식당과는 달리,
중국 학교 식당에서는 음식을 골라 먹을 수 있다. 이게 무슨
말인가 하면, 식당 안에는 은행 마냥 여러 개의 창구가
있고 각 창구에서는 10가지에서 많게는 20여 가지의 음식을
준비해놓는데, 창구 앞 식당 직원에게 먹고 싶은 음식을 말하면
담아주는 식이다. 처음 이 광경을 보았을 때 매번 준비된 수많은
가짓수의 요리에 어찌나 입이 벌어지던지. '역시 음식의 나라
중국답구나'라는 생각이 절로 들게 만든다. 한 끼 식사 가격은
반찬 가짓수에 따라, 또 고기반찬, 채소 반찬에 따라 다르다.
반찬 세 가지 정도 먹으면 보통 10위안 정도의 가격이 나온다.

## 학교에 세워진 마오쩌둥 동상

  식당을 나와 학교 내부를 둘러보자. 중국 대학교를
둘러보다 보면 적지 않은 학교 안에 중국의 옛 지도자였던
마오쩌둥(毛澤東)의 동상이 세워져 있는 것을 발견할 수 있다.
베이징의 톈안먼(天安門) 광장에도 마오쩌둥의 초상화가
걸려있다. 그러나 학교에까지 세워져 있는 그의 동상을 보고
의아해하시는 분들도 더러 계실 것이다. 내가 다니던 학교에도
정문에 들어서자마자 마오쩌둥의 동상이 우뚝 서 있었다. 처음에
갓 입학했을 때에는 막연히 '마오쩌둥과 우리 학교가 무슨 관련이
있나보다'고 생각했었다. 그런데 알고 보니 동상은 이 학교에만

중국의 많은 대학에 세워져 있는
마오쩌둥 동상

세워져 있는 게 아니었다. 나중에 다른 학교에 방문했을 때에도
마오쩌둥 동상이 세워져 있던 것을 볼 수 있었기 때문이다.

　나중에 알게 된 것이지만, 마오쩌둥 동상이 세워진 이유는
특정 대학교와 마오쩌둥이 특별한 인연이 있어서가 아닌,
문화대혁명 시기와 관련이 있는 것이란다. 1966년부터
1976년까지, 10년 동안 전개된 문화대혁명은 권력에 위기를
느낀 마오쩌둥이 일으킨 사회주의 운동이었다. 그는 '4구(四舊:

구사상, 구문화, 구풍속, 구습관) 타파'를 외치며, 청소년들이
이에 앞장서야 된다고 주장했다. 그의 말을 들은 청소년들은
격앙되었고, 머지않아 중국 전역의 학교에는 마오쩌둥을
지지하는 학생들로 구성된 홍위병 조직이 결성되었다. 그러나
이들은 마오쩌둥를 향한 개인 숭배에 지나치게 빠진 나머지,
잘못된 판단을 그대로 받아들여 학교 선생님을 비롯한
지식인에게 비판과 학대를 서슴지 않았다. 감히 상상도 못할
끔찍한 일들이 50여 년 전 중국의 학교에서 일어났던 것이다.

  이러한 배경 아래, 칭화(淸華)대학교의 홍위병들은 마오쩌둥에
대한 충성심을 나타낸다는 뜻에서 마오쩌둥 동상을 세웠다.
이 소식이 신문에 실리자, 이에 자극을 받은 전국 여러 대학의
홍위병들은 너도나도 동상 세우기 열풍에 돌입했다. 여러
대학교정에 있는 마오쩌둥 동상은 바로 이러한 배경으로
세워지기 시작한 것이다. 당시 유행했던 동상 건설은 마오쩌둥에
대한 일종의 충성심의 표현과도 같았던 셈이다.

  문화대혁명 기간 동안 과연 몇 개의 대학교에 마오쩌둥
동상이 세워졌는지에 대한 기록이나 통계는 남아있지 않다.
비록 문화대혁명 초기에 활동했던 홍위병은 1년 남짓하여
해체되었지만, 이 짧은 기간 동안 적어도 몇십 개의 학교에서
동상을 세웠을 거라는 추측만 있을 뿐이다. 희한하게도 중국
전역에 흩어져 있는 이 동상은 높이 7.1m, 밑받침 5.16m으로
대체로 크기가 같다고 한다. 높이와 밑받침은 각각 중국 공산당이

탄생한 날짜인 7월 1일과 문화대혁명의 기점이 되었던 문건 '5.16통지'를 상징한다고 한다. 이뿐만이 아니다. 이 두 숫자를 합치면 12.26이라는 결과가 나오는데, 공교롭게도 12월 26일은 마오쩌둥이 태어난 날이다. 당시 홍위병들은 징그러울 만큼 세세하게도 동상의 높이에까지 정치적인 의미를 부여했던 것이다.

수많은 이들에게 피해를 입힌 '중국 10년의 동란' 문화대혁명은 1976년 마오쩌둥이 세상을 떠나고, 4인방(四人幇: 왕홍문, 장춘교, 강청, 요문원)이 숙청되고 나서야 막을 내렸다. 오늘날 마오쩌둥에 대한 평가는 여러 논란이 있고 엇갈리기까지 한다. 그러나 비록 마오쩌둥에게는 실패로 끝난 대약진운동과 문화대혁명이라는 과오가 있긴 하지만, 그의 공로를 잊어서는 안 된다는 게 중국의 공식적인 평가다. 과오가 30퍼센트라면, 공로는 70퍼센트라는 것이다. 개혁개방 이후, 간혹 몇몇 학교에서는 동상을 철거하자는 목소리가 높아지며 철거한 학교도 있다. 그중에서도 베이징의 칭화대학교는 동상을 가장 먼저 세웠지만, 또 가장 먼저 철거한 학교이기도 하다. 반면 이런저런 반대에 부딪혀 철거하지 않은 학교들도 꽤 여럿이다. 이처럼 마오쩌둥 동상의 건설과 철거를 통해 중국 근현대사의 중요한 인물인 마오쩌둥에 대한 평가가 시대의 흐름에 따라 어떠한 미묘한 변화를 거치게 되었는지를 엿볼 수 있다.

## 교육에 대한 애정이 담긴 이푸로우 건물

다시 학교 건물 이야기로 돌아오자. 중국의 전역에 있는
학교에는 마오쩌둥 동상보다 훨씬 더 많이 세워져 있는 것이
있다. 바로 이푸로우(逸夫樓)라는 건물이다. 학교에 따라
도서관이나 강의실, 또는 과학기술 건물로 사용되고 있다. 아마
중국의 거의 모든 학교에 이푸로우 건물이 세워져 있다고 해도
과언이 아닐 테다. 이푸로우는 쇼브라더스 영화사 및 TVB의
창립자이자 홍콩 영화계의 대왕이라고 불리는 샤오이푸(邵逸夫)가
세운 건물이다.

그럼 샤오이푸는 도대체 왜, 무슨 이유로 여러 학교에
건물을 세운 것일까? 우선 그의 소개부터 하자면, 그는 저장성
닝보(浙江省寧波)에서 태어나 상하이에서 자랐고, 1950년 말
홍콩으로 건너가 줄곧 영화사업에 매진했던 사람이다. 홍콩
영화산업이 크게 발달한 덕분에 많은 부를 축적하여 홍콩 부호로
꼽히기도 했다. 그는 평소 교육에 각별한 애정을 갖고 있었는데,
줄곧 '국가의 진흥을 위해서는 인재를 양성해야 하고, 인재를
양성하기 위해서는 교육이 필요하다'고 생각해 왔다. 그의 이러한
생각은 1985년부터 대륙 땅 중국의 교육사업에 대한 투자로
이어졌다. 그는 학생들이 좋은 환경에서 공부할 수 있도록 자금을
기부하여 학교를 설립하거나 교육 건축 시설에 투자했던 것이다.
그리고 건물에 자신의 이름인 '이푸'를 따서 '이푸로우'라고 이름

이푸로우 건물

붙였다. 중국 친구들의 말을 들어보니, 놀랍게도 대학교뿐만
아니라 자신이 다녔던 초·중·고등학교에도 대부분 이푸로우라는
건물이 있었다고 한다. 어느 신문 기사에 따르면, 그가 평생에
걸쳐 중국에 세운 이푸로우 건물은 모두 4-5천여 동이나 되며,
교육을 위해 기부한 액수만 하더라도 47억 홍콩달러에 달한다고
한다. 그가 교육에 대해 얼마나 많은 관심과 열정을 갖고 있었던
것인지 느끼게 해준다.

　　과거 서구 열강의 침탈을 받은 역사를 겪은 탓에 중국
지식인들은 줄곧 교육의 힘을 중시해왔다. 나라가 부강해지기
위해서는 미래를 책임지게 될 학생들이 제대로 된 교육을 받는

것이 꼭 필요하다는 게 그들의 생각이었다. 그래서 가만 보면 중국에는 성공한 사회 인사들이 교육에 아낌없이 투자하는 경우가 적지 않다. 그중에서도 위에서 언급하였던 샤오이푸의 '이푸로우' 건물이 대표적인 사례다. 중국 학생들 역시 샤오이푸와 같이 자신들의 교육에 관심을 갖고 지원을 아끼지 않는 누군가가 있다는 사실을 마음속 깊이 기억하며 든든해 할 것이다. 겉보기에는 너무나도 평범해 보이는 학교 건물이지만, 건물에는 학생들을 위한 중국 사회 인사들의 관심과 사랑이 담겨있는 셈이다.

## 학교의 역사박물관

중국의 여러 대학교에는 교사관(校史館)이라 불리는 학교 역사박물관이 마련되어 있다. 학교의 설립과정과 발전의 역사, 그리고 학교를 빛낸 졸업생과 세계적인 무대에서 학교가 이루어낸 성과에 관한 자료들이 아주 꼼꼼하게 전시되어 있다. 학교에 갓 입학한 신입생들이나 재학생들은 학교 역사관을 참관하며 학교의 역사에 대해 알 수 있게 된다. 또한 학교의 전통과 오랜 역사를 거치며 이어져 내려온 학교의 정신에 대해서도 배울 수 있는 계기가 되기도 한다. 학교에 대한 이해는 물론 자부심과 애교심(愛校心) 역시 갖게 되는 것이다.

캠퍼스를 둘러보다 보면 구석구석 어딜 가나 자전거가 눈에 뜨인다. 캠퍼스가 넓기 때문에 학생들이 주로 자전거를 타고 다닌다. 수업 시간 전이면 학교 도로는 교실을 향해 힘차게 페달을 밟는 학생들로 가득 찬다. 재미있게도 수업 종이 울리면 복잡했던 도로는 일순간 한산해진다. 마치 떠들썩했던 연극이 막을 내린 뒤, 썰렁해진 무대를 바라보는 것만 같다. 간혹 지각생들이 빠른 속도로 자전거를 급하게 내몰며 달려가곤 한다. 수업이 시작되면 교실 건물 앞에는 수백 대의 자전거가 세워지며 자전거 주차장으로 변한다.

학교 안에서 마주치는 학생들의 옷차림은 상당히 수수하다. 대학생이 되면서 예쁘게 치장하고 싶을 법도 한데, 대부분의 학생들이 꾸미지 않은 맨얼굴이다. 일반적으로 학생들의 생활은 학교 - 도서관 - 기숙사 이런 식이다. 많은 학생들이 시험 기간뿐만 아니라 평소에도 공부를 게을리 하지 않는다. 또 저녁에는 초등학생들의 숙제를 돌봐주거나, 중·고등학생들에게 과외를 해주며 틈틈이 아르바이트를 하는 학생들도 적지 않다.

중국에서 생활하면서 술에 취한 중국 학생들을 본 기억은 손가락 안에 꼽힐 정도로 적었다. 중국 친구들에게 어떻게 스트레스를 푸는지 물어보았더니 동아리를 비롯한 학교 활동에 참여하거나 체육관에 가서 배드민턴, 탁구를 치며 운동을 한다고 한다. 일탈이라고 해봤자 기껏해야 친구 몇 명이 함께 노래방을 찾아 열창하는 정도다. 물론 각 나라별로 대학 생활을 즐기는 방법이 각양각색이긴 하지만, 글쎄, 내가 보기에 중국 학생들의

학교 안에 세워져 있는 공유자전거

캠퍼스 생활은 조금은 단조롭고 무미건조하지 않나 싶다.

중국 학생들이 이토록 열심히 공부하는 이유로는 학교의
면학 분위기도 물론이지만, 치열한 경쟁도 꼽을 수 있겠다.
중국에서는 매년 6월에 수능시험인 '가오카오(高考)'를 본다.
인구 대국인 중국에서 가오카오에 참가하는 학생들만 해도 매년
천만 명을 오갈 정도로 많다. 서울 인구수만큼의 수험생들이
매년 수능시험에 참가하는 것이다. 많은 지원자로 인해 대학진학
경쟁률이 치열해지는 것은 당연한 일이다. 그래서 명문대에
진학한 학생들은 그야말로 지역에서 손꼽힐 정도로 우수한

학생들이라고 할 수 있다. 게다가 현재 학생들은 대부분이 한 자녀 정책 시행 시기에 태어난 외동들이지 않은가. 본래 자녀들의 학업에 많은 관심을 기울이는 중국의 학부모들인데, 하물며 집안에서 하나밖에 없는 자식에 대한 부모들의 관심과 기대가 높을 수밖에 없는 것이다. 학생들은 이러한 관심과 기대를 받으며 훗날 좋은 학교에 가기 위해, 또 사회에 나가 좋은 직장을 얻기 위해 열심히 공부한다.

중국의 좁은 입시문뿐만 아니라, 좁은 취업문 역시 우리와 별반 다르지 않다. 최근 들어 중국에서도 직장 잡기가 쉽지 않기 때문에 졸업하기 전부터 인턴을 하거나 취업 준비를 하는 학생들이 꽤 많다. 졸업 학기가 되면 많은 학생들이 졸업 준비와 동시에 취업 준비를 하는 것이다. 날씨가 더워지는 6월 말이면 각각 대학교에서 졸업식이 한창 열린다. 어떤 학생들은 대도시에 취직하여 남는 경우도 있고, 고향으로 돌아가는 경우도 있다. 중국은 땅덩어리가 광활하기 때문에 졸업 후에는 몇 년 동안을 동고동락했던 친구들을 언제 만나게 될지 모른다. 대학 생활 동안 또 한 차례 성장한 중국 젊은이들은 아쉬운 작별의 인사를 뒤로 하고 사회로 나갈 준비를 한다.

# 화려한 상하이의
# 어두운 농민공

얼마 전, 친구 하나가 상하이에 몇 년간 파견 근무를 가게
되었다며 이것저것 물어왔다. 상하이의 날씨부터 시작해서
상하이의 음식, 생활, 그리고 물가는 어떤지.

"음, 상하이 물가는 서울과 비슷한데, 요즘은 상하이가 더 비싼
것 같기도 해."

이런 저런 얘기를 해주다가 물가 이야기가 나오니 친구가 깜짝
놀란다. 정말이지 '중국 물가는 저렴할 거야'라고 생각하는 많은
이들의 예상을 뒤엎고 요즘 중국, 특히 베이징이나 상하이 같은
대도시의 물가는 가파르게 상승중이다.

물론 한국보다 저렴한 것도 많다. 예를 들면, 시내버스는
보통 2위안 밖에 안하고, 채소나 과일값도 한국에 비하면
무척 저렴하다. 특히 중국에서 맛볼 수 있는 과일은 종류도
다양할뿐더러 가격도 훨씬 저렴해 과일 잔치를 벌일 수 있다.
나는 무덥고 습한 상하이의 여름을 좋아하지는 않지만, 달콤한
열대과일이 나오기 때문에 은근히 여름이 기다려지기도 한다.
만약 여름에 상하이에 오신다면 중국 서부지역에서 생산되는
하미과(哈密瓜)나 신장(新疆)포도, 그리고 양귀비가 즐겨 먹었다던

리즈(荔枝), 이밖에 롱옌(龍眼), 훠롱궈(火龍果) 등을 꼭 한번 맛보시길 바란다. 저렴한 가격에 신선하고 맛좋은 과일을 먹을 수 있다.

그런가 하면 상하이에는 한국보다 비싼 것도 수두룩하다. 영화나 공연을 포함한 문화생활비나, 시 중심가에 나가서 먹는 외식비도 결코 만만치 않다. 물론 공동구매나 쿠폰을 사용하여 저렴하게 구매하는 방법도 있긴 하다. 그러나 상하이의 웬만한 영화관에 붙어 있는 영화표 가격은 60위안에서 120위안을 훌쩍 넘기는 경우가 다반사다. 또한 동네 골목길의 자그마한 음식점에서는 10위안 정도에 볶음밥이라든가 면 한 그릇 정도는 먹을 수 있다. 한 끼에 겨우 몇 위안이면 식사를 해결할 수 있는 것이다. 하지만 번화가에 있는 깔끔한 음식점에서는 요리 하나에 50위안을 넘기는 경우도 적지 않다. 문화 생활비나 외식비 이외에도 명품, 사치품의 가격이 다른 나라에 비해 비싼 편이다. 나 역시 오랜 시간 상하이에서 생활하면서 점점 높아지는 물가를 몸소 체감했다.

이처럼 물가가 고공행진을 할수록, 상하이의 빈부격차는 갈수록 심해지고 있다. 언젠가 텔레비전을 보다 지상최대의 낙원이라 불리는 미국 라스베이거스의 지하 빈민에 관한 뉴스 보도를 접한 적이 있다. 상상할 수 없을 정도로 커다란 액수가 오고 가는 카지노가 즐비한 곳, 그러나 이곳 바로 밑에 위치한 지하 배수구에서는 처참한 생활고에 시달리는 빈민들이 있었다.

**빈부격차를 보여주는 모습**
고층 아파트와 허물어진 낡은 집

땅을 한가운데 두고 벌어진 지상과 지하의 빈부격차가 어찌나 충격적이던지. 그런데 나는 상하이에서도 이와 비슷한 충격을 고스란히 느끼고 있다. 상하이라는 도시 안에서의 빈부격차 역시 엄청나기 때문이다.

중국의 백만장자는 이미 100만 명을 넘어선지 오래다. 게다가 이는 세계에서 가장 많은 숫자라고 한다. 인구수가 세계에서 가장 많은 중국에서 백만장자가 많은 것은 비율적으로 보면 당연한 일일지도 모르겠다. 그러나 더욱 무서운 사실은 해마다 그 수가 급격히 불어나고 있으며, 나이대도 점차 젊어지고 있다는 점이다.

그중에서도 베이징이나 상하이를 비롯한 연해 대도시는 수많은
중국 갑부들이 살고 있는 곳이다. 그들은 최고급 수입 자재로
도배된 초호화 아파트에 살고, 고가 외제차를 몰며, 명품쇼핑을
즐긴다. 소비를 할 때도 품질만 좋으면 가격이 얼마든 상관없다는
식의 생각을 갖고 있으며, 세계 최고를 고집하는 게 이들의 소비
습관이기도 하다. 그들에게 있어 도시는 모든 것을 손쉽고 빠르게
향유할 수 있는 편리한 곳이다.

　　그러나 누군가는 이런 호화로운 생활을 누리며 살지만, 또
다른 누군가는 전혀 다른 삶을 살기도 한다. 상하이에서 외제차가
많이 보이는 것 만큼이나 길거리에 앉아 지나가는 행인들에게
돈을 구걸하는 이들도 적지 않기 때문이다. 허름한 옛 단층집과
말끔하고 호화스러운 고층 아파트가 서로 마주 본 채 서 있는
모습 역시 상하이에서 심심찮게 볼 수 있는 풍경이다. 이처럼
한 도시 안에서 극과 극의 모습을 보게 되니, 빈부격차의 체감
온도가 더욱 높게만 느껴진다.


중국 특색의 사회주의


　　물론 자본주의 국가라면 어느 나라든지 빈부격차가 있기
마련이다. 그러나 중국은 사회주의 국가가 아닌가. 평등을
기초로 하는 사회주의 국가에서 빈부격차가 있다는 사실은
선뜻 이해가 가지 않기도 한다. 그렇다면 중국에 빈부격차가

중국의 개혁개방을 연
덩샤오핑

있는 이유는 무엇일까? 그리고 언제부터 빈부격차가 벌어지기
시작했을까? 이 질문에 대답하자면, 중국은 정치적으로는
사회주의지만, 경제적으로는 자본주의를 표방하고 있는 나라이기
때문이다. 덧붙여 말하자면, 중국의 정치는 사회주의 시스템과
자본주의 시스템을 혼합한 형태이며, 중국의 당이 시장경제에
막강한 영향력을 행사하고 있는 구조이다. 자본주의를 품은
사회주의 국가라고나 할까? 중국에서는 이를 두고 중국 특색의
사회주의라고 한다.

  중화인민공화국 수립 후, 중국은 사회주의 경제체제에
들어섰다. 그러나 여러 부작용을 낳으며 결국 실패로 끝났다.
1978년 덩샤오핑이 집권하면서 사회주의 시장경제 체제로 바뀌게
된다. 특히 지도자 덩샤오핑(鄧小平)은 '흑묘백묘론(黑猫白描論,

검은 고양이든 흰 고양이든 쥐만 잘 잡으면 된다)'과 '선부론(先富論, 누구든지 부유해질 수 있는 사람부터 먼저 부유해지라)'을 주장했다. 즉, 자본주의든 공산주의든 상관없이 국민들만 잘 살면 된다는 것이다. 실제로 개혁개방이 실시된 후, 이 정책 덕분에 일부 중국인들은 막대한 부를 거머쥘 수 있었다. 그리고 경제발전에 주안을 둔 덕분에 중국은 눈부신 경제성장을 이룰 수 있게 되었다. 결과적으로 오늘의 중국은 세계 경제 강국으로 급부상했으니, 과연 개혁개방을 주장한 덩샤오핑은 앞날을 내다볼 줄 아는 혜안을 갖고 있던 게 분명하다.

## 도시로 나온 농촌의 노동자들, 농민공

그렇지만 어떤 것이든 양면성이 있기 마련이다. 경제발전이라는 화려한 이면에는 빈부격차를 포함한 여러 가지 커다란 사회적 문제점을 초래한 것이다. 그리고 이로 인해 벌어진 지역 간의 빈부격차는 오늘날 중국이 당면한 가장 심각한 문제로 손꼽히고 있다. 지역 간의 차이는 도시 농민공이라는 또 다른 문제를 낳았다. 농사일만을 가지고는 큰돈을 벌 수 없었던 서부 농촌지역의 농민들은 경제가 발달하고 일자리가 집중된 동부 연안 도시로 몰려들었다. 더 많은 돈을 벌기 위해 기꺼이 고향을 등지고 도시로 나온 농촌 출신 노동자들은 자연스레 '도시의 농민공(農民工)'이 된 것이다.

통계에 따르면, 중국 전체 농민공은 약 2억 9천만 명에
달한다고 한다. 이는 중국 총인구 중 20%에 해당하는 어마어마한
숫자다. 농민공은 내가 살고 있는 상하이에서도 심심찮게 마주칠
수 있다. 이들은 청소부나 가정부, 식당 종업원 일을 하거나
공사장, 건축 현장에서 노동일을 하는 등, 체력을 필요로 하는
힘들고 위험한 일들을 도맡으며 생계를 유지해나가고 있다.

평소에 오며 가며 매일같이 마주치게 되는 농민공이지만,
이들에 대해 알고 있는 사실은 뉴스나 신문에서 접하는 게
전부였다. 그러다 이사를 하게 됐을 때, 농민공 아저씨와
이야기를 나눌 기회가 생겼다. 간혹 길거리를 걷다 보면 한
귀퉁이에 '일 구합니다'라고 써진 팻말을 들고 앉아있는 사람들이
있는데, 이 농민공 아저씨들을 처음 본 것 역시 이곳에서였다.
혹시나 이삿짐을 옮기는 일도 하는지 물었다. 아저씨는 이사일은
물론 수도나 전기수리, 공사일도 한다고 했다.

다음 날, 두 분의 도움으로 이삿짐을 나를 수 있었다. 두 분이
사투리로 이야기를 하길래 어느 지역 사람인지 물어보았더니
쓰촨(四川)사람이라고 했다. 상하이에 온 지는 7년이 다 되어
간다고 한다. 더 이야기를 나누어보니, 두 아저씨는 동향
사람으로 가족을 고향에 남겨둔 채 상하이에 온 것이었다.
상하이에서 일하며 벌 수 있는 돈이 더 많기 때문에 가족을
고향에 두고 돈 벌러 나왔고 했다.

중국의 적지 않은 농민공 가정은 이 아저씨들처럼 함께 하지

못하고 남편은 도시에, 아내와 자식은 농촌에 떨어져 있다.
최악의 경우에는 가족 해체의 위기를 맞기도 한단다. 가족과 함께
맞이할 행복한 미래를 위해 생이별까지 해가며 오늘을 충실히
살아가는 이들에게, 현실의 대가가 너무 가혹한 것은 아닐까
싶기도 하다.

　물론 부부가 함께 도시로 올라온 경우도 있다. 낯선 타지에서
서로 의지하며 함께 돈도 벌 수 있으니 일석이조일 테다. 그러나
이들에게는 또 다른 문제가 도사리고 있는데, 다름 아닌 아이들
문제다. 도시로 올라온 농민공 중에는 값비싼 생활비 부담과 교육
문제로 아이들을 홀로 고향에 남겨둔 경우가 꽤 많다. 이처럼
부모 모두 외지로 돈을 벌기 위해 나가면서 농촌에 홀로 남겨진
아이들을 '유수아동(留守兒童)'이라고 부른다. 돌봐줄 조부모나
친척이라도 있으면 다행이련만, 그렇지 않을 경우 이들은
너무나도 어린 나이에 홀로 외로운 싸움을 해나가야 한다.

　몇 해 전, 어린 사남매가 유서를 남기고 자살한 일이
있었다. 중국에서도 가난한 지역으로 손꼽히는 구이저우성
비지에시(貴州省 畢節市)에서 일어난 일이었다. 사남매의 부모는
가족부양을 위해 돈 벌러 타지로 나간 뒤, 일 년에 겨우 한두
차례만 집에 돌아왔다고 한다. 결국 유수아동이 된 아이들은
가난과 배고픔, 외로움과 스스로 맞서야 할 처지에 놓이게
되었다. 그러나 어린 아이들이 도저히 감당하기엔 힘들었던
것인지 "죽음은 나의 오랜 꿈"이라는 유서를 남기고 생을

마감했다. 안타까운 것은 이런 비극적인 유수아동의 자살 소식이
어제오늘의 일이 아니라는 것이다. 뉴스를 보다 보면 이런 마음
아픈 유수아동의 이야기가 수두룩하다. 게다가 중국 유수아동의
숫자는 무려 6천만 명에 달한다고 한다. 유수아동은 농민공과
더불어 결코 간과해서는 안 되는 중국의 커다란 사회적 문제인
것이다.

　농민공과 그 가족들의 설움은 고향과 가족에 대한
그리움뿐만이 아니다. 농민공의 마음속 이야기는 상하이를
배경으로 한 조정래 작가의 소설 『정글만리』에 잘 묘사되어
있다. 책의 후반부에는 공사장에서 일하던 농민공이 부상을
당하며 치료비를 요구했으나, 회사 측에서 보상은 커녕 오히려
적반하장으로 조폭을 고용해 농민공을 위협한 이야기가
나온다. 결국 농민공 장완싱은 사회의 하층민인 자신의 힘이
아주 미미하다는 것을 깨닫고 억울한 마음을 억누르지 못한 채
분신자살을 하고 만다. 문학은 현실을 반영하듯, 이와 비슷한
이야기는 현실에서도 종종 볼 수 있다. 가끔 신문을 보면 '농민공
무리가 사장에게 월급을 요구했다'는 제목의 뉴스가 심심찮게
등장한다. 제날짜에 임금을 받지 못한 농민공들이 밀린 월급을
받기 위해 항의하는 것이다. 몇 년 전에는 한 농민공이 임금
체불을 폭로하며 분신자살을 하였다는 마음 아픈 소식도 있었고,
얼마 전 상하이에서는 월급을 받지 못한 농민공이 사장의 차를
몰래 팔아버리고 돈을 챙겼다는 웃지 못할 뉴스가 보도되기도

공사현장 부근의 농민공 숙소

했다. 그러나 세간에 알려지지 않은 임금 체불 사건과 억울한
일들은 분명 이보다 훨씬 더 많을 것이다.

일부 악덕 업주가 농민공의 임금을 손쉽게 빼돌릴 수 있었던
이유로는 농민공이 도시 호적(戶口, 후커우)를 가지고 있지 않다는
약점을 노렸기 때문이다. 1950년대 말부터 지금까지 시행되어
오고 있는 호적 제도는 도시와 농촌 간의 이전을 통제하기 위해
만들어진 제도다. 이 제도가 시행된 후, 중국인들은 부모의
호적을 물려받으며 농민 호적과 비(非)농민호적으로 구분되어

왔다. 그러나 정부의 허가 없이는 이 호적을 변경할 수 없다. 그렇기 때문에 농촌 호적을 가진 농민들이 도시 호적을 얻는 것이 하늘의 별 따기만큼이나 어렵다. 이러한 이유로, 대부분의 농민공은 법적으로 불법체류자인 셈이며, 이들을 보호해 줄 수 있는 법적 장치가 없기에 일부 업주들은 이점을 악용하였던 것이다.

호적에 따라 받을 수 있는 혜택도 천차만별이다. 도시에 온 농민공들은 의료보험과 사회보장, 각종 복지혜택을 누릴 수 없으며, 주택 구매에도 제한이 있다. 이 밖에도 농민공 부모와 함께 도시로 올라온 자녀(수이첸 자녀(隨遷子女)라고 한다)들 역시 교육 문제로 차별받는다. 도시에 사는 아이들이 다니는 학교에 다니려면 몇 배 이상 비싼 금액을 지불해야 하기 때문에, 농민공 자녀들은 또다시 고향으로 돌아가거나 혹은 그들을 위해 세워진 환경이 그리 좋지 못한 학교에 다닌다. 도시 호적이 없기 때문에 받게 되는 차별이다.

'사람이 많을수록 힘이 커진다(人多力量大)'라는 마오쩌둥의 말처럼, 많은 인구는 중국의 커다란 힘으로 작용하기도 한다. 그러나 가끔은 넓은 땅, 많은 인구, 다양한 민족으로 인해 유발된 갖가지 사회적인 문제를 떠안고 있는 모습이 위태로워 보일 때도 있다. 그중에서도 빈부격차 문제, 농민공 문제는 중국이 갖고 있는 어두운 모습 중 하나일 것이다.

그러나 비록 빈부격차가 낳은 농민공은 또 다른 여러 가지 사회 문제를 낳기도 했지만, 곰곰이 생각해 보면 농민공은 대도시의 발전에 있어 없어서는 안 될 존재다. 하늘을 찌를 듯한 높은 빌딩도 농민공들이 밤낮으로 위험을 무릅쓴 채 공사했기에 가능했던 것이며, 깨끗한 거리도 그들의 손을 거쳤기에 가능했던 것일 테다. 위생과 청결함, 그리고 체면을 중시하는 상하이 사람들 중 농민공들이 하고 있는 고된 일을 하려는 사람은 많지 않을 것이기 때문이다.

상하이라는 화려한 무대 뒤편의 어두컴컴한 대기실에서 바삐 움직이는 농민공들이지만, 결국 자신들의 모습은 드러내지 않는다. 만약 상하이에 농민공이 없었더라면, 상하이가 지금처럼 빠른 속도로 발전할 수 있었을까? 상하이 이외에도 베이징이나 광동, 선전과 같은 중국의 대도시 역시 그들의 힘이 있었기에 발전이 가능했던 게 아닐까 싶다. 세계적인 문명 비평가 기 소르망은 "중국의 경제 기적은 19세기 유럽처럼 농촌인구의 도시 이동이 만든 결과"라고 말한 바 있다. 여기에까지 생각이 미치니, 평소 아무 생각 없이 지나쳤던 농민공이야말로 도시의 발전에 있어 진정한 힘이며, 보이지 않는 숨은 영웅이 아닐까 하는 생각이 든다.

4

상하이를
거닐다

# 부모님을 위한 통 큰 선물,
# 위위엔

발전의 역사가 짧은 상하이에서 오랜 역사를 간직한
문화유적을 찾아보기란 여간 쉬운 일이 아니다. 천년고도였던
베이징에 비해, 상하이는 불과 200년 전만 하더라도 상업이
흥성한 어촌이었기 때문이다. 상하이에 내로라할만한 유적지가
많지 않다는 것은 어찌 보면 당연한 일일지도 모른다. 그래도
이런 상하이에서 가장 예스러운 공간을 보자면 위위엔(豫園)과
그 주변 지역을 꼽을 수 있겠다. 이곳이야말로 상하이의
번화한 중심가에서 옛 모습을 간직한 보기 드문 곳이라는 게 내
생각이다.

그렇다면 이곳은 어떻게 옛 모습을 그대로 간직할 수
있었을까? 바로 위위엔 일대에 세워져 있던 성벽 덕분이었다.
아쉽게도 지금은 성벽 대부분이 철거되고 일부만 남아있어 그
흔적을 찾기가 쉽지 않다. 그러나  역사기록을 통해 명나라 때인
1553년, 이곳에 둥그런 성벽이 세워졌다는 사실을 알 수 있다.
성벽이 세워진 이유는 왜구의 침략을 방어하기 위해서였다.
당시 이곳에는 왜구가 쳐들어와 약탈을 일삼거나 불을 질러
초토화시킨 일이 종종 있었기 때문이다. 많게는 두 달 만에 다섯

오늘날 일부만 남아있는 현성 성벽

번이나 쳐들어온 적도 있다고 하니, 언제 또다시 올지 모르는
왜구들 때문에 주민들의 불안이 이만저만이 아니었다. 왜구에
저항하기 위해 온 마을 주민들은 힘을 모아 진흙과 벽돌을 이용한
판축(版築)법으로 성벽을 쌓았다. 세 달 만에 뚝딱 만들어졌기
때문에 그리 튼튼하지는 않았을 것이다. 그러나 어김없이 또다시
쳐들어온 왜구의 눈앞에 가로막힌 성벽을 보고 맥없이 돌아갈
수밖에 없었다고 한다.

　성벽이 지어진 후, 많은 사람들은 안전을 보호받을 수 있는
성벽 안에서 생활했다. 성벽 안의 면적은 2km²로, 우리나라

옛 상하이 현성 지도
왜구 침략에 방어하기 위해 명나라 1553년에 둥그런 성벽을 세웠다.

여의도 면적(2.9km²)에 조금 못 미치는 크기였다. 면적이 넓지는
않았지만 인구가 밀집하면서 이곳은 자연스레 상하이 사람들의
삶의 터전이자 중심지가 되었다. 그리고 이들의 삶이 조금씩
쌓이며 점차 '상하이의 뿌리'가 되어갔다. 이 주변을 둘러보면
허름하고 빛바랜 건축물이 유난히 많은데, 이 일대가 세월의
흔적을 고스란히 간직한 성벽 안이었기 때문이다.

그러나 상하이가 개항된 후, 성 밖에 있던 조계 지역과 성 안의 왕래가 점차 빈번해지면서 이번에는 성벽이 양쪽을 가로막는 방해물로 작용했다. 결국 300~400년이라는 오랜 시간 동안 상하이 사람들을 보호해오던 성벽은 1912년에 철거되고 말았다. 위위엔 주변인 런민로(人民路)나 중화로(中華路)에 가보면 길 모양이 유난히 둥그런 것을 발견할 수 있다. 옛 성벽을 철거한 자리를 따라 도로를 만들었기 때문이다.

상하이 옛 성벽 안에서도 가장 오랜 역사가 있는 곳은 문묘(文廟)라는 유교사원과 성황묘(城隍廟)라는 도교사원이다. 상하이 문묘는 공자(孔子)를 기리는 곳으로 원나라 1291년에 지어졌다. 그리고 상하이 성황묘는 도시의 보호신 진유백(秦裕伯)과 곽광(霍光)을 모셔놓은 곳으로 명나라 1403~1424년에 건설되었다. 사실 상하이뿐만 아니라 중국 여러 도시 곳곳에도 성황묘가 있다. 중국인들은 일찍부터 성황이 도시를 보호해 준다고 믿어왔다. 그들에게 도교는 생활 전반에 깊숙이 자리 잡은 정신적 지주였던 것이다. 오늘날에도 가족들의 평안과 안녕을 빌기 위해 향을 피우러 이곳에 들리는 상하이 시민들의 발길이 끊이지 않는다.

위위엔의 전통시장과 음식점

성황묘가 주로 상하이 시민들이 많이 찾는 곳이라면, 위위엔은 관광객들이 많이 찾는 곳이다. 위위엔은 명나라 시대에 지어진 개인 정원이다. 이 정원을 가기 위해서는 기념품 가게가 즐비한 '위위엔 상성(豫園商城, 이하 전통시장)'을 꼭 거쳐야 한다. 이 전통시장은 청나라 동치(同治, 1862~1874년) 때 생겨나 지금까지 약 150년에 걸쳐 운영되어 오고 있다. 누각 끝이 하늘을 향해 올라간 것이 명나라 시기 건축 양식을 본 딴 이곳만의 특징이기도 하다. 낮에 이곳을 방문해도 운치 있지만, 밤이 되면 건축 위 지붕을 따라 화려한 조명을 켜놓아 멋스러움이 더해진다.(밤에 가면 위위엔 정원 내부를 관람할 수 없다)

다닥다닥 들어선 상점 안에는 주로 중국의 전통적인 물건들을 판매하고 있다. 중국 전통의상 치파오(旗袍)나 차(茶), 도장, 골동품도 있고, 옥과 진주를 비롯한 각종 장신구를 팔기도 한다. 전통의 멋을 고스란히 간직하고 있는 우리나라의 인사동과 흡사한 분위기다. 나도 귀국하기 전이면 종종 이곳에 들러 가족과 친구들에게 줄 선물을 사곤 했다.

물건을 구매할 때 주의할 점이 있다. 외국인을 비롯한 관광객들로 붐비는 곳이다 보니 바가지 씌우는 경우가 있기 때문에 가격을 꼭 깎아야 한다. 이곳에서 몇 차례 물건을 사본 경험으로 나름 터득한 흥정의 노하우가 있다. 먼저 마음에 드는 물건이 있더라도 너무 티 내지 않는 게 중요하다. 시간적인 여유가 된다면 상점 두세 곳 정도는 발품 팔며 가격을 비교해보는 게 좋다. 사고 싶은 물건이 있다면 "너무 비싸네.. 이 정도로 깎아주시면 안 될까요?"라고 물어보고(중국어를 할 줄 모른다면,

위위엔 전통상점

계산기에 원하는 가격의 숫자를 입력하면 된다) 안 된다고 하면
과감히 상점을 나오시라. 너무 터무니없이 깎지 않는 이상 주인은
몇 미터 밖까지 쫓아 나오며 "알겠어요! 그 가격으로 줄 테니
다시 들어와요!"라며 손님을 잡을 것이다. 또 한 가게에서 여러
개 많이 살수록 가격을 깎기 쉬우며, 기어코 깎아줄 수 없다고
하면 덤으로 한 두 개 더 껴서 달라고 하는 방법도 있다.

　위위엔 전통시장에는 기념품 가게뿐만 아니라 관광객들의
허기진 배를 달랠 수 있는 먹을거리도 풍성하다. 상하이

노반점(上海老飯店)이나 뤼보랑(綠波廊)과 같은 정통적인 상하이 음식 전문점도 있고, 길거리 가판대에는 튀긴 게, 딤섬, 에그 타르트 등 여러 간식거리를 팔기도 한다. 다양한 음식을 맛보며 배를 채우는 것도 이곳에서 느낄 수 있는 소소한 재미 중 하나다. 위위엔에서 가장 인기 있는 음식점은 난샹 샤오롱바오(南翔 小籠包)다. 쪄낸 만두를 파는 곳인데, 원조 가게는 상하이 외곽의 난샹에 위치해 있다. 이후 샤오롱바오를 발명한 황밍셴(黃明賢)의 먼 친척뻘 되는 우샹성(吳翔昇)이 1900년 위위엔에 지점을 낸 것이라고 한다. 샤오롱바오는 위위엔에 오면 꼭 한 번 먹어봐야 할 대표적인 간식거리로 자리 잡았다.

여러 가게를 지나 좀 더 안으로 들어오면 연못이 보인다. 연못 한편에는 엘리자베스 영국 여왕과 빌 클린턴 등 유명인사들이 방문했다는 호심정(湖心亭) 찻집이 있다. 연못 한가운데를 지나는 구불구불한 다리는 구곡교(九曲橋)라고 부른다. 모두 9번 꺾여있다고 해서 붙여진 이름이다. 다리가 일직선으로 뻗어 있으면, 사람들이 지나다니기도 쉬울 텐데 왜 구불구불 꺾여있는 걸까? 그 이유는 중국의 특색 있는 교량 건축 양식이기 때문이다. 위위엔의 구곡교 이외에도 중국에는 꺾인 다리가 적지 않다. 이 밖에도 중국 귀신인 강시는 직진밖에 할 수 없기 때문에 강시가 다리를 건너지 못하게 하기 위해서라는 등골 오싹한 설이 전해지기도 한다.

## 명나라의 개인 정원, 위위엔

구곡교를 건너면 비로소 위위엔 매표소와 커다란 정원 문이
보인다. 표를 구매하고 정원 안으로 발을 내딛는 순간, 좀 전의
시끌벅적함은 온데 간데 사라지고 고요함만이 감돈다. 그래서
이곳을 성시산림(城市山林, 도시 속의 산림)이라고 부르기도
하나보다. 위위엔 정원의 크기는 약 6,000평 정도다. 사람마다
다를 테지만, 정원 내부를 찬찬히 감상하며 둘러보려면 두세
시간은 족히 걸릴 것이다.

옛 기록에 의하면 명나라 중·후기는 강남의 문인들이 정원을
많이 짓던 시기였다고 한다. 당시 강남 지역의 경제가 번영하고,
물자가 풍요로워지면서 여러 관리들과 문인들이 부유해진
덕분이다. 문인들이 잇따라 개인정원을 짓는 게 하나의 유행처럼
번질 정도였다. 상하이와 그 주변 지역만 해도 개인 정원이 너무
많아 일일이 셀 수 없을 정도였다는데, 당시에 얼마나 많은
정원이 생겨났던 것인지 좀처럼 가늠이 되지 않는다.

위위엔 역시 이 고요한 마을에 정원 짓기 열풍이 불었을 때
지어진 정원이다. 정원 주인인 반윤단(潘允端)은 쓰촨(四川)에서
포정사(布政使, 중국 명·청 시기에 지방의 재정, 세금, 민사를
맡아보던 벼슬) 관리를 지내다 관직에서 물러나 고향인 상하이로
돌아온 사람이었다. 귀향한 그는 본격적으로 정원을 조성하기
시작했다. 채소밭이 있던 자리에 땅을 파 연못을 만들고,

아름다운 돌들을 수집했다. 또 당시 유명한 정원 설계사였던 장남양(張南陽)에게 의뢰하여 정원 설계에 공을 들였다. 그가 이토록 정성스레 정원을 가꾼 이유는 무엇이었을까? 바로 부모님을 위해서였다. 효자로 이름났던 그는 부모님이 이 정원에서 편안한 노년을 보내길 바라며 정원을 짓고자 했던 것이다. 위위엔 중 예(豫)라는 글자는 '평안하다, 즐겁다'라는 뜻이 내포되어 있다. 즉, 위위엔은 부모님을 편안하고 즐겁게 해드리는 정원이라는 의미가 담겨있는 것이다. 이런 아들의 통 큰 선물을 받은 부모님은 얼마나 행복했을까? 그러나 애석하게도 아버지 반은(潘恩)은 위위엔이 다 지어지기도 전에 세상을 떠나고 말았다. 이후에도 정원 공사는 계속되었고, 심혈을 기울여 만든 정원은 장장 18년 만에 완공된다. 부모님을 위해 지었던 정원은 결국 반윤단 자신이 노년을 보내는 정원이 되었다.

오랜 세월이 흐르는 동안, 위위엔이 고아한 정원의 역할만 했던 것은 아니다. 반윤단이 죽고 난 후 반씨 일가가 점차 몰락하면서 이 정원은 주인이 몇 차례 바뀌고, 오랜 시간 동안 관리가 소홀해지기도 했다. 아편전쟁 후, 위위엔은 영국군의 주둔지로 사용되었고, 소도회 봉기(小刀會起義, 1853~1855) 때는 소도회가 점거하여 정원 안의 점춘당(點春堂)은 지휘부로, 만화루(萬花樓)와 삼수당(三穗堂)은 각각 식량과 무기를 보관하는 창고로 전락하고 말았다. 그 이후로 태평군동정(太平軍東征, 1860) 때는 영국군과 프랑스군이 연합하여 상하이로 진군하는

위위엔의 풍경

태평군을 방어하였는데, 이때 프랑스군이 위위엔을 병영으로
사용하였다. 군인들은 원림 안에 있던 돌들을 캐내어 연못을
메우고, 그 위에 군대 막사를 지었다. 전쟁의 상처는 아름다운
정원에까지 파고들어 심각한 손상을 입혔던 것이다. 신중국 수립
이후, 대대적인 수리와 복구 작업을 거치면서 다행히 정원은 점차
아름답던 본연의 모습을 되찾을 수 있었다.

상하이와 고난의 역사를 함께 겪어온 위위엔을 거닐어본다.
위위엔 안에는 40여 채의 정자와 누각이 있고, 크고 작은 연못이
있으며, 그 위에는 다리가 놓여 있다. 이 밖에도 기이한 돌과
바위, 그리고 다채로운 수목들이 어우러져있다. 지역의 유지나
문인들의 활동 장소였던 삼수당(三穗堂), 한발 한발 내딛을수록
눈앞에 펼쳐지는 풍경이 멋지다고 하여 점입가경(漸入佳境)을 본
따 이름을 지은 회랑, 그리고 앙산당(仰山堂)이나 만화루(萬花樓)를
비롯한 멋진 건축들이 적지 않다.

내가 위위엔에서 인상 깊게 보았던 몇 가지를 소개해보려고
한다. 옛말에 "돌이 없으면 경치를 이루지 못한다(無石不成景)"라는
말이 있다. 위위엔 안에서 돌은 정원의 주인공이라고도 할 수
있는데 그 곳에 기이한 돌이 많다. 생김새도 독특해서 다른 곳에선
구경하기 어려운 돌도 여럿이다. 이 정원의 유명한 돌을 꼽으라면
대가산(大假山)과 옥영롱(玉玲瓏)을 꼽을 수 있다.

대가산은 말 그대로 '커다란 가짜 산'으로, 돌을 산 모양으로
만든 인공산이다. 위위엔 안에 있는 대가산은 높이가 12m요,

폭이 60m다. 중국에서 정원을 조성할 때 이처럼 가산을
들이는 경우가 많다고 한다. 도가적 자연관의 영향을 받았기
때문인데, 산이라는 자연경관을 정원 내부로 끌어들여
선경(仙境)으로 만들기를 의도한 것이다. 위위엔의 대가산이
유명한 몇 가지 이유가 있다. 강남 지역에 현존하는 가산 중 가장
오래되었고, 크기가 가장 크며, 정교하고 아름답기로 소문난
황석가산(黃石假山)이기 때문이다. 이는 정원 설계사 장남양이
저장 우캉(浙江 武康)으로부터 들여온 2천 톤의 황석을 정성 들여
설계한 것이다. 게다가 유일하게 현존하는 장남양의 작품이기
때문에 그 가치가 더욱 크다고 한다.

그런가 하면 이름마저 어여쁜 옥영롱(玉玲瓏)은 쑤저우의
서운봉(瑞雲峰), 항저우의 추운봉(縐雲峰)과 더불어 중국 강남
지역의 3대 명석(名石)으로 불린다. 이 돌의 특이한 점은 돌
아랫부분의 폭이 가운데보다 좁다는 것이다. 그럼에도 한 치의
흔들림도 없이 무거운 윗부분을 지탱하고 있다. 중국인들은
옥영롱의 생김새가 기이할 뿐만 아니라, '홀쭉하면서 곡선미가
있고, 돌 위에 진 주름이 자연스러우며, 구멍이 뚫려있고,
정교하고 아름다워야 한다(瘦, 縐, 漏, 透)'는 명석의 심미적
조건을 모두 갖추고 있기 때문에 눈여겨보는 것이라고 한다.
돌에는 70여 개의 구멍이 여기저기 뚫려있다. 돌 밑에서 연기를
피우면 이 많은 구멍을 통해 사방팔방에서 연기가 나온다고 한다.

옥영롱에 관해 전해 내려오는 재미있는 전설도 있다. 송나라

휘종(徽宗)은 예술에 조예가 깊던 황제였다. 그는 한때 수도였던 비엔징(汴京, 오늘의 카이펑(開封))에 정원을 꾸미기도 했는데, 전국에서 진귀하다고 소문난 꽃과 돌들을 수집했다. 옥영롱도 본래는 휘종의 정원으로 옮기기로 되어있던 돌이었다. 그러나 어찌 된 영문인지 중간에 갑작스레 유실되었다고 한다. 어딘가에 남겨진 옥영롱은 명나라 때 푸동에 있는 저(儲)씨 성을 가진 이의 개인 정원에 모셔졌다. 그러던 어느 날, 저 씨 댁의 딸이 반윤단의 남동생 반윤량(潘允亮)에게 시집을 가게 되면서, 이 진귀한 돌을 혼수로 가져가기로 한다. 푸동 지역에서 위위엔이 있는 푸시(浦西)로 가려면 꼭 배를 타고 황푸강을 건너야 했다. 저 씨네 집 사람들이 무거운 돌을 배에 싣고 강을 건너기로 했다. 가던 도중, 거센 바람이 불며 그만 배가 뒤집히는 바람에 돌은 황푸강 아래로 가라앉고 말았다. 그러나 이 진귀한 돌을 어찌 가만히 내버려 둘 수 있겠는가. 저 씨와 반 씨네 집 사람들은 잠수 잘하는 사람들을 수소문하고 동원하여 이 돌을 겨우 육지까지 건져 올렸다고 한다. 한 가지 기이한 일은, 돌을 끌어올릴 때 옥영롱 말고도 또 다른 돌이 함께 붙어 나왔다는 것이다. 붙어 나온 돌은 온갖 방법을 동원해도 떨어지지 않자, 그대로 두었다고 한다. 옥영롱 하단 부분을 보면 밑받침 같아 보이는 돌이 있다. 바로 이것이 물에서 건져 올릴 때 함께 딸려 나온 돌이라는 것이다. 그러나 옥영롱의 높이 만해도 3미터이고, 무게는 3톤에 달한다고 한다. 아무리 물속이라지만, 기계도 없던

위위엔 안에 있는 옥영롱

당시 과연 사람의 힘만으로 돌을 들어 올릴 수 있었을까? 글쎄,
좀처럼 믿기지 않는 전설이긴 하다.

　위위엔의 중간지점에는 점춘당(點春堂)이 있다. 웅장한
이 건축은 1853년 소도회의 지휘부로 사용되었다. 상하이에
남아있는 유일한 소도회 관련 유적이다. 이러한 까닭에
지금 점춘당에 가보면, 소도회에서 사용하였던 무기와 관련
문서와 같은 역사적 문물이 전시되어 있는 것을 볼 수 있다.
점춘당이라는 이름의 한자를 살펴보면 시적인 정취가 가득 담긴
이름이다. 송나라 시인 소동파(蘇東坡)가 지은 시 『척씨(戚氏)』
중 취점춘연(翠點春姸)이란 구절에서 따온 것이다. '푸른 빛깔의

아름다운 봄'이란 뜻이다. 이름만 들어도 싱그러운 봄기운이
느껴지는 듯하다.

　이 밖에도 유명한 것이 있다. 바로 용벽(龍墻)이다. 중국인들은
위위엔에 가서 이 용벽을 봐야지만 '위위엔에 제대로 다녀왔다'고
생각한단다. 이 정도로 용벽은 이곳의 명물인 셈이다. 위위엔에는
모두 5마리의 용이 있는데, 이 중에서도 가장 유명한 것은
점춘당 옆 담장 위에 있는 용벽이다. 용의 몸통이 물결 모양으로
굽이치는 게 당장이라도 용이 꿈틀거릴 것만 같다. 또 고개는
하늘을 향하여 날아오를 듯한 모습을 취하고 있다. 이 용의
이름은 천운용(穿雲龍)이다. 구름을 뚫는 용이라는 뜻인데, 용의
모습과 그 이름이 아주 잘 어울린다.

　용벽의 생동감 있는 모습도 사람들의 감탄을 자아내지만,
여기에 담긴 문화적인 의미도 상당히 크다. 용벽에는 참으로
유명한 이야기가 전해 내려온다. 용은 상상의 동물이자 고대
신화에 등장하는 동물이 아닌가. 또한 발톱이 다섯 개 있는 용은
황제를 상징하기도 한다. 바꾸어 말하면 황제를 제외하고는
함부로 용을 사용할 수 없는 일이었다.

　이러한 시대적 상황에도 불구하고, 위위엔에는 용벽이
지어졌다. 용벽이 지어지자마자 상하이에는 소문이 파다하게
퍼졌고, 머지않아 소식을 들은 관청에서는 반윤단을 찾아왔다.
관청에서 온 사람은 성을 내며 "용은 왕을 상징하는 동물인데,
어찌 감히 개인 정원에 용의 모양을 장식한 것인가! 얼른 용을

떼어내지 않으면 온 가족이 재산을 몰수당하고 참형을 당하게 될 줄 알게!"라며 다그쳤다. 이에 주인 반윤단은 찾아온 사람에게 이르길, "이것은 용이 아닙니다. 자, 여기를 잘 보십시오. 소의 머리에 사슴의 뿔, 뱀의 몸통, 물고기의 비늘, 그리고 닭의 발을 따내서 만든 신수(神獸)일 뿐이지요. 그리고 용의 발가락은 다섯 개이지만, 이 짐승은 발톱이 단 세 개밖에 없지 않습니까. 제 정원에 있는 것은 용이 아닙니다. 그러니 절대 오해하지 마십시오."라며 적당히 둘러맞췄다. 이 말을 들은 관리는 머쓱해져 발걸음을 돌릴 수밖에 없었다고 한다. 주인이 기지를 발휘한 덕분에 화도 면하고, 용도 그대로 남겨둘 수 있게 된 것이다. 이 일화를 통해서 반윤단이 정원의 커다란 건축뿐만 아니라 세세한 장식 하나까지 얼마나 많은 신경을 쏟아부었는지 추측해볼 수 있다.

위위엔은 햇살이 따사로운 날이든 비가 오는 날이든, 언제 둘러보아도 그만의 정취가 있다. 중국 전통의 고전적인 건축과 자연이 한데 어우러져 조화로운 풍경을 연출한 덕분일 것이다. 이러한 멋진 배경 덕분에 사진을 어떻게 찍어도 마치 내가 사진 기사가 된 것 마냥 잘 나온다. 물론 이곳의 멋진 풍경도 한몫하겠지만, 내가 생각할 때 위위엔의 정수는 뭐니 뭐니 해도 이 멋진 풍경 속에 담긴 이야기가 아닐까 싶다. 어떤 물건이든, 사람이든 사연이 깃들어 있기 마련이다. 더군다나 이 오랜 역사를 간직한 위위엔 역시 건축의 이름까지도, 돌 하나, 장식

위위엔의 점춘당 옆 담장 위에 있는 용벽

하나까지도 자신만의 이야기를 담고 있기 때문이다. 귀 기울여
이들의 이야기를 들어보는 것도 이곳을 둘러보는 큰 재미가 될
것이다. 이러한 문화적 의미와 가치야말로 위위엔이 오랜 세월
동안 많은 사람들에게 사랑받고 있는 이유가 아닐까 생각해 본다.

# 번영과 굴욕의 상징,
## 와이탄


"도대체 여기가 중국이야, 유럽이야?"

상하이의 중심가를 걷다 보면 이국적인 풍경에 두 눈이
휘둥그레진다. 특히 황푸강 강변 와이탄에 즐비한 유럽식 건축을
보고 있으면, 마치 유럽의 어느 길 한복판에 와있는 듯한 착각이
들기도 한다. 이곳을 지날 때면 특유의 고풍스러운 분위기에
취해서인지 나도 모르게 발걸음이 느릿느릿해진다. 건축물마다
양식도 다양할뿐더러 개성도 제각각이기 때문에 명화를 감상하듯
천천히 구경하는 재미도 쏠쏠하다.

건축은 우리에게 그 도시의 역사를 유추해 볼 수 있는
기회를 마련해주곤 한다. 와이탄의 이국적인 건축 풍경에서
짐작해볼 수 있듯이, 이곳은 과거 영국 조계지에 속한 곳이었다.
아편전쟁에서 승리한 영국은 난징조약을 체결하면서 상하이를
비롯한 개항도시에 영사관을 두는 조항도 포함시켰다. 머지않아
영국에서 밸푸어(George Balfour)가 주 상하이 초대영사로
파견되었다. 그는 지금의 와이탄 일대를 영국의 조계지로 정하고
영사관을 설립했다. 그런데 놀라운 사실이 있다. 와이탄의
탄(灘)은 개펄이라는 뜻인데, 여기서도 알 수 있듯이 이 땅은

와이탄의 야경

본래 질펀한 진흙땅이었다는 사실이다. 게다가 그 위치가 당시
상하이의 중심이었던 '현성(縣城)의 밖'에 있다고 하여 바깥
외(外)를 써서 '와이탄'이라고 불렀다.

그러나 밸푸어는 와이탄이 황푸강과 창강을 드나들기에 가장
이상적인 위치라고 생각했다. 그렇기 때문에 진흙 밭이라는
악조건에도 불구하고 이 일대를 선택한 것이었다. 또한 강과
가까이 위치해 있기 때문에 영국 함대가 정박하여 조계 안의

자국민을 보호하는 역할도 할 수 있었다. 영국인들은 영국 조계지를 포함한 상하이라는 공간에 쉽게 접근하고, 자신들에게 유리하도록 도시를 개발했다. 영국인들이 와이탄 지도 위에 선을 긋는 대로 와이탄 위에 도로와 건물이 세워졌다.

## 와이탄의 유럽식 건물

와이탄 일대에 가장 먼저 들어선 건물은 단연 영국영사관이었다. 영국인들은 1849년에 황푸강과 쑤저우강이 만나는 지점에 영사관을 세웠다. 1870년 발생한 화재로 1873년 중건한 적이 있지만, 그럼에도 상하이에 남아있는 유럽식 건축 중에서 가장 오랜 시간 굳건히 자리를 지켜왔다. 와이탄 일대의 터줏대감이라고 할 수 있겠다. 와이탄의 시작점이기도 한 와이바이두교 부근에서 옛 영국영사관의 흔적을 찾을 수 있다. 정원을 소중히 여기는 영국인들이 머물렀던 공간답게 건물 앞에는 푸른 잔디밭이 깔려있고, 한편에는 나무와 꽃들이 아름답게 가꾸어져 있다.

당시 이곳에서는 주로 여권 발급 업무를 비롯한 여러 영사 업무를 담당하였고, 법률 사무를 처리했던 법정이 있었다. 그리고 유럽의 건축가들이 와이탄에 들어서는 건축을 기획하고 도면 설계를 할 수 있는 공간도 마련되어 있었다. 오늘날 이곳은 와이탄의 건축군(建築群)이 발원한 곳이라는 의미에서 와이탄위엔(外灘源)으로 불리 운다. 그리고 건물의 일부는 고급

요리를 맛보고, 애프터눈 티를 마실 수 있는 레스토랑으로
사용되고 있다.

영국영사관을 시작으로 와이탄에는 유럽 건축가들의 손을
거치며 각양각색의 건물들이 들어섰다. 대부분의 건물들은
19세기 말에서부터 20세기 초 사이에 지어졌다. 그중에는 오랜
세월을 거치며 철거와 중건을 반복한 건물도 있다. 1930년대
즈음에는 오늘날 우리가 보는 모습과 같은 와이탄 건축 윤곽선이
얼추 완성되었다고 한다. 건축양식도 얼마나 다양한지 고딕
양식, 바로크 양식, 르네상스 양식 등등, 그야말로 유럽 열강들의
각축장이나 다름없었다. 오늘날 사람들은 세계 여러 나라의
다양한 건축이 즐비한 게 마치 만국 건축박람회가 열린 것 같다고
말하곤 한다.

와이탄에 멈춰 서서 늘어선 건축들을 쓱 한 번 둘러본다.
그중에서도 둥그런 돔 모양 지붕의 건물이 유난히 눈에 들어온다.
현재 상하이 푸동발전은행(上海浦東發展銀行)으로 사용되고 있는
건물이다. 이 건물이야말로 와이탄 건축 중에서도 가장 웅장하며,
화려하기 때문에 많은 이들의 눈길을 끌지 않나 싶다.

1923년 런던의 건축가 윌슨(George Leopold Wilson)이 설계한
이 건물은 조계 시기 홍콩상하이은행(HSBC) 상하이 분점으로
사용되던 곳이다. 삼십 대 초반의 젊고 유망한 윌슨은 와이탄
한복판에 영국의 위엄과 존엄을 상징하는 빌딩을 설계하기로
결심한다. 공사 기간만 장장 25개월이 걸린 이 건물은 건축

옛 영국영사관

면적이 32,000m²로, 와이탄의 건축 중 가장 커다란 면적이었다.
윌슨은 신고전주의 양식을 이용한 건물뿐만 아니라 빌딩
문 앞에 있는 한 쌍의 사자 동상까지도 위엄 있는 모습으로
각별히 고심하며 제작했다. 영국인들은 완공된 건물을 보고는
"수에즈운하에서부터 원동의 베링해협에 이르기까지 가장
화려하고 진귀한 건축"이라며 감탄을 금치 못했다고 한다.

　당시 와이탄에는 홍콩 상하이은행뿐만 아니라
영국·미국·프랑스·독일을 비롯한 여러 국가에서 설립한 은행이
들어섰다. 이로써 상하이는 점차 극동의 경제와 금융의 중심지가
되었다. 이 모습이 미국 금융의 중심지인 월가와 비견할 만하다고
하여 와이탄 일대는 '동방의 월가'라 불리기도 했다.

　미국 월 스트리트에 자리한 황소상은 금융의 중심인 월가를
상징하는 상징물이라고 할 수 있다. 그런데 이 황소상이
2010년부터 돌연 와이탄 광장 한복판에 등장했다. 미국 월가의
황소상을 설계한 아르투로 디 모디카(Arturo Di Modica)가
이번에는 중국적 요소를 가미하여 중국판 '월가 황소'를 만든
것이다. 와이탄 광장 한복판에 떡 하니 자리를 지키고 있는
이 황소상은 과거 금융의 중심이자 동방의 월가라고 불리던
와이탄의 모습을 떠올리게 한다.

　와이탄을 거닐다 보면 정각마다 은은한 종소리가 들려온다.
이 종소리는 시계탑이 달려 있는 건물에서부터 들려온다. 건물
안에는 상하이 해관(上海海關)이 들어서 있으며, 오래전부터

지금까지 줄곧 세관 업무를 진행하고 있다. 해관 건물 맨
꼭대기의 시계탑은 런던 국회의사당 시계탑인 빅 벤과 꼭
닮아 있는데, 이 종은 빅 벤의 시계탑과 동일한 공장에서
제작한 것이라고 한다. 또한 양식 역시 빅 벤 시계탑을 본떠
만들었으며, 영국에서 제작된 것을 상하이까지 운반하여
들여왔다. 이 시계탑은 올려지자마자 당시 아시아에서 가장
큰 종으로 불렸다고 한다. 조계 시기 시계탑에서는 영국
왕실의 명곡(名曲)이자 영국식민지를 상징하는 웨스트민스터
종소리(Westminster Chime)가 울려 퍼졌다고 한다. 그러던
것을 문화대혁명 시기 때, 중국혁명역사를 반영한
동방홍(東方紅)이라는 노래의 종소리로 바꾸었다. 오늘날 정각만
되면 와이탄 전체에 울려 퍼지는 종소리가 바로 '동방홍'이다.
  와이탄, 그리고 상하이 건축을 이야기할 때 빼놓을 수 없는
전설적인 인물이 있다. 바로 사순(Elias Victor Sassoon)이라는
영국계 유태인이다. 재력가로 알려진 그는 사순 빌딩(沙遜大廈,
1929년, 지금의 화평반점)을 세우며 한순간에 유명세를 치르기
시작했다. 그런데 조금 의아하다는 생각이 들기도 한다. 당시
각양각색의 빌딩들이 우후죽순 세워지던 때였는데, 빌딩 하나 더
들어선 게 뭐가 대수라고 유명해진 걸까? 하고 말이다. 여기에
관해서는 몇 가지 이유가 있다. 먼저 그가 세운 사순 빌딩의
높이는 13층으로, 상하이 최초의 10층 이상 높이의 마천루였기
때문이다. 지어진 후 곧바로 극동에서 가장 높은 빌딩이라는

타이틀을 거머쥐게 된 것은 물론이었다. 게다가 이 빌딩은 영국 조계지에서도 가장 번화하고 값비싼 길목인 와이탄과 난징로의 교차 지점에 위치해 있다는 것도 그 이유 중 하나였다. 또한 당시 유행하던 시카고학파의 건축양식과 꼭대기에 세워진 초록색 피라미드형 지붕도 사람들 눈에 띄었나 보다. 참고로 이 피라미드형 지붕은 1922년 이집트 파라오인 투탕카멘 무덤을 발굴한 사건에서 영감을 받아 설계된 것이라고 한다.

이 건물 하나로 사순은 하루아침에 상하이의 유명 인사로 떠올랐다. 그러나 이런 유명세에 걸맞지 않게 사람들은 그를 '절름발이 사순'이라고 부르곤 했다. 제1차 세계대전 중, 영국 공군으로 전투에 참가하여 왼쪽 발에 부상을 입은 탓에 한쪽 다리를 절뚝거렸기 때문이다. 본래 사순은 재벌가로 이름을 날리던 사순일가의 일원으로, 상하이에 오기 이전에는 인도 뭄바이에서 사업을 했었다. 사순의 조상이 면방직품과 아편 무역으로 돈을 벌어들이며 사순 가문은 막대한 부를 축적해왔다. 그러나 인도에서 민족주의운동이 일어나며 정세가 혼란스러워지자, 절름발이 사순은 사업을 상하이로 옮겨온 것이었다. 상하이에 온 그는 막대한 자금을 부동산에 투자했다.

그는 사순 빌딩 중에서 전망이 가장 뛰어난 10층 이상을 영국 스타일로 호화스럽게 꾸며 자신이 거주하는 용도로 사용하였다. 그리고 빌딩의 일부를 양행(洋行)에 세를 놓아 빌려주기도 했으며, 4층부터 9층까지는 화마오 호텔(華懋飯店)로 사용하였다.

현재 푸동개발은행 건물과 해관으로 사용되고 있는 건물

객실은 모두 250개가 있었다. 호텔의 특이한 점은 객실 내부가
중국식뿐만 아니라 영국식·미국식·프랑스식·독일식·이탈리
아식·스페인식·인도식·일본식 등 아홉 개 국가의 분위기를
살려 인테리어 되었다는 것이다. 화마오 호텔은 상하이에서 가장
유명하고 호화로운 호텔로 자리매김했다. 매주 주말 저녁이면
외국인들이 참석하는 무도회가 열리곤 했다. 또한 영국의
희극배우인 찰리 채플린, 아일랜드 소설가인 조지 버나드 쇼,
그리고 인도 시인 타고르 등 유명인사가 상하이를 방문했을 때

사순이 지은 사순빌딩(피라미드형 지붕)의 옛 모습

이곳에 묵은 적이 있다.

　그러나 와이탄의 가장 높은 빌딩이라고 찬사를 받던 사순 빌딩은 지어진 지 5년 만에 위기에 봉착하게 된다. 1934년, 사순 빌딩 바로 옆에 있던 독일총회건물이 철거되면서 중국은행빌딩이 들어오기로 했는데, 무려 34층 높이로 지어진다는 소문이 들려왔기 때문이다. 중국은행빌딩은 와이탄 건축 중 유일하게 중국 건축가가 설계한 건물이다. 당시 건축 설계를 담당했던 루치엔쇼우(陸謙受)는 애초에 사순 빌딩을 압도하겠다는 의도로 34층 높이로 설계하였던 것이다. 이로써 유럽 건축가가 설계한 건물만 즐비해 있던 와이탄의 건축 역사를 다시 쓸 수 있고,

또 서양인들의 중국과 중국인에 대한 인식을 바꾸려는 의도도
있었다. 루치엔쇼우는 중국은행빌딩을 설계하며 사순 빌딩에
도전장을 내민 것이다.

그러나 소식을 들은 사순이 가만히 있을 리 없었다. 사순은
자신의 빌딩이 두 번째로 밀려날 수도 있겠다는 위기를
직감하고는 노발대발했다. 자신의 모든 세력과 인맥들을
총동원하고, 심지어 소송까지 걸어가면서 사순 빌딩의 최고(最高)
타이틀을 빼앗기지 않으려 갖가지 훼방을 놓았다. 그는 왜
그렇게 빌딩 높이에 집착했던 걸까? 학자들은 이를 두고 사순이
사업에서는 성공하여 막대한 돈을 벌었지만, 사회적 지위는 그리
높지 않았기 때문이라고 말한다. 또한 절름발이라는 콤플렉스를
최고층 빌딩을 소유하고 있다는 점을 통해 위안을 얻었기
때문이라는 이유도 있었다.

그렇다고 사순이 사순빌딩 단 하나만을 가지고 있었던 것도
아니었다. 1930년대 상하이에서는 10층 이상의 건축을 고층
빌딩이라 불렀는데, 1937년 중일전쟁 발발 이전까지 상하이에는
모두 28여 동의 고층빌딩이 있었다고 한다. 그중에서 여섯 동이
사순의 것이었다고 하니, 사순은 무려 상하이 고층빌딩의 20%를
차지하고 있던 셈이다. 그럼에도 그는 사순 빌딩의 최고 타이틀에
집착했다. 아무래도 사순 빌딩은 그에게 있어 자존심이나
다름없던 모양이다.

그렇다면 사순 빌딩은 와이탄의 최고 타이틀을 계속 거머쥘

과거 사순빌딩과 중국은행건물

수 있었을까? 정답은 지금의 와이탄에 있다. 와이탄에 가면
초록색 지붕 밑에 가서 꼭 한 번 살펴보시라. 사순 빌딩 옆에는
당시 사순이 견제하던 중국은행건물이 네모반듯하게 세워져
있다. 두 개의 높이가 엇비슷해 보이는데, 정면에서 봐야지만 그
답을 정확히 알 수 있다. 와이탄 왼편에서 보면 사순 빌딩이 더
높아 보이고, 오른편에서 보면 중국은행건물이 더 높아 보이기
때문이다.

　자, 그렇다면 정답은? 정면에 서서 고개를 들고 자세히
들여다보면 사순 빌딩의 초록색 지붕이 중국은행건물보다 살짝

더 높은 것을 알 수 있다. 결국 사순의 승리로 끝난 것이다. 사순이 온갖 힘을 동원하여 압력을 넣은 탓에 중국은행건물은 17층 높이로 조정되었고, 맨 꼭대기 층은 사순 빌딩의 초록색 피라미드 지붕 높이보다 30cm 정도 낮게 짓기로 계획을 변경했다. 이것은 당시 조계지라는 특수한 환경에서 외국인의 힘이 얼마나 컸는지를 보여주는 일화이기도 하다.

이런저런 흥미로운 이야기를 간직하고 있는 사순빌딩은 지금 평화호텔(和平飯店)이라는 이름으로 여러 손님들을 반기고 있다. 평화호텔 안에는 상하이에서 아주 유명한 재즈바가 있다. 마치 영국의 어느 맥주 집과 같은 분위기가 물씬 풍기는 곳이다. 이 재즈바가 유명한 이유는 악사들의 평균 연령이 75세 이상인 어르신들로 구성되어 있기 때문이다. 어르신들이 연주하는 재즈를 들으며 옛 상하이의 분위기를 잠시나마 만끽해보는 것도 특별한 일이 아닐까 싶다.

## 굴욕의 역사를 상징했던 황푸공원

여러 양행이 들어선 와이탄 건축이 상하이의 번영을 뜻했다면, 바로 길 건너에 있는 황푸공원(黃浦公園)은 굴욕의 역사를 상징했다. 황푸공원은 1868년에 지어진 유럽식 공원이다. 면적이 그리 크진 않지만, 황푸강을 마주하고 있기 때문에 나름 운치있는 공원이다. 그럼 이곳은 왜 중국인들에게 굴욕을 상징하는 장소가 된 걸까? 황푸공원은 당시 공화원(公花園, Public park), 혹은 와이탄공원으로 불렸다. 공원이 문을 연 후, 문 앞에는 몇 가지 조항이 붙었다고 한다. 조항 중 하나는 '중국인 출입 금지'였고, 또 다른 조항은 '개 출입금지'였다. 그래서 중국인들은 이 두 가지를 합쳐 중국인과 개는 출입금지라는 것이냐며 분노했다. 1881년에는 홍커우(虹口) 병원의 한 중국인 의사가 공원에 들어가려다 저지당한 일이 있었다. 그는 다음날 바로 공부국(工部局)의 책임자에게 항의 편지를 보냈다. 그러나 답장에는 '공원이 크지 않아서 모든 중국인을 들여보낼 수 없다'는 대답뿐이었다. 조계 안에 살고 있던 중국인들은 관리기구 격인 공부국에 꼬박꼬박 세금도 지불해왔던 터였다. 이런데도 불구하고 차별을 받으니 억울하기 짝이 없었다.

사실 조계지 내에서 외국인의 중국인에 대한 차별은 황푸공원 뿐만이 아니었다. 구락부(俱樂部, 오락시설)나 영국총회(club), 경마회 등 조계 안에 형성된 여러 모임에서도 차별이 존재했다. 대부분의 모임은 엄격한 회원제로 운영되었다. 그러나 아무리 많은 돈을 낼 수 있는 능력이 있다고 할지라도 대부분의 모임에서는 중국인 회원을 받지 않았다. 단지 중국인이라는 이유에서였다. 이런 차별은 중국인들의 반발이 거세지던 1920년대 후반까지 계속되었다. 중국인들의 불만과 반항이 봇물 터지듯 계속되자, 결국 이 공원은 1928년이 되어서야 마침내 중국인들에게 개방되었다. 공원이 지어진 후, 중국인들이 공원

옛 황푸공원

안으로 입장이 가능하기까지 60년이라는 시간이 걸린 것이다.
이것은 공원 입장이라는 의미를 넘어서 조계 내에서 중국인들이
평등한 권리를 찾기 위한 과정이었다.

　황푸공원은 이러한 역사적인 사건 때문에 명성이 높아진
공원이다. 굴욕적이고 치욕적인 역사를 씻어내려는 듯, 오늘날
황푸공원은 울타리와 대문이 없다. 사방이 열려 있는 완전한
개방식 형태라고 할 수 있겠다. 공원 안에는 1993년 세워진
인민영웅기념탑이 하늘을 향해 우뚝 솟아 있다. 기념탑의
탑체(塔體)는 각각 아편전쟁, 5·4운동, 해방전쟁 중에 목숨을

바친 선열들에 대한 기념의 뜻을 담고 있다.

황푸공원에서 와이탄 보행가로 발걸음을 옮겨본다. 늠름한
모습으로 서 있는 신중국 상하이 초대 시장인 천이(陳毅)의
동상도 보인다. 상하이의 번영과 굴욕을 상징하며 다사다난한
역사를 걸어온 와이탄은 1949년 신중국이 수립되면서 다시금
상하이 시민의 품으로 돌아올 수 있었다. 상하이 시민들은 더
이상 조계지가 아닌, 중국 땅 상하이에서 마음 놓고 신선한
강바람을 맞으며 산책할 수 있게 된 것이다.


젊은이들의 데이트 장소, 연인들의 벽


1970~1980년대 와이탄은 연인들의 데이트 장소로
유명해지며, 많은 젊은이들이 모이기도 했다. 당시 와이탄에는
황푸강 범람을 막기 위해 허리높이의 둑을 쌓아놓았다. 그러나
머지않아 이곳은 엉뚱하게도 데이트 장소로 각광 받게 되면서,
자연스레 '연인들의 벽(情人牆)'이라는 이름이 붙었다. 둑에 기댄
채 황포강을 바라보고 있으면 오직 뒷모습만 보일 뿐, 아는
사람을 만날 확률도 적었기 때문에 많은 연인들이 데이트를 하러
이곳을 찾았다고 한다. 다만 얼마나 많은 사람들로 바글댔던
건지, 연인을 껴안으려다가 잘못해서 팔을 좀 더 쭉 뻗는 바람에
그 옆에 있던 사람까지 껴안았다는 웃지 못할 에피소드도 있다.

많은 연인들이 이곳에서 데이트를 하게 된 이유가 있다.

상하이의 협소한 주거공간과 도시의 많은 인구 때문이다. 과거 상하이 시민들의 거주 공간은 아주 협소했다. 조부모, 부모와 자녀, 이렇게 삼대가 한집에 사는 함께 경우도 적지 않았다고 한다. 상황이 이러하니 젊은이들은 집에서 데이트를 하자니 불편했고, 게다가 당시에는 커피숍이나 바와 같은 문화공간이 적었기 때문에 선택의 여지가 별로 없었다. 그래서 연인들은 경치도 좋고, 자유로운 공간인 와이탄에서 데이트를 했던 것이다. 어쩌면 연인들의 벽은 작은 공간, 그리고 많은 사람들 틈바구니에서 살아가는 상하이 사람들이 어떻게 자신만의 공간을 확보하며 살아왔는지를 보여주는 도시의 지혜라고도 할 수 있을 것이다. 작가 천단옌(陳丹燕)은 연인들의 추억이 담긴 이곳을 두고 "연인들의 벽을 이해한다면, 상하이의 기질을 이해할 수 있을 것이다."라는 말을 남겼다. 연인들의 벽이야 말로 상하이의 특수한 환경에서 비롯된 문화이자, 상하이 사람들의 기질을 대변하는 것이다.

와이탄 보행거리는 2010년 상하이 박람회를 기점으로 더욱 넓어졌다. 2010년 상하이 박람회 개최 전부터 상하이는 세계 여러 나라 사람들을 맞이하기 위한 대청소가 한창이었다. 지하철을 포함한 교통편뿐만 아니라, 상하이의 얼굴이라고도 할 수 있는 와이탄 역시 새 단장을 했다. 보행가는 이전보다 훨씬 넓어져서 여러 사람들이 함께 와이탄을 구경할 수 있게 된 것이다.

오늘도 와이탄에는 상하이 시민들뿐만 아니라 중국 여러
지역에서 온 사람들, 세계 곳곳에서 온 외국인들로 가득하다.
상하이의 관광명소로 이름난 와이탄에 왔다는 사실만으로
모두가 싱글벙글한 모습이다. 와이탄 건축과 아름다운 황푸강을
바라보며 상하이의 정취에 흠뻑 빠져있기도 하고, 카메라 셔터를
눌러 사진을 찍기도 하며 각자 나름대로의 추억을 남긴다. 비록
와이탄의 발전은 조계 시절부터 시작되었고, 극동의 제일이라는
번영의 시기도 겪어왔다. 그러나 상하이 시민의 품으로 돌아온
지금이 가장 행복한 시간이지 않을까 싶다. 오늘도 상하이
시민들과 관광객들의 웃음소리가 와이탄을 가득 메운다.

# 상하이의 번화가,
## 난징로

　관광객들이 상하이에 오면 빠지지 않고 들르는 장소 중 한
곳 난징로(南京路)는 와이탄과 더불어 꼭 가야 되는 관광명소로
손꼽히는 곳이다. 상하이에 관한 대부분의 여행책자에
소개되어 있는 것은 물론, 중국인들 사이에서는 '중국 제일의
상업거리'라든지, '난징로에 가지 않으면 상하이에 온 보람이
없다'는 말을 하곤 한다. 상하이의 대표적인 장소인 만큼 나도
지인들이 상하이에 올 때면 난징로는 꼭 들려 구경시켜주곤 했다.
　난징로는 와이탄과 가까운 거리에 있다. 그렇기 때문에
관광객들은 대개 한 번에 이 두 곳을 모두 들리기도 한다. 만약
와이탄을 구경한 뒤 난징로에 가고 싶다면, 초록색 피라미드
모양 지붕의 화평반점(和平飯店)호텔이 위치한 길목으로 들어서면
된다. 이 길을 따라 10분 남짓 걷다 보면, 관광책자에서 보던
난징로 보행거리가 눈앞에 나타난다. 보행거리는 말 그대로 걷는
이들을 위한 길이다. 이곳을 찾는 사람들이 많다 보니 1999년에
약 1km에 달하는 구간을 도보전용 도로로 만들어 놓았다. 차량
진입이 금지된 구간으로, 걸어 다니며 구경하기 좋다.
　흔히 난징로라고 하면 이 보행거리를 떠올리지만,

사실 난징로는 이보다 훨씬 더 길게 뻗어 있는 길이다.
런민광장(人民廣場) 부근의 시장중로(西藏中路)를 기준으로
난징동로(南京東路)와 난징시로(南京西路)로 나뉘는데,
관광객들에게 잘 알려진 곳, 즉 난징로 보행거리가 있는 곳은
난징동로다. 반대편에 위치한 난징시로는 런민광장에서부터
징안쓰(靜安寺)까지 이어져 있는 길로, 명품 상점과 고급
백화점이 들어서 있다.

　난징로 보행거리 양쪽에는 각종 먹거리와 상점이 즐비해
있다. 가게마다 진열해 놓은 물건도 다양할뿐더러 볼거리도
풍성하기 때문에 쇼핑족들의 양손은 무겁게, 눈과 입은 즐겁게
만든다. 또 난징로에는 길 한 가운데를 가로질러 달리는 작은
관광열차가 심심찮게 보인다. 이 관광열차는 1900년대 난징로를
달리던 궤도전차를 모방하여 만들었는데, 땅땅땅 소리를 내며
난징로 보행거리의 일부 구간을 오간다. 이 열차의 탑승객들은
주로 관광객들이다. 열차는 걷느라 지친 관광객들을 태우고
천천히 달린다. 그러나 너무 힘들지 않다면 걷는 걸 추천한다.
5위안이나 하는 열차 값은 저렴한 편도 아닐뿐더러 이동 구간이
워낙 짧은 탓에 열차를 타고 몇 번 두리번거리다 보면 벌써
목적지에 다다라있기 때문이다. 어쨌든 두 발로 천천히 걸으면서
난징로에서만 느낄 수 있는 왁자지껄한 분위기를 음미하는
재미가 더 크다는 게 내 생각이다.

　난징로에 어둠이 내려앉으면, 상점 위에 걸린 커다란 간판이

난징로의 모습

하나둘씩 불을 밝히고, 형형색색 네온사인은 번쩍번쩍 빛난다. 이때 난징로는 관광명소뿐만 아니라 상하이 주민들이 여가를 즐기는 공간으로 탈바꿈하기도 한다. 저녁 식사를 마친 시간이면 주민들이 하나둘씩 모여들기 시작하는데, 이윽고 길 한쪽을 차지한 채 춤을 추고 노래를 부른다. 뭐니 뭐니 해도 난징로의 매력은 이런 시끌벅적함이 아닐까 싶다. 번쩍이는 네온사인, 주민들의 흥 돋는 무대, 그리고 난징로를 구경하기 위해 모인 수많은 관광객들. 이 모든 것들이 한데 어우러져 무르익어가는 난징로의 밤에 활기를 더해준다.

그런데 한 가지 궁금한 점이 있다. 상하이의 많은 길 중에 '난징로'가 유독 유명한 이유는 무엇일까 하는 것이다. 물론 상하이의 넓고 번화한 길이라는 것도 그 이유 중 하나겠다. 그러나 그보다는 길이 생기고 나서부터 지금까지, 200년이 다 되어가는 역사와 전통을 간직해온 거리이기 때문일 것이다.

난징로는 상하이가 개항된 뒤, 얼마 지나지 않아 영국 조계지에 만들어진 상업 거리다. 상하이의 동쪽과 서쪽을 가로지르는 이 길이 만들어진 이유는 조금 엉뚱하게도 말(馬)과 관련 있다. 경마의 종주국인 영국답게 영국인들에게는 경마 관람이라는 취미가 있지 않은가. 영국 조계가 설립된 초반, 적막한 조계 생활에 무료함을 느낀 영국 상인 호그(W.HOGG)를 비롯한 영국인들은 1850년 경마 총회를 구성했다. 이와 동시에 여가생활과 휴식을 위한 공간으로 오늘날 난징동로와

지금의 런민공원 자리에 위치해 있던 세 번째 경마장

허난중로(河南中路)의 교차 지점에 첫 번째 경마장을 세웠다. 이후 경마장을 두 차례 옮겼는데, 마지막이었던 세 번째 경마장은 오늘날 런민공원 자리에 세워졌다. 경마장이 생긴 이후에는 자연스레 경마장에서부터 와이탄까지 말을 타고 달릴 수 있는 길이 만들어졌고, 이때 생겨난 길이 바로 지금의 난징로다.

중국에서는 도로나 길을 마로(馬路)라고 부른다. '마로'라고 불리게 된 데에는 몇 가지 설이 있는데, 그중 하나가 바로 난징로에서 유래한 것이다. 당시 외국인들은 경마장에서 와이탄까지 뚫린 도로 위에서 말을 타고 질주하곤 했는데, 중국인들은 이것을 보고 '말이 달리는 길'이라고 하여 마로라고

1930년대의 난징로

부르게 되었다는 이야기다.

당시 이 길의 정식명칭은 따로 있었다. 경마장의
화원으로 향한다고 해서 붙여진 파크레인(park Lane) 혹은
화원농(花園弄)이라는 이름이었다. 그러던 것을 영국조계의
행정기관 격인 공부국(工部局)에서 청 정부와 체결한 난징조약을
기념하기 위해 1865년 길의 이름을 난징로(Nankin Road)라고
변경했다. 1949년 신중국 성립 이후, 상하이 조계지역에 있던
대부분의 길 이름이 변경되었지만, 난징로는 당시의 이름을
그대로 간직하고 있다. 무려 150년이 넘는 시간 동안 난징로로
불리고 있는 셈이다.

난징로 부근에 경마장이 들어서고 난 후, 이 주변에는 변화가
생기기 시작했다. 소상인들이 모여들고 가게가 잇따라 문을
열며 상업 거리가 형성된 것이다. 19세기 후반, 난징로에는 이미
서양의 식품이나 시계, 그리고 정장과 같은 여러 외국 상품들이
물밀듯 들어왔다. 그리하여 파리나 런던에서 상하이에 온
귀부인들은 그녀들이 고국에서 사용하던 치약과 향수·옷·헤어
액세서리를 난징로에서도 손쉽게 구매할 수 있었다고 한다. 또
이 거리에는 1865년에 가스등이 설치되었고, 1882년에는 상하이
최초의 공용전화와 전등이 생겨났으며, 1908년에 들어서는
궤도전차가 길 한가운데를 가로지르며 달리기도 했다. 근대의
도시 문명과 선진기술이 이곳 난징로를 더욱 번화하고 현대적인
거리로 만들어갔던 것이다.

그러나 1914년 제1차 세계대전이 발발하며 서양의 대외무역이
주춤해지자, 그 틈을 타 중국 상·공업이 빠른 속도로 발전하며
거리의 빈자리를 채워나갔다. 난징로가 번영하면서 상하이
현성(縣城) 안에 있던 전통적인 상점들이 난징로로 잇따라
옮겨오기도 했다. 그 이후로 난징로에는 중국 상인들이 연 가게로
나날이 활기를 띠며, 조계 내의 상업 중심지로 자리 잡았다.

## 현대화의 표상-난징로의 4대 백화점

난징로에 얽힌 이야기 중, 가장 유명한 것은 '4대 백화점'에
관한 이야기일 것이다. 백화점의 등장 역시 중국의 상·공업이
발전하던 이 시기를 배경으로 한다. 당시 난징로에는 온 상하이를
떠들썩하게 만든 사건이 일어났다. 바로 시엔스(先施) 백화점,
용안(永安) 백화점, 신신(新新) 백화점, 다신(大新) 백화점 등
커다란 백화점 네 개가 1917년에서 1936년 사이에 잇따라 문을
연 일이었다. 이 백화점들은 4대 백화점이라 불리며 난징로는
바야흐로 전성기를 맞이했다. 흥미로운 점은 백화점의 외관은
서양건축을 반영했지만, 중국인들에 의해, 중국 자본으로
세워졌다는 것이다. 비슷한 시기에 지어진 백화점들은 더 많은
고객들을 끌어들이기 위해 통통 튀는 아이디어로 승부하거나
각종 이벤트를 개최하는 등 수려함을 다투며 경쟁하기도 했다.

난징로 4대 백화점 중에서 가장 먼저 들어선 것은 1917년
10월 문을 연 시엔스 백화점(지금의 時裝商店)이다. 설립자
마잉비아오(馬應彪)는 호주에서 과일 사업을 하던 화교였는데,
돈을 꽤 벌었던 그는 고국으로 돌아와 백화점을 설립했다.
바로크풍 백화점의 화려한 외관은 난징로에 들어서자마자 많은
사람들의 시선을 끌기에 충분했다. 또한 여직원을 고용하였고,
영수증 발급제도, 가격 정찰제를 도입하여 흥정하는 문화를
바꾸는 등 서양 백화점의 형식을 그대로 본떠 운영되었다.

과거 난징로의 용안 백화점(좌)과 시엔스 백화점(우)

　시엔스 백화점이 개업 1주년을 앞두고 있을 무렵, 호주에서
사업을 하던 궈러(郭樂), 궈취엔(郭泉) 형제가 난징로에 용안
백화점(지금의 永安百貨店)을 세웠다. 그러나 공교롭게도 이
백화점의 위치는 시엔스 백화점 바로 맞은편이었다. 궈씨
형제가 이곳을 백화점의 위치로 선정한 이유는 나름의 이유가
있었는데, 난징로에서도 가장 좋은 위치를 알아보기 위해 사람을
고용해가며 난징로 양쪽에서 오가는 인파의 숫자를 일일이
세어보도록 했던 것이다. 당시에 이미 예비고객들의 동선을
반영한 유동 인구 조사가 행해졌던 셈이다. 또한 경쟁 상대인

시엔스 백화점보다 더 많은 고객들을 유치하기 위해 백화점
내부에 영화관과 스케이트장 같은 오락 시설을 마련하기도 했다.
그야말로 과거 판 멀티플렉스라고 할 수 있겠다.

신신 백화점(지금의 第一食品店)은 1926년 초에 세워진
백화점이다. 본래 시엔스 백화점의 경영자였던 류시지(劉錫基)는
내부 갈등으로 기존에 몸담고 있던 곳에서 나와 따로 백화점을
설립했다. 그 역시 손님을 끌어들이기 위한 방편으로 백화점
옥상에 구경할 수 있는 유리 칸막이 라디오 방송국을 설치하며
갖가지 노력을 기울였다. 방송에서는 중국 전통극과 같이
사람들의 취향을 저격할 만한 방송이 흘러나왔을 뿐만 아니라,
백화점에 진열되어 있는 상품을 소개하기도 했다. 청각을 이용한
청각 마케팅이 당시에도 있었던 것이다.

다신 백화점(지금의 第一百貨商店)은 4대 백화점 중, 가장
마지막인 1936년에서야 등장한 백화점이다. 가장 늦게 세워진
만큼 경쟁에 대한 부담감이 컸는지 백화점 건물을 10층 높이로
가장 높게 지었을 뿐만 아니라, 내부도 가장 최신식으로 장식하고
고객의 구미를 당기기 위해 신경 썼다. 설립자 차이창(蔡昌)이
고객들을 유치하기 위한 전략으로 꺼내든 카드는 냉난방
설비와 에스컬레이터였다. 그 중에서도 1층 홀 중앙에 위치한
에스컬레이터는 당시 중국 내에서 손꼽힐 정도로 드물었기
때문에 많은 이들의 관심을 끌었다. 그래서 적지 않은 사람들이
이곳을 지날 때면 설령 물건을 사지 않더라도, 으레 다신

백화점에 들러 에스컬레이터를 타곤 했다. 이 전략이 들어맞았던 건지 얼마 지나지 않아 다신 백화점은 기존에 있던 백화점의 매출액을 추월하며, 4대 백화점의 선두주자가 되었다.

그 당시의 이야기들을 들여다보면, 무려 100년 전에 있던 백화점인데도 불구하고 현재의 모습과 별반 다를 바 없어 보인다. 일찍이 영수증 발행제도가 있었고, 직원들의 통일된 유니폼 복장, AS 서비스, 그리고 백화점 안에 음식점과 영화관 같은 시설도 함께 마련되어 있었다는 사실은 놀랍기만 하다. 이것은 당시 상하이가 현대적인 도시였다는 것을 증명해주는 사례일 것이다. 이들의 경쟁은 더 많은 손님들을 유치하기 위한 것이었지만, 어쨌거나 선의의 경쟁이 아니었나 싶다. 기발한 생각과 아이디어를 통해 서로의 발전을 도모했고, 상업 중심의 분위기는 오늘날까지도 계속 이어져 상하이에서 가장 유명한 상업거리로 손꼽히니 말이다. 그 옛날 난징로의 추억이 어린 4대 백화점은 오늘날에도 여전히 현대적인 모습으로 21세기의 새로운 고객들을 맞이하고 있다.

## 전통의 표상-전통상점, 라오즈하오

그런가 하면 난징로에는 100년이란 세월을 겪어오며 이제는 전통이 된 상점도 있다. 웅장하고 화려한 백화점에 가려져 그다지 눈에 띄지는 않지만, 사실 난징로에 있는 상점들 중 상당수가

100년 동안 이어져 내려온 '라오즈하오(老字號, 전통상점)'다. 오랜 세월의 풍파를 겪어오며 지금까지 굳건히 자리를 지켜온 전통상점에는 여전히 많은 시민들이 오가곤 한다.

난징로를 둘러보면 옛 청나라 건축 양식의 처마가 달려있는 채동덕당(蔡同德堂) 중약방(중국 전통 약재료 상점)이 눈에 들어온다. 1882년에 문을 연 이 약방은 한커우(漢口)에서 약방을 경영하던 차이메이칭(蔡嵋靑)이 불경기를 피해 한창 상업이 번성하던 상하이로 옮겨온 것이었다. 채동덕당의 이름은 동심동덕(同心同德, 일심동체, 한마음 한뜻)에서 유래됐다고 한다. 아마도 아픈 환자의 마음을 약사도 잘 헤아리고 있다는 뜻이 아닐까 싶다. 동덕(同德) 앞에는 약방의 주인의 성씨인 채(蔡)를 따서 '채동덕당'이라 이름 붙였다.

주인은 난징로 부근에 약방을 열었는데, 열자마자 약효가 좋다고 입소문을 탔다. 나날이 번성해가던 어느 날, 가게에 귀한 손님이 찾아왔다. 바로 청나라 말기의 정치가 이홍장(李鴻章)이었다. 전해지는 바에 따르면, 그의 지인이 천식을 앓아 오랫동안 치료를 받아왔으나 효과를 보지 못했다고 한다. 그러던 찰나 채동덕당에서 만든 약이 효험이 좋다는 입소문을 듣고 찾아온 것이다. 약방에서는 인삼합개고(人蔘蛤蚧膏)를 제조해주었다. 얼마 후 이홍장이 약방에 다시 찾아왔다. 다행히도 약을 먹은 지인이 얼굴에 혈색이 돌며 병이 호전되었다는 말을 전했다. 그리고는 감사의 뜻으로

난징로에 있는 중약방 채동덕당

편액에 가게 이름인 채동덕당을 써서 주인에게 전달해주었다.
이 일이 있고 나서 이 중약방은 더욱 유명해졌고, 당시 쓰인
이홍장의 글씨는 여전히 가게 문 앞에 걸려 있다.

　채동덕당이 중약 업계의 전통상점이라면, 왕카이(王開) 사진관은
사진 업계의 전통상점이라 할 수 있다. 1920년 난징루에서 문을 연
왕카이 사진관은 최신식 설비를 갖춘 상하이 최고의 사진관이었다.
상하이 수많은 시민들은 물론, 후디에(胡蝶)이나 저우쉬엔(周璇),
롼링위(阮玲玉) 등 1930년대 상하이의 유명 영화배우들 역시
이곳에서 프로필 사진을 찍곤 했다.

이 사진관을 연 사람은 왕츠카이(王熾開)로, 일자리를 찾기
위해 열다섯의 어린 나이에 광동(廣東)에서 상하이로 올라온
패기 넘치는 젊은이였다. 내 생각에 그는 꽤 선견지명이 있던
사람인 것 같다. 그 옛날 중국의 사진 기술은 청 말기 무렵,
어느 외국인이 상하이에 갖고 들어온 사진기가 계기가 되어
발전한 것인데, 호기심 가득한 사람들은 거금을 들여서라도 이
새로운 문물을 체험해보고 싶어 했다. 왕츠카이는 이러한 모습을
눈여겨보며 사진이란 신문물에 관심을 가졌다. 그는 상하이의
어느 한 사진관에서 견습생으로 일하며 사진 촬영 기술을
배워나갔다. 그리고 여기서 쌓아온 실력을 바탕으로 상하이의
번화가인 난징로 한복판에 왕카이 사진관을 열게 된 것이다.

그렇다면 왕카이 사진관은 어떻게 당대 최고의 사진관으로
자리매김할 수 있었던 걸까? 결론부터 말하자면, 성공비결에는
그의 훌륭한 사진 기술은 물론이거니와 적극적인 홍보, 그리고
능숙한 경영방식이 뒷받침되었다고 할 수 있겠다. 그중에서도
그는 줄곧 사진관 홍보에 힘을 썼는데, 『신보(申報)』와 같이
상하이 사람들이 즐겨 보던 대형신문이나 영화관 상영 중간에
왕카이 사진관의 광고를 싣기도 하면서 상하이 시민들에게
지명도를 높여갔다.

왕카이 사진관이라는 이름이 중국 전역에서 일순간 드높아진
일이 있다. 중국의 국부(國父)로 불리던 쑨원(孫文) 선생이
서거했을 때의 일이다. 1925년 3월 12일, 쑨원 선생의 비보를

들은 왕카이 사진관에서는 촬영기사를 즉시 베이징으로
파견했다. 쑨원 선생의 장례식이라는 역사적인 순간을
촬영하도록 하기 위해서였다. 그들은 장례 행렬을 촬영한 끝에
여러 영상과 사진을 남길 수 있었다. 얼마 후 왕츠카이는 이
사진들을 인화한 뒤, 사회 각계의 유명 인사들에게 전달했다.
사진 한편에는 왕카이 촬영이라는 낙관을 찍은 채로 말이다.
일종의 홍보 효과를 노린 것이었다. 이것은 결과적으로 대성공을
거두며 왕카이 사진관의 이름이 널리 알려지게 된 계기가 되었다.

또한 왕카이 사진관은 상하이 사람들 사이에서 좋은 사진을
찍기 위해서 연습에 연습을 거듭하는 노력파인 것으로도
유명하다. 인화한 사진들 중에서 그들의 기준에 못 미치는
사진 수백여 장을 잇따라 찢어버렸다는 일화도 있다. 고객들의
아름다운 순간들을 좋은 사진으로 남기기 위해 나름대로 엄격한
기준을 세워왔던 것이다. 그래서인지 사람들의 마음속에
왕카이 사진관은 촬영기술이 좋을 뿐만 아니라, 신뢰할 수 있는
사진관이라는 인식이 박혀있다고 한다. 이러한 노력이야 말로
지금까지 100년 전통의 명맥을 유지해올 수 있었던 비결이
아니었을까 싶다.

이 밖에도 오랜 세월 동안 난징로에 자리하고 있는 전통상점은
꽤 많다. 여러 간식거리를 파는 선다청(沈大成), 중국 서예와
그림, 문방사우를 파는 둬윈쉬엔(朵云軒), 마오창(茂昌)과
우량차이(吳良材) 안경점, 샹더리(亨得利) 시계점 등등.

오늘날에도 수없이 많은 전통상점이 저마다의 이야기를 간직한 채 난징로를 군건히 지키고 있다.

사실 중국 최대의 상업 도시로 손꼽히는 상하이 중심가에는 어딜 가나 커다란 백화점과 수많은 상점이 즐비해 있다. 상업 거리가 하도 많다 보니, 난징로 역시 겉보기에는 여느 상업 거리와 별 다를 바 없는 관광지라는 생각이 들 수도 있을 것이다. 그러나 난징로는 이런 번화함 속에 그만의 역사와 문화, 그리고 이야기가 담겨 있는 곳이다. 또한 현대적이면서도 대대로 전해내려 오는 전통을 소중히 이어온 장소이기도 하다.

사람들은 상하이를 두고 중국과 서양의 문화가 공존하고, 또 전통과 현대가 어우러진 도시라고 말한다. 그중에서도 난징로는 중국문화와 서양 문화가 조화를 이루고, 전통과 현대의 하모니가 울려 퍼지는, 상하이를 가장 잘 나타낼 수 있는 공간이 아닐까 나는 생각한다.

# 옛 프랑스 조계지,
## 화이하이로와 신톈디

날씨 좋은 주말이면 나는 웹 지도를 켜고 상하이 곳곳을
누비곤 했다. 걸어 다니는 걸 좋아하기도 하지만 상하이라는 낯선
도시를 알기 위해서는 두 발로 여기저기 둘러보는 게 제일이라는
생각에서다. 그중에서도 특히나 좋아하는 길이 있다. 바로
화이하이로(淮海路)나 쓰난로(思南路)와 같이 플라타너스 나무가
우거진 길이다. 도로 양옆으로 빼곡히 들어서 있는 플라타너스는
가로수 길을 이루는데, 봄과 여름이 되면 온통 초록색으로 물들어
얼마나 싱그러운지 모른다. 커다란 잎사귀는 지나가는 행인에게
그늘이 되어주기도 하고, 나뭇잎 사이사이로 한 줌의 햇빛이
스며들어 눈이 부시기도 한다. 운치 있는 플라타너스 가로수 길을
걷는 그 느낌, 참으로 고요하고 평화롭다.

재밌게도 상하이에는 플라타너스가 유난히도 많이 보인다.
상하이에 와보셨다면 한 번쯤은 플라타너스 가로수 길을 지나가
보셨으리라 생각한다. 특히 상하이 중심가인 화이하이로
부근에는 길 양옆으로 울창한 플라타너스가 쭉 늘어서 있다. 제법
몸통이 굵직한 이 나무들은 한눈에 보아도 심어진 지 꽤 오래되어
보인다.

그렇다면 왜 상하이 중심지에는 유독 플라타너스가 많이
심어져 있는 걸까? 이것은 과거 프랑스 조계 역사와 관련이 있다.
19세기 중반 상하이가 개항된 후, 상하이에 온 프랑스인들은
와이탄 일부와 화이하이로를 중심으로 프랑스 조계지를 발전시켜
나가며 새로운 곳에서의 삶을 시작했다. 그러나 낯선 이국땅에
살게 된 이들에게 고향을 그리워하는 마음은 어쩔 수 없었나
보다. 향수를 달래기 위해 그들은 당시 유럽에서 많이 심던
플라타너스를 가져와 조계 지역에 심기 시작했다고 한다. 이러한
까닭으로 플라타너스는 상하이에 점차 뿌리를 내리게 된 것이다.
중국어로 플라타너스를 '프랑스 오동(法國梧桐)'이라고 부르기도
하는데, 이는 프랑스인들이 이 나무를 상하이에 가져와서
심었고, 나무의 생김새가 오동나무와 비슷하다고 오인한 것에서
붙여진 이름이다. 공교롭게도 축축하고 따뜻한 환경에서 잘
자라는 플라타너스 나무는 습하고 따뜻한 상하이에서 자라나기
안성맞춤이었다.

　　이제는 상하이의 특색으로 자리 잡은 플라타너스 가로수지만,
걷다 보면 유럽 특유의 유럽 특유의 낭만적인 분위기가
느껴지기도 한다. 특히 싱그러운 플라타너스와 프랑스 특유의
건축이 어우러진 상업 거리 화이하이로는 마치 파리의 샹젤리제
거리를 연상케 한다. 지금도 상하이의 번화한 거리로 손꼽히는
화이하이로는 옛 프랑스 조계 시절에도 역시 시끌벅적한 상업
거리였다고 한다.

상하이시 중심가의 플라타너스 가로수 길

20세기 초, 프랑스 조계지에 속해있던 이곳의 도로와 건축 대부분은 프랑스 스타일로 지어졌다. 그리고 상점에는 세계 각국에서 온 수입품들로 가득 진열되었다. 물건들이 얼마나 다양했는지, 프랑스 향수에서부터 시베리아의 가죽제품, 체코의 가죽구두, 파나마의 밀짚모자까지… 없는 게 없었다고 한다. 또 거리 한편에는 서양식 음식점과 디저트 가게, 커피숍, 양복 가게도 들어섰다. 그야말로 유럽에 있는 여느 발전한 도시와 다를 바 없던 것이다. 지금도 화이하이로에는 커피숍이나 서양식 음식점뿐만 아니라, 세계적으로 유명한 최고급 명품샵이 즐비해 있다.

화이하이로의 야경

군이 난징로와 비교해본다면, 대체로 높고 웅장한 건축이 많은 난징로에 비해, 화이하이로에는 층수가 낮고 규모가 크지 않은 아기자기한 건물들이 대부분이다. 옛 조계 지역을 거닐며 당시의 건축과 풍겨오는 분위기를 느껴보는 것 또한 상하이에서 느낄 수 있는 큰 매력일 것이다. 밤이 되면 플라타너스에 장식된 조명이 반짝거린다. 상하이 사람들은 이를 '불빛 터널'이라고 부르는데, 그야말로 불야성을 이룬다.

밤이 되어도 어두워질 줄 모르는 화이하이로는 길 이름이 여러 차례 바뀌었다. 특히 프랑스 조계지에서는 역사적으로 공헌을 한 사람 이름을 따서 길 이름을 짓는 경우가 많았다.
그래서 길이 지어지던 초반에는 프랑스 조계지 관리기구
격인 공동국(公董局)의 책임자였던 Paul Brunat의 이름을 따서
바오창로(寶昌路)라고 불렀다. 1915년부터는 제1차 세계대전
당시 활약했던 프랑스 조르프(Joffre) 장군의 중국식 이름을 따서
샤페이루(霞飛路, Avenue Jorrfre)가 되었다고 한다.(조르프 장군은
1922년 3월, 상하이에 방문했을 때 자신의 이름으로 지어진 길을 직접
밟아본 적이 있다.) 그러던 것을 1949년 신중국 건국 이후에는
중국 해방전쟁 3대 전투 중 하나인 화이하이(淮海)전투를
기념하기 위해 화이하이로로 이름을 변경했다. 오늘날
화이하이로는 이러한 과정을 거쳐 붙여진 이름이다.


화원양방(花園洋房)과 쓰난공관


   떠들썩한 번화가 화이하이로에서 벗어나 한적하고 좁다란
쓰난로(思南路) 길목으로 발걸음을 옮겨본다. 고작 몇 걸음
더 걸었을 뿐인데 앞서 보았던 시끌벅적함과는 달리 조용한
모습이 눈앞에 펼쳐진다. 이 동네의 사랑방 역할을 할 것 같은
조그마한 슈퍼, 규모는 작지만 운치 있어 보이는 카페가 보이고,
몇 걸음 더 걸으니 유럽의 정취를 가득 담은 서양식 주택이 눈에
들어온다. 이런 주택들은 정원이 딸린 서양식 주택이라고 하여
화원양방(花園洋房)이라 부른다.

언젠가 "상하이는 건축 연구가들의 성지"라는 글을 본 적이 있다. 개항 이후 다사다난한 역사를 걸어온 탓에, 세계 여러 나라의 건축물이 상하이에 여럿 남아있기 때문이리라. 서양식 주택인 화원양방 역시 마찬가지이다. 1840년대 이후부터 1949년까지, 상하이에 지어진 화원양방은 모두 5,000여 채에 달한다는 통계가 남아있다. 방대한 수량도 놀랍지만, 더 놀라운 것은 주택마다 각기 다른 건축 양식을 지녔다는 것이다. 당장 서양식 주택이 밀집해 있는 눈앞의 쓰난로만 보더라도 푸른 잔디밭의 정원이 딸린 2∼3층 높이의 낮은 건물이라는 점은 비슷하지만, 건축 외형은 대체로 다르다. 굳이 나열해보자면 프랑스 정원식 주택뿐만 아니라 영국농촌 별장 · 북유럽 스타일 · 이탈리아 스타일 · 스페인 스타일 등등 그 양식이 다양하다. 마치 유럽 전역에 있는 다양한 스타일의 주택을 상하이에 한데 모아둔 것 같다.

화원양방은 본래 외국인들의 거주 공간으로 사용하기 위해 지어진 고급 주택이었다. 제1차 세계대전 종결 후, 세계 경제가 회복되면서 상하이 공상업계도 나날이 번영하자 한 차례 건축 붐이 일은 적이 있다. 이 현상으로 1920∼1930년대에 들어 외국인들은 상하이에 적지 않은 건물을 지었다. 화원양방 역시 이때 많이 지어졌다고 한다.

그렇다고 오직 외국인들만 화원양방에 살았던 것은 아니다. 일부 중국의 유명인사들 역시 이곳에 살기도 했다. 좁다랗고

서양식 주택으로 지어진 쑨중산 고거기념관

한적한 쓰난로를 걸어가다 보면 샹산로(香山路)와 교차하는
지점과 만나게 된다. 눈길을 잠깐 샹산로 방향으로 던지면,
어두운 회색 바탕 건물에 붉은색 지붕이 얹혀있는 화원양방이
눈에 들어온다. 이곳 역시 정원이 딸려 있고, 녹색환경이
우거진 고아한 분위기의 서양식 주택이다. 이 주택은 중국의
국부(國父) 쑨원(孫文) 선생이 부인 송칭링(宋慶齡)과 함께
1918년부터 1924년까지 거주하던 공간이다. 쑨원 선생이
서거한 후로는 1937년까지 송칭링 여사가 홀로 지냈다고
한다. 쑨원 선생은 이곳에서 『쑨원학설(孫文學說)』(1918)과
『실업계획(實業計劃)』(1921) 등 책을 집필하기도 하고, 그의

사상을 완성시켜 나가기도 했다. 서적 출판이 용이하고, 안전하게 각종 활동을 할 수 있던 조계지의 이점을 잘 활용한 것이다. 다시 말해 이곳은 쑨원의 혁명 활동에 있어 중요한 거점이나 다름없었다. 지금은 쑨중산 고거기념관으로 남아있어 여러 관광객들의 발길이 오간다. 집안의 가구와 진열은 대부분 원래의 것으로, 송칭링이 당시의 모습으로 배치해 놓은 것이다. 이들 부부가 생활했던 거실과 침실, 서재를 생생하게 구경할 수 있음은 물론, 진귀한 사진과 쑨원 선생의 친필원고 등 자료도 전시되어 있다.

　50여 채나 되는 이국적인 주택들이 한 데 밀집해 있는 쓰난공관(思南公館, Sinan Mansion)은 쓰난로에서 빼놓을 수 없는 명소다. 쓰난공관 바로 앞에는 프랑스식 공원인 푸싱공원(復興公園)이 있는데, 쓰난공관은 녹지 공간을 중시하는 유럽인들이 공원 주변에 주택을 지으며 만들어진 단지라고 한다. 당시에는 단지 이름이 이핀춘(義品村)으로 불렸다. 이곳에는 상류층 인사인 정부 관리나 금융계 종사자, 문예계 지명인사들이 살았다. 공산당 총리였던 저우언라이(周恩來)의 고거 역시 쓰난공관에 위치해있다. 주공관(周公館)이라 불리는 이곳은 1945년 중일전쟁 이후, 국공담판기간동안 저우언라이가 머물렀던 프랑스식 주택이다. 저우언라이는 1946년 이곳에서 두 차례 기자회견을 가졌으며, 미국 트루먼 대통령의 특사인 마셜(George Marshall) 장군을 접견하기도 했다. 이 밖에도 유명한 경극 배우인

이국적인 화원양방 주택이 밀집해 있는 쓰난공관

메이란팡(梅蘭芳) 고거, 시인이자 정치가였던 류야즈(柳亞子)고거
역시 이 주변에서 찾아볼 수 있다.

이처럼 조성된 지 오랜 시간이 흐른 이 주택단지는 복원공사를
거친 후 2010년 쓰난공관이라는 이름으로 문을 열었다. 지금은
고급호텔, 카페, 바, 레스토랑으로 사용되고 있다. 가끔 쓰난공관
안쪽에 있는 무대에서는 작은 음악 공연이 펼쳐지기도 하고, 매주
토요일이면 작가나 문학평론가를 초청하여 강연이나 독서회를
열기도 한다. 여러모로 인문학적 분위기가 느껴지는 곳이다.


스쿠먼과 신톈디


쓰난공관에서 얼마 멀지 않은 신톈디(新天地)는 이보다
훨씬 더 유명하다. 이미 상하이의 빠질 수 없는 관광명소로
자리매김했기 때문에 늘 수많은 관광객들로 붐빈다. 신톈디를
한번 둘러보면 당장 눈에 들어오는 것은 여기저기 즐비한 분위기
좋은 레스토랑과 바, 쇼핑상점들이다. 카페와 바, 레스토랑이
들어서 있다는 건 쓰난공관과 비슷하다. 그러나 잠시 눈을 돌려
상점 밖 외관을 살펴보면 검회색 벽돌로 차곡차곡 쌓아 올린
건축양식이 눈에 들어오는데, 앞서 보았던 화원양방과는 좀
달라 보인다. 그렇다면 신톈디의 건축양식은 무엇일까? 바로
스쿠먼(石庫門)이라고 부르는 양식이다. 돌로 문틀을 만들고,
튼튼한 나무로 문짝을 새카맣게 만든 데에서 유래되었다.

오늘날 신톈디

화원양방이 주로 외국인이나 중국 상류층 인사가 살았던
곳이라면, 스쿠먼은 상하이 주민들이 살던 민가였다.

이를 통해 우리는 신텐디가 자리한 곳은 과거 상하이
시민들이 살던 주거지였다는 사실을 미루어 짐작해볼 수 있다.
1990년대 말, 홍콩의 루이안(瑞安) 그룹은 상하이 중심부인
이곳을 관광명소로 만들기로 계획했다. 그리하여 8천 명이
넘는 주민들을 다른 곳으로 이주시키며, 본격적으로 대대적인
공사에 들어갔다. 한 가지 주목할 만한 점은 기존의 스쿠먼
건축을 토대로 설계했다는 것이다. 오랜 역사가 깃들어 있다는
느낌을 주기 위해 기존의 벽돌과 기와를 건축자재로 사용했다.
'재건을 하더라도 오래된 것 같아 보이도록 하자!'가 공사의
슬로건이었다고 한다. 2년간의 공사 끝에 상하이 시민들의 옛
추억이 가득 담겨 있던 이곳은 신텐디로 재탄생했다. 그리고
주민들이 살았던 전통 건축양식 스쿠먼에는 거주 공간 대신
상점이 들어섰고, 골목길이자 앞마당 격인 롱탕(弄堂)에는
테이블이 놓이며 노천카페가 되었다. 선선한 바람이 불어오는 날,
신텐디 노천카페에 앉아 느긋하게 차 한 잔 마시며 여유를 갖는
시간은 이곳에서 가장 즐거운 순간이 아닐까 싶다.

스쿠먼 건축양식은 신텐디뿐만 아니라, 상하이 중심가의
곳곳에서도 찾아볼 수 있다. 통계에 따르면, 과거 상하이 시민들
중 70% 이상이 스쿠먼에 살았다고 한다. 지금도 여전히 적지
않은 시민들이 이곳에서 살고 있다. 상하이 사람들에게는 분명

추억이 어린 친숙한 공간이나 다름없는 셈이다. 이러한 이유로
스쿠먼을 단순히 상하이 시민들이 살던 전통주택이라고 생각할
수도 있겠지만, 이 평범해 보이는 주택의 숨겨진 이면을 살펴보면
상하이의 역사 이야기가 담겨있고, 문화적인 가치 역시 상당하다.
왜 그럴까? 스쿠먼은 상하이 근대의 도시 문명을 상징하는
상하이의 독특한 건축이기 때문이다.

먼저 스쿠먼이 상하이 곳곳에 세워진 데는 조계 역사라는
특별한 배경이 숨어있다. 영·미·프 조계지가 형성된 후,
초반에 조계 안에는 외국인들만 거주하였다. 그러나 이후
소도회 봉기(小刀會起義, 1853~1855), 태평천국의난(1851~1864)을
비롯하여 중국에 크고 작은 전쟁이 일어나자, 중국인들은 전란을
피해 안전한 조계지로 피난을 오게 되었다. 처음에는 2만 명의
중국인들이 들어왔지만, 그 후로 유입된 중국인들의 숫자는 계속
증가했다. 결과적으로 한적했던 조계지에는 순식간에 사람들이
눈덩이처럼 불어나게 된 것이다.

조계 안으로 들어온 중국인들에게 당장 필요한 것은 주거할 수
있는 공간이었다. 일확천금을 꿈꾸며 돈을 벌 목적으로 상하이에
온 외국 상인들이 이 기회를 놓칠 리 없었다. 외국인들은 이
기회를 틈타 부동산에 눈을 돌렸고 대량의 주택을 건설했는데,
서양의 민가를 본떠서 일렬 배열식 집을 지었다. 그리고 공간
확보를 위해 2, 3층까지 층수를 올렸다. 스쿠먼은 바로 이러한
역사적 배경 아래 생겨난 것이다.

신텐디의 스쿠먼 건축

신텐디 지하철역 안에는 이곳의 특색을 살려 스쿠먼 건축의 모습으로 꾸며져 있다

재미있는 점은 스쿠먼의 외관은 서양건축의 영향을 많이 받았지만, 내부는 중국 전통의 특징을 지니고 있다는 것이다. 자로 잰 듯 질서 정연하게 늘어선 일렬 배열식 구조, 벽돌과 나무를 이용한 서양 건축 방법, 그리고 대문 위에 돌로 새겨진 꽃 장식무늬는 서양건축의 특징을 잘 살렸다. 그러나 내부 구조는 전체적으로 강남 전통민가의 주택형식을 바탕으로 하고 있다. 비록 작긴 하지만 마당 격인 톈징(天井)이 있고, 집에 들어서면 바로 응접실(客房)이 있으며, 중축선을 중심으로 양쪽에 대칭을 이루며 배치되어 있는 등 중국 전통건축의 특징을 갖고 있는 것이다. 이렇듯 스쿠먼은 조계시절 일찍이 외국인과 중국인이 함께 만들어 나간 합작품이라고 해도 모자람이 없지 않나 싶다. 즉 스쿠먼은 중서문화가 결합된 상하이를 나타내는 대표적 산물인 셈이다.

스쿠먼 외관은 누구나 볼 수 있다고 해도 내부를 구경하기란 쉽지 않다. 일면식도 없는 상하이 시민 집에 찾아가 집 구경 좀 해도 되냐고 할 수는 없지 않는가. 그러나 아쉬워할 필요 없다. 우리나라의 상하이 집 격인 '상하이 대한민국 임시정부 청사' 역시 스쿠먼 양식으로 지어진 건축이기 때문이다. 만약 청사를 방문하게 된다면 독립운동의 역사에 관한 전시는 물론이거니와, 간 김에 스쿠먼 건축구조도 한번 눈여겨보시라. 스쿠먼이 지어진 시기와 면적에 따라 약간의 차이가 있기 마련이지만, 내부구조는 대체로 비슷비슷하다.

또한 신톈디에는 전문적으로 스쿠먼 집 내부를 구경할
수도 있도록 만든 스쿠먼 우리샹 박물관(石庫門屋里廂博物館)도
있다.(우리샹은 상하이 말로 '집'이란 뜻이다.) 1920년대 지어진
스쿠먼 내부 모습을 그대로 보존해 놓아 박물관으로 재탄생시킨
곳이다. 거실에서부터 침실, 부엌, 서재까지, 당시 상하이
시민들의 소소한 삶의 손때가 고스란히 묻어나 있다. 이곳에
들를 때면, 마치 어느 한 가정에 손님으로 초대받은 듯 포근하고
따뜻한 느낌이 든다.

이뿐만이 아니다. 스쿠먼은 근대 상하이 및 중국의 정치나
경제, 문학, 예술, 생활방식 등 다방면에 막대한 영향을 끼치기도
했다. 신톈디 안에 있는 중공일대회지(中共一大會址)는 중국
공산당 역사가 탄생한 곳인데, 이 역시 스쿠먼 건축이다. 또한
루쉰을 비롯해 상하이에서 활동하던 작가들은 스쿠먼 건축의
작은 방 팅즈젠(亭子間)에 살며 여러 작품을 쓰기도 했다.

스쿠먼과 룽탕에 대해 알면 알수록 더 이상 집이라는 거주지
자체에 불과한 게 아니란 생각이 든다. 스쿠먼 안에는 그간
상하이의 역사가 녹아있고, 이곳에 살던 가가호호의 이야기가
담겨 있기 때문이다. 게다가 스쿠먼의 형성은 상하이가 많은
이주민이 유입되었던 도시였음을 말해주는 동시에, 빠른 도시화
및 발전과정을 보여주는 축소판이기도 하다. 신톈디에 가기 전,
스쿠먼에 담긴 이야기를 알고 간다면 이곳에 가득한 상하이
역사와 문화의 향기를 더 잘 느낄 수 있으리라 생각된다.

스쿠먼 우리샹 박물관
(부엌, 침실, 응접실)

같은 공간이라도 누가 만들었는지에 따라 모습이 달라지기
마련이다. 상하이 옛 프랑스 조계지는 분명 중국의 한
부분이지만, 프랑스인들의 온기가 닿으며 이국적인 공간으로
탈바꿈했다. 그들의 숨결과 문화 역시 그 위에 고스란히
새겨진 것은 물론이다. 그러나 옛 조계지에는 외국인들의
손길만이 닿은 게 아니었다. 그들과 함께 더불어 살아가던
중국인들의 삶의 흔적과 문화 또한 찾을 수 있다. 상업 중심지인
화이하이로에서부터 외국인들이 살던 화원양방, 그리고 신톈디에
있는 스쿠먼 양식까지. 조계지는 중국인들과 외국인들이 어떻게
함께 살아왔는지, 그리고 서로 다른 문화가 어떻게 융합되어
왔는지를 보여주는 특별한 장소인 것이다.

# 루쉰의 흔적을 찾아서,
## 둬룬로

    상하이에 있는 수많은 길 중에 둬룬로(多倫路)라는 길이 있다. 이 거리는 난징로(南京路)처럼 번화하지도, 그렇다고 형산로(衡山路)처럼 운치가 있지도 않은 한적하고 고요한 길이다. 그러나 어떤 매력 때문인지 이곳에 일부러 찾아오는 관광객이 적지 않다.

    둬룬로는 과연 어떤 특색을 지닌 곳일까? 이곳의 정식명칭은 '둬룬로 문화명인거리(多倫路文化名人街)'다. 1920～1930년대 중국의 내로라하는 유명인사들과 관련 있어서 비롯된 이름으로, 이들의 흔적은 그로부터 100년이 지난 지금에도 만날 수 있다. 'ㄴ자'로 구부러진 550미터 남짓한 둬룬로에는 사람 크기만 한 조각상이 여기저기 세워져 있다. 조각상의 이름을 살펴보면, 궈모뤄(郭沫若), 딩링(丁玲), 마오둔(茅盾), 그리고 루쉰(魯迅)의 이름도 볼 수 있다. 이들의 공통점을 꼽아보자면? 모두 중국에서 명성이 자자한 유명 문인들이었다는 것이다.

    기록에 따르면, 1920～1930년대 이들을 포함한 30여 명의 작가들은 둬룬로 주변에 거주했다고 한다. 그들은 카페에 모여 함께 책을 읽고 교류했으며, 중국좌익작가연맹(中國左翼作家聯盟,

뒤룬로 거리에 들어서는 문 입구

이하 좌련)이라는 문학단체를 결성하기도 했다. 과거 이곳은 그야말로 작가들의 교류의 장이 펼쳐졌던 곳이다. 오늘날 뒤룬로를 거닐다 보면 작가들이 모여 토론을 나누던 카페도 보이고, 또 좌련의 창립대회가 열렸던 좌련기념관도 찾아볼 수 있다. 거리 곳곳에는 여전히 그 시절의 이야기와 인문학의 향기가 물들어 있다.

  뒤룬루 주변에 살던 대부분의 작가들은 대부분 타지에서 왔다. 상하이로 온 작가들이 하나둘 홍커우구의 뒤룬로 주변에 자리를 잡더니, 그들과 뜻이 맞는 작가들도 이곳으로 모여들었다. 그렇다면 이들이 하고많은 도시 중에서 상하이로 모이게 된 이유는 무엇이었을까? 몇 가지 이유가 있었지만, 그중에서도 한 가지 이유는 4·12 상하이 쿠데타를 피해 당시 영미공공조계지에 속한 홍커우구의 조계지에 피난하기 위해서였고, 또 다른 한 가지는 중국 문화의 중심지라는 상하이의 배경 때문이었다.

그렇다면 상하이는 어떻게 중국 문화의 중심지가 된 것인지 궁금해진다. 역사는 종종 한 사람에 의해 쓰이기도 하고, 우연한 사건을 바탕으로 흘러가기도 한다. 상하이가 문화의 중심지로 자리 잡게 된 배경에는 영국인 선교사 메드허스트(Walter Henry Medhurst)가 가져온 인쇄기가 커다란 역할을 하였다. 1843년 겨울, 메드허스트는 갓 개항된 도시 상하이에 발을 내디뎠다. 본래 말라카 일대에서 선교활동을 해오던 그는 상하이의 개항 소식을 듣고 새로운 길을 개척하기 위해 이곳에 온 것이었다. 상하이에 도착한 그는 지금의 산동중로(山東中路) -당시에는 왕핑제(望平街)라고 불렸다- 부근에 묵해서점(墨海書館, 1843년)을 열었다. 그리고는 영국에서 가져온 인쇄기를 사용하여 성경책을 대량인쇄 했다. 이것은 상하이 최초의 활판 인쇄 출판 기구였다. 그동안 목판인쇄를 해오던 중국인들이 볼 때, 하루에 많게는 몇천 권의 대량인쇄가 가능한 인쇄기는 분명 신통방통한 물건이었으리라. 머지않아 인쇄 제작은 기존의 목판인쇄기술을 대체하며, 일약 상하이의 명물로 떠올랐다.(메드허스트는

뒤룬로 거리에 있는 문인들의 동상

한국과도 인연이 있다. 서양인 최초로 한국어 어휘집인
『조선위국자휘(朝鮮偉國字彙)』를 편찬하기도 했다.)

　이처럼 영국에서 상하이로 건너온 신식 인쇄기 한 대는
상하이에 적지 않은 파장을 몰고 왔다. 산동중로는 18~19세기에
신문업의 중심이었던 영국의 플리트 스트리트(Fleet Street)처럼
점차 상하이 신문업의 중심으로 변모해간 것이다. 이후,
산동중로 옆의 푸저우로(福州路)에는 1897년 출판기관인
상무인서관(商務印書館)이 들어섰고, 중화서국(中華書局)과
세계서국(世界書局)을 포함한 서점이 문을 열었으며,
『신보(申報)』, 『시보(時報)』와 같은 유명한 신문사가 운집했다.

몇 년 사이에 이 길 위에는 인쇄소와 서점, 그리고 신문사까지, 30여 개의 출판업계가 우후죽순 들어서게 된 것이다. 머지않아 상하이는 서양 학문이 들어오는 최대기지가 되었다. 더불어 중국 전체의 80~90%나 되는 서적 출판을 담당하며 중국 최대의 출판업, 중국문화의 중심지로 떠올랐다.

이처럼 묵묵히 창작활동을 할 수 있고, 출판의 기회가 많으며, 기고를 통해 생계를 유지할 수 있는 상하이에 여러 작가들이 몰려든 것은 어찌 보면 당연한 일이었다. 물론 상하이에서 활동한 작가들 중에는 『색·계(色戒)』 영화의 원작가로 알려진 장아이링(張愛玲)처럼 상하이에서 태어나 쭉 살고 있던 작가도 있었다. 그러나 당시에는 타지역 출신의 작가들이 대부분을 차지했다. 중국학자들의 말을 빌리면, 정확한 수를 헤아릴 수는 없지만, 당시 적어도 수만 명의 작가들이 상하이에서 창작활동을 했을 것이라고 한다.

그러나 부푼 꿈을 안고 상하이로 온 작가들에게 이곳에서의 생활이 장밋빛만 펼쳐졌던 건 아니다. 이들 중 상당수가 가난한 문학청년들이었기 때문에 원고료만을 가지고 생활해야 했다. 예나 지금이나 비싼 상하이의 집값과 높은 물가를 부담하기란 결코 쉬운 일이 아니었을 것이다. 그렇다면 이들은 어떻게 보금자리를 마련했을까? 중국에 '팅즈젠(亭子間) 문학'이라는 말이 있다. 팅즈젠에 살았던 문인들이 창작했던 문학작품을 가리키는 것이다. 팅즈젠이라는 단어는 우리에게 좀 낯설게

푸저우로에는 상하이 최대 규모인 7층 높이의 서점 '상하이서성(上海書城)'을
비롯하여 많은 서점이 있다

스쿠먼 박물관에 있는 팅즈젠

들린다. 간단히 말하면 옛 상하이 전통주택인 스쿠먼(石庫門)
안에 있는 쪽방이라고 할 수 있다. 이 쪽방은 보통 2층 계단 옆에
붙어 있는 북향 방으로, 천장 높이는 2미터가 채 안 되게 낮고,
규모도 6~10m² 남짓하게 작다. 꼭 정원에 있는 정자(亭子)와
비슷하다고 하여 팅즈젠이라는 이름이 붙혀졌다.

하지만 낭만적인 이름과는 달리 이곳에 살던 사람들의 생활은
그리 낭만적이지 못했다. 팅즈젠의 아래층에는 부엌이, 위층에는
발코니가 있는데, 이 아래층과 위층 사이의 남는 자투리 공간을
방으로 만든 것이다. 애초에 창고로 사용하기 위해 만들었지,
사람이 살기 위해 만들어진 공간이 아니었다. 그러나 인구가 점점

늘어나면서 주택난에 시달렸고, 어쩔 수 없이 임시방편으로 이 방에도 사람들이 거주하기 시작했다. 여름엔 무덥고 겨울엔 추운, 환경이 매우 열악했기 때문에 스쿠먼에 달린 방들 중에서 가장 저렴했고, 수입이 낮은 사람들이 주로 살았다. 주머니 사정이 좋지 않던 작가들 역시 임대료가 저렴한 팅즈젠을 생활 터전으로 잡을 수밖에 없었다. 일찍이 루쉰, 마오둔(茅盾), 바진(巴金) 등과 같이 우리에게 잘 알려진 중국 문인들도 팅즈젠에서 생활한 적이 있다. 그러나 종종 힘든 시간과 악조건은 사람을 강하게 단련시키기도 한다. 열악한 공간이었지만, 문인들은 이러한 악조건 속에서도 우수한 작품을 여럿 탄생시켰다. 오늘날까지도 이것은 팅즈젠 문학, 팅즈젠 작가라고 불리며 사람들에게 회자되고 있다. 팅즈젠은 건축용어의 범위를 벗어나, 상하이의 문화적인 부호가 된 셈이다.

상하이에서 찾는 루쉰의 흔적

혹여 중국 문학에 관심이 있다면, 상하이에서 활동했던 작가들의 흔적을 살펴보는 것도 재미있을 거란 생각이다. 상하이에서 활동한 작가들 중, 중국의 대문호 루쉰(본명 周樹人) 역시 상하이에 적지 않은 발자취를 남겼다. 중국 최초의 현대소설인『광인일기(狂人日記)』를 비롯하여 『아Q정전(阿Q正傳)』,『축복(祝福)』과 같은 소설을 발표하며

중국 현대문학의 길을 개척한 그는, 글로써 중국인들의 정신을
계몽시키기 위해 한평생 힘쓴 사람이다. 비록 루쉰이 태어나고
자란 곳은 저장성 샤오싱(浙江省 紹興)이었고, 주로 베이징과
샤먼(廈門), 광저우(廣州)에서 교편을 잡고 창작활동을 벌였지만,
그가 삶을 마감한 곳은 다름 아닌 상하이였다. 1927년 가을,
광저우를 떠나 상하이로 옮겨온 그는 장장 9년이란 세월 동안
이곳에서 생활했다.

　모처럼 햇살이 따뜻하던 어느 날, 나는 상하이에 남겨진
루쉰의 발자취를 따라나섰다. 그의 흔적은 홍커우구 둬룬로
주변에 가면 찾을 수 있다. 루쉰이 살던 고거와 살아생전
종종 산책했다는 루쉰공원, 루쉰기념관, 그리고 그가 잠들어
있는 묘지가 모두 이 주변에 있기 때문이다. 홍커우축구장
역(虹口足球場站)에서 둬룬로는 도보로 10분이면 도착할 정도로
가까운 거리에 있다. 먼저 루쉰이 상하이에 정착하며 살았던
집부터 둘러보기로 한다.

　루쉰은 상하이에 살면서 모두 세 차례 집을 옮겼다고 전해진다.
그중에서도 산인로(山陰路)에 자리한 대륙신촌(大陸新村)은 루쉰이
마지막으로 거주하던 집이자, 상하이에서 유일하게 '고거'로
남아있는 집이다. 이곳의 첫인상은 상하이의 오래된 여느 주택과
다를 바 없이 평범해 보였다.

　"루쉰은 1933년 4월부터 눈을 감던 그날까지, 3년 반을 꼬박
이 집에서 살았어요. 이 주택은 1932년에 지어진 3층 높이의

신식이농(新式里弄) 주택이에요. 지금이야 오래되어 별 볼일 없어 보이지만, 루쉰이 살았던 1930년대만 하더라도 물과 전기, 가스가 공급되는 꽤 좋은 주택이었지요. 당시만 해도 이곳처럼 모든 시설이 구비되어 있는 주택은 드물었거든요"

안내원의 설명을 들으며 고거 안으로 발길을 옮겼다.

고거 안으로 들어서니 루쉰이 살던 당시의 모습이 눈앞에 펼쳐진다. 널찍한 공간에는 여느 일반 가정집과 다름없이 식탁과 침대, 책상과 같은 각종 가재도구가 깔끔하게 정리되어 있었다. 거실과 방에 배치된 가구는 루쉰 가족이 직접 사용하던 것이라고 한다. 1950년 루쉰 고거가 복원된다는 소식이 전해지자, 부인 쉬광핑(許廣平)이 갖고 있던 가구를 모두 기증하고 당시 모습 그대로 배치해 놓은 것이다. 루쉰과 가족들의 손때가 묻은 오래된 가구와 공간은 그 시절 그들의 이야기를 담고 있는 듯했다. 상하이에서 루쉰은 가정을 꾸리며 행복한 시간을 보냈으리라. 그러나 루쉰 선생이 상하이에 관해 남긴 글은 그리 많지 않다.

안내원의 말에 따르면, 루쉰은 아이의 이름을 상하이에서 태어난 아기라는 뜻의 하이잉(海嬰)으로 지었다고 한다. 중국에서 가장 영향력 있는 문인이오, 사용했던 필명만 하더라도 백 개가 훌쩍 넘는 루쉰이었지만 의외로 아기의 이름은 너무도 단순하게 지은 것이 아닌가 생각이 든다. 혹시 그는 상하이에 대해 특별한 애정이 있어서 아이의 이름에 상하이의 흔적을 남기고 싶었던 것이었을까?

루쉰 고거에서 내가 가장 인상 깊게 보았던 공간은 2층에
위치한 루쉰 부부의 안방 겸 서재 방이었다. 남향으로 난 창문
앞에는 루쉰이 사용하던 책상이 놓여 있다. 루쉰은 이 커다란
책상 앞에 앉아 창작활동에 전념했으리라. 시간이 흐르며
바깥세상의 모습은 참 많이도 변했지만, 이 작은 공간은 집주인만
없을 뿐 루쉰이 살던 당시 모습 그대로다.

　　상하이에서 생활하는 동안 루쉰은 소설이나 시보다는 오로지
잡문(雜文)창작에 전념했고, 외국 서적 번역에 많은 시간을
쏟았다. 집필활동 이외에도 집에서 가까운 내산서점(內山書店)에
들려 수많은 책들을 탐독했다. 그리고 시간이 날 때면 종종
영화관을 찾아 영화를 관람하기도 했다. 그는 영화를 보다
재미있는 장면이 나오면 거리낌 없이 아주 호탕하게 웃었는데,
영화관에 있던 사람들은 이 웃음소리를 듣고는 '루쉰 선생이 오늘
영화를 보러 왔구나'하고 알아차렸다는 일화도 있다. 영화산업이
한창 발전하던 시절, 루쉰 역시 영화 관람을 취미로 삼으며
상하이의 문화생활을 누렸던 것이다.

　　이 밖에도 루쉰이 상하이에서 행한 중요한 업적이 있다.
목각판화 운동의 선구자가 되어 중국문화에 공헌한 일이다. 어릴
적부터 미술에 상당한 재능이 있던 그는 말년에 목각판화에
관심을 기울여 직접 판화를 제작했다. 그리고 청년들을 대상으로
목각 강습회를 열어 후학 양성에 힘쓰기도 했다. 그 시절을
살아가는 인민들의 고뇌와 모습들을 이번에는 종이가 아닌

루쉰 고거

목판에 옮겨 담았던 것이다. 판화야 말로 대중들이 이해하기 쉽고, 혁명의 메시지를 빠르고 효과적으로 전달할 수 있다는 생각에서였다. 이 때문에 루쉰은 '중국 문학의 거장'뿐만 아니라 '중국 현대판화의 아버지'라고도 불린다.

그러나 안타깝게도 여러 왕성한 활동을 펼쳐오던 그에게 죽음은 생각보다 일찍 찾아왔다. 폐결핵이 악화되었기 때문이다. 몸이 좋지 않아 찾아간 병원에서 엑스레이를 찍어본 그는 자신이 얼마 살지 못할 것이라는 것을 알게 된다. 그리고 머지않아 유언장과도 같은 글인 「죽음(死)」을 써 내려갔다. 이 글에서 그는 사람들을 향해 '(내가 죽은 후, 나를 위한) 어떠한 기념행사도 하지 마라', '나를 잊고 자신들의 생활을 돌봐라' 등의 말을 남겼다. 1936년 10월 19일 새벽, 루쉰은 바로 내가 서 있는 이 2층 방 침대에서 눈을 감았다.

그러나 그가 세상을 떠난 후, 그의 유언은 지켜지지 않았다. 루쉰 선생의 타계 소식이 전해지자, 민국시기(民國時期) 최대 규모의 장례식이 거행되었고, 그의 죽음을 애도하기 위해 모인 수많은 민중들의 긴 행렬로 거리가 가득 메워졌기 때문이다. 수많은 작가들 역시 추도행렬에 함께했다. 작가 위다푸(郁達夫)는 "루쉰 선생은 이미 타계했지만, 그의 정신은 중화민족과 영원히 함께 할 것이다"라는 말을 남기며 그를 애도했다. 루쉰은 진정 시대의 민족혼이었다.

그리고 몇 년이 지난 후에도 그의 바람과는 다르게 그를

루쉰공원 내부에 위치한 루쉰기념관

위한 추모회가 몇 차례나 열렸다. 루쉰 타계 20주년을 맞은
1956년에는 본래 만국공묘(萬國公墓)에 묻혀있던 루쉰의 유해가
지금의 루쉰공원(당시에는 훙커우공원이라 불렸다)으로 옮겨졌다.
그가 살던 고거 근처이자, 종종 산책했던 공원에 이장한 것이다.
그리고 1988년이 되어서는 루쉰을 기념하고 그의 정신을 널리
알리기 위해 공원 이름을 그의 필명 루쉰을 사용해 루쉰공원으로
바꾸었다.

　　루쉰공원 내부에는 그의 묘지뿐만 아니라 기념관도 있다.
루쉰기념관은 작가 한 사람을 위한 기념관이라기에는 규모가 꽤
큰 편이다. 루쉰이 젊은 시절 찍었던 사진에서부터 가족사진,

손수 써 내려간 친필 원고, 출판한 서적, 사용하던 물건, 입던
옷, 심지어는 폐결핵에 걸렸을 때 찍었던 엑스레이 사진과 부인
쉬광핑이 루쉰에게 해주었던 식단 메뉴까지. 작가 루쉰뿐만
아니라 인간 루쉰에 관한 이야기가 세세히 전시되어 있다. 기념관
내부의 적지 않은 유품들 역시 부인 쉬광핑이 기증한 것이다.
기념관 안의 문물 및 문헌 자료가 총 무려 20여만 점이나 된다고
하니, 찬찬히 꼼꼼하게 둘러보려면 꽤 많은 시간이 걸릴 듯싶다.
중국 현대문학사에서 아주 중요한 위치에 있던 작가인 만큼, 매년
이곳을 참관하는 관람객은 30만 명이나 된다고 한다. 하루 평균
800여 명의 사람들이 기념관을 찾는 셈이다.

　루쉰이 활동하던 시기는 현재 우리가 살아가는 시대와 확연히
달랐을 것이다. 그럼에도 루쉰이 남긴 작품과 사상은 오늘날에도
여전히 많은 독자들에게 읽히고 감동을 주며 귀감이 되고 있다.
그리고 상하이라는 공간은 이러한 루쉰의 인생 여정을 오롯이
간직하고 있다.

　1920~1930년대 상하이는 '동방의 월가', '동방의 파리'라고
불리며 경제와 국제 대도시로서의 화려함을 자랑하던 곳이었다.
뿐만 아니라 당시 상하이는 서양의 학문과 문화를 수용하는
최대기지였으며, 루쉰을 비롯한 수많은 작가와 사상가,
지식인들이 모여 그들의 생각을 성숙시키던 중요한 장소이기도
했다. 그야말로 상하이는 문화의 용광로요, 찬란한 문화를
꽃피우던 공간이었던 것이다. 아쉽게도 신중국 성립 이후 적지

루쉰기념관 내부 사진

않은 작가들과 출판사가 수도 베이징으로 이전하면서 상하이는 중국문화의 중심지라는 타이틀을 내주게 되었다. 그러나 문화의 숨결이 짙게 배어 있는 상하이는 지금도 여전히 독특한 문화적 색깔을 만들어 나가고 있다.

# 과거로의 시간 여행,
# 주자자오와 치바오

    중국 속담에 '하늘에는 천당이 있고, 땅에는 쑤저우(蘇州)와
항저우(杭州)가 있다(上有天堂, 下有蘇杭)'는 말이 있다. 쑤저우와
항저우를 비롯한 중국 강남지역의 수려하고 아름다운 자연경관을
천당에 빗대어 표현한 말이다. 그런가 하면 일찍이 아시아를
여행했던 마르코 폴로는 쑤저우를 보고는 "내 고향 베네치아
같다"라고 했으며, 항저우에 대해서는 "전 세계에서 가장
아름다운 도시"라는 기록을 남겼다.

    그 옛날 쑤저우와 항저우가 인상 깊던 이유는 바로 물
때문이었으리라. 중국의 강남지역은 예부터 물이 풍부하여,
자연과 어우러진 빼어난 경치를 자랑하곤 했다. 이 아름다운
경치는 종종 이백(李白)이나 백거이(白居易), 소식(蘇軾)등 중국
시인들의 시 속에 묘사되기도 했다. 뿐만 아니라 물 덕분에
사람들의 생활은 편리한 수상교통과 비옥한 땅을 이용할 수
있었는데, 이것은 경제적인 풍요로움으로 이어졌다. 또한 수나라
때에는 베이징과 항저우를 연결하는 약 1,800km에 달하는
경항대운하를 건설하여, 강남의 풍부한 물자를 베이징으로
운송하기도 했다.

인류의 역사는 물을 중심으로 발전하였다. 인류 최초의
문명인 '세계 4대 문명'도 모두 물이 있는 강 유역에서 발생하지
않았는가 말이다. 중국 강남지역의 크고 작은 도시 역시
수로를 따라 촌락이 형성되는 경우가 많았다. 지금도 저장성과
장쑤성에는 시탕(西塘), 우전(烏鎭), 저우좡(周莊), 통리(同里)와
같은 물의 마을, 즉 '수향(水鄕) 마을'이 적지 않다. 이 수향마을은
오랜 역사를 고스란히 간직한 채 보존되어 관광객들을 맞이하고
있다.

비록 위의 속담에 상하이에 대한 언급은 없지만, 내 생각에
같은 강남지역에 속하는 상하이 역시 쑤저우와 항저우에
견주어도 손색이 없지 않을까 싶다. 쑤저우, 항저우와 인접해
있는 상하이도 물이 풍족한 곳으로, 도시 곳곳에 물길이 흐르고
있기 때문이다. 또한 상하이에도 적지 않은 수향마을이 있다.
상하이에서 가장 오래된 마을인 펑징(楓涇)마을, 푸동 지역에서
유일하게 잘 보존된 신창(新場) 옛 마을, 상하이의 베니스라
불리는 주자자오(朱家角), 그리고 일곱 가지 보물에 대한 전설이
내려오는 치바오(七寶) 마을 등 길게는 1700년, 짧게는 몇 백
년의 역사를 간직한 수향마을이 상하이 교외 여기저기에 흩어져
있는 것이다. 멀리까지 가기에 시간과 상황이 여의치 않다면,
상대적으로 가까운 상하이 수향마을에 가 봐도 좋을 것이라는
생각이다. 상하이 수향마을 중에서 관광객들이 많이 찾는 곳을
꼽자면, 주자자오와 치바오를 꼽을 수 있겠다.

상하이의 베니스 - 주자자오

　먼저 주자자오는 상하이 서남쪽 칭푸구(靑浦區)에 위치한
전형적인 강남 수향마을이다. 마을에 수로가 얼기설기 연결되어
있는 것이 물의 도시인 이탈리아 베니스를 연상시킨다고 하여,
'상하이의 베니스'라고 불리기도 한다. 내가 주자자오를 찾았던
건 상하이에 온 지 한참이 지나서의 일이다. 상하이시 중심가에서
거리가 멀기도 하고, 풍경이 아름답기로 소문이 난 곳이라 아끼고
또 아껴둔 곳이었다. 런민광장(人民廣場) 부근에서 주자자오로
가는 버스를 타니 1시간 남짓 걸렸다.

　역사기록에 따르면, 주자자오는 약 1700여 년 전인 삼국시대에
형성된 마을이다. 송나라 이후 본격적으로 발전하며, 명나라에
들어서 우리의 군이나 읍 격인 '진(鎭)'으로 승격되었다고 한다.
황푸강의 수원(水源)이기도 한 뎬산호수(淀山湖)에 근접해 있어
예로부터 물이 풍부했다. 수상 교통이 편리할뿐더러 상하이,
저장성, 장쑤성의 교차 지점과 인접하여 자연스레 교통의
중심지가 되었다. 오고 가는 사람이 많으니 덩달아 상업도
번성했다. 그러던 이곳을 1990년대 초반에 관광지로 개발하면서,
이제는 여행객들의 발길이 끊이지 않는 관광명소가 되었다.

　주자자오에 들어서니 흰회색의 벽과 검푸른 빛깔을 띤 기와가
얹혀 있는 오래된 전통 민가들이 모습을 드러낸다. 마을 곳곳에는
작은 물줄기가 구불구불 굽이치고, 민가는 물길을 따라 길게

주자자오의 풍경

늘어서 있다. 관광지로 개발되며 적지 않은 민가가 박물관이나 찻집, 기념품 가게들로 탈바꿈하기도 했다. 주자자오에서 가장 유명한 길은 베이다제(北大街)다. 거리 양쪽에는 명·청 시기 양식을 고스란히 간직한 건축들이 세워져 있고, 그 안에는 이 지역의 특산품과 먹거리, 기념품을 파는 각종 상점들이 다닥다닥 밀집해 있다. 먼 옛날부터 베이다제는 "3리 남짓한 거리에 천 개의 점포가 있는 번화가"라고 불리며 마을에서 가장 번화한 상업 중심가의 역할을 해왔다. 그리고 식량과 식용유의 업종이 흥성할 때면, 베이다제의 가게에는 기름 짜는 가게, 쌀가게, 음식점과 찻집 등이 많이 생겨났고, 무역이 발전할 때면 이곳 역시 전장(錢庄)이나 전당포와 같이 금전거래를 하는 곳이 여럿 들어섰다고 한다. 이곳 역시 시대의 흐름을 타왔던 것이다.

수로 위로는 명·청 시기에 지어진 오래된 다리들이 군데군데 놓여 있다. 36개 정도의 다리가 있었다고 전해지지만, 시간이 흐르며 오래되고 허름한 다리는 자취를 감췄다. 관광지로 개발된 구역에는 오공석공교(五孔石拱橋) 양식의 방생교(放生橋), 목재로 만든 랑교(廊橋), 석판으로 지은 척가교(戚家橋) 등의 다리가 세워져 있다. 목재나 석판을 이용하는 등 건축 재료도 다양할뿐더러, 다리의 생김새 역시 각양각색이다.

그중에서도 방생교(放生橋)는 이 마을의 상징물과도 같은 유명한 다리이다. 1571년, 명나라 때 지어져 오랜 세월을 겪어온 다리의 손잡이 부분은 갖은 손때가 묻어 번들거리기까지

한다. 방생교는 아치형 돌다리로, 밑으로는 구멍이 다섯 개나 뚫려있어서 그 사이로 배들이 지나다닐 수 있다. 또한 길이 70.8m, 너비 5.8m, 높이 7.4m에 달하여, 강남지역에 있는 오공석공교 양식의 다리 중에서 규모가 가장 크다고 한다. 다리의 이름인 '방생'은 왠지 모르게 불교적인 분위기를 풍기지 않나 싶다. 이 용어에서도 미루어 짐작해볼 수 있듯이, 이 다리는 불교와 관련 있다. 방생교를 지은 사람이 바로 주자자오 고찰 자문사(慈門寺)의 성조(性潮)스님이기 때문이다. 성조스님은 15년 동안 보시를 청하여 모은 돈을 다리를 건설하는데 기부하였다. 그렇다면 스님은 왜 오랜 세월 시주를 받으며 모아온 돈을 다리를 건설하는 데 기부했던 것일까?

당시 주자자오 마을에는 이런 이야기가 전해 내려오고 있었다. 주자자오 마을을 관통하는 차오강(漕港)강에는 다리가 없었다. 그리하여 마을 주민들이 강 건너편 마을로 가려면 반드시 배를 타고 건너야 했다. 당시 마을에는 한 여인이 살고 있었는데, 안타깝게도 임신한지 얼마 되지 않아 남편이 세상을 떠나고 말았다. 홀로 남은 그녀는 생계 유지를 위해 점점 불러오는 배를 이끌고 수로 양쪽을 오가며 채소를 판매했다. 그러던 어느 날, 참으로 안타까운 일이 벌어졌다. 강을 건너던 여인이 그만 물속에 빠지고 만 것이다. 여인은 온 힘을 다해 겨우겨우 강기슭까지 올라왔다. 올라오자마자 바로 뱃속에 있던 남자아이를 출산하고는 숨을 거두었다. 때마침 그 옆을 지나가던

주자자오의 유명한 고찰인 자문사의 한 스님은 혼자 남게 된
이 갓난아기를 보게 되었다. 그리고 이 아기를 절로 데려와
키웠다고 한다. 아기는 아주 잘 자라주었고, 훗날 스님이 되었다.
놀랍게도 이 이야기 속의 아기가 바로 성조스님이었던 것이다.
성인이 된 성조스님은 강물에 빠져 돌아가신 자신의 어머니에
관한 이야기를 전해 듣고 다리를 건설하겠노라고 마음먹었다고
한다. 그리고는 긴긴 세월의 노력 끝에 방생교를 지어서 어머니의
영령을 위로할 수 있게 되었다.

그렇다면 다리 이름은 왜 '방생교'라 불리게 되었을까? 다리가
건설된 후, 성조스님은 매년 음력 초하루에 스님들, 참배객들과
함께 이 다리 밑에서 물고기와 자라 같은 수생동물을 방생해주는
행사를 개최했다고 한다. 불교 제자들의 자비로운 심성, 그리고
종교인으로서 솔선수범하는 모습을 보여주기 위해서였다. 그래서
이 다리는 방생교란 이름을 얻게 되었고, 오랜 세월을 거쳐 오며
방생 행사는 주자자오의 풍습으로 자리 잡게 되었다.

주자자오에 왔다면 뱃놀이 역시 빼놓을 수 없을 것이다.
주자자오 곳곳에는 배를 타고 유람할 수 있는 부두가 자리하고
있다. 그 옛날 주민들의 수상 교통수단으로 이용됐을 법한
배들은 오늘날 관광객들의 유람선으로 재탄생했다. 뱃사공은
배의 끄트머리에서 자신의 키보다도 훨씬 더 커 보이는 기다란
노를 저으며 배를 몬다. 배는 느릿느릿 물살을 가르며 앞으로
나아간다. 걷는 것도 좋지만, 배를 타고 구경하는 주자자오의

풍경도 무척이나 아름답다. 옛 시인들처럼 시 한 수 뽑아내고
싶게 만드는 풍경이다.


## 일곱 가지 보물이 숨어있는 '치바오' 수향마을


두 번째로 소개할 곳은 치바오다. 이곳 역시 주자자오과
분위기가 비슷한 수향마을이다. 상하이 사람들 사이에서
주자자오이 상하이의 베니스로 불린다면, 치바오는 "상하이의
20년의 역사를 보려면 푸동으로 가고, 200년의 역사를 보려면
와이탄으로, 천년의 역사를 보려면 치바오로 가라"는 말로 잘
알려져 있다. 치바오 수향마을 가운데로는 작은 운하가 흐르고 그
위로는 다리와 배들이 있다. 그리고 물길 따라 고색창연한 건축이
줄지어있다. 또한 이곳의 대표적인 거리인 난다제(南大街)와
베이다제(北大街)에는 각각 먹거리와 기념품을 판매한다.

치바오는 주자자오보다 규모가 작긴 하지만 더 많은 사람들이
찾아온다. 아무래도 상하이에 있는 수향마을 중 도심에서 가까이
있고, 교통이 편리하기 때문이 아닐까 싶다. 민항구(閔行區)에
위치한 치바오는 지하철 9호선을 타고 갈 수 있기 때문이다.
또 구베이(古北)이나 롱바이(龍柏)의 한인촌과도 가깝기 때문에
이곳에 살고 있는 한국인들도 구경 가기가 쉽다. 지하철과
연결되어 있어 접근성이 좋았기 때문에 나도 상하이에 사는 동안
치바오에 서너 차례 다녀왔다. 언제 가도 사람은 항상 많았다.

치바오 일대는 북송 시대에 형성되었고, 명·청 시기에 들어서며 전성기를 이루었던 마을이다. 조금 아쉬운 점은 천년의 역사를 지닌 마을이지만, 오래된 탓에 대부분의 건축들이 청나라 말기에 재건되었다는 것이다. 치바오라는 이름은 이 지역의 '치바오 교사(七寶敎寺)'라는 절에서 얻어졌다. 본래 치바오 교사는 송장(松江) 루바오산(陸寶山)에 있던 절이었다. 육씨의 후손들이 조상이자 진대(晉代) 문학가인 육기(陸機)와 육운(陸云)을 모시려고 만든 사당으로, 처음에는 육보암(陸寶庵)으로 불렸다고 한다. 그러다 강이 범람하자 지금 이곳 민항에 자리를 옮긴 것이었다. 오대십국시기 오월왕(吳越王) 치엔류(錢鏐)가 재위할 때 육보암에 방문한 적이 있다. 그는 금자연화경(金字蓮花經)을 하사하면서 "이것은 보물이다"라는 말을 남겼다. 이때부터 절 이름이 치바오사(七寶寺)로 바뀌었다고 한다. 그리고 나중에는 절 이름을 따서 지역 이름을 지었다.

절에서부터 지명이 얻어졌다니, 당시 치바오 절의 영향력이 얼마나 컸던 것인지 가늠해볼 수 있다. 치바오뿐만이 아니다. 역사적으로 중국의 여러 지역 이름은 종교와 매우 밀접한 관계가 있었다. 그 예로, 상하이의 난샹(南翔)과 롱화(龍華), 전루(眞如) 역시 모두 인근에 있는 절에서부터 이름이 얻어진 곳이다. 여기서도 알 수 있듯이 먼 옛날 중국 소도시의 발전과 종교는 어느 정도 밀접한 관련이 있었음을 알 수 있다. 전문가들의 말에 따르면, 마을이 발전할 때면 종교의 영향을 가장 많이 받았고,

그다음으로는 경제의 영향을 받았다고 한다. 치바오 역시
전형적으로 종교의 영향을 많이 받았던 지역인 것이다.

'치바오'라는 글자의 뜻은 일곱 가지 보물이라는 뜻이다.
치바오에는 이 일곱 가지 보물에 대한 전설이 전해 내려온다.
이 보물들은 각각 오월왕 전류가 하사했던 금자연화경을
포함하여 비래불(飛來佛), 탄래종(余來鍾), 신수(神樹), 옥쾌(玉筷),
옥부(玉斧), 금계(金鷄)를 뜻한다.

먼저 금자연화경은 오월왕 치엔류가 금가루로 불교 경전인
『연화경(蓮花経)』을 쓴 것이다. 이것을 하사받으면서부터 절
이름뿐만 아니라 마을 이름까지 바뀌게 되었으니, 치바오의
주인공이라 해도 과언이 아닐 것이다. 또 전설에 의하면 비래불은
하늘에서 날아온 여래 철불이며, 탄래종은 강물에서 둥둥
떠다니던 종이었다고 한다. 또한 천년이나 된 고목인 신수도
있다. 이 네 가지 보물은 여전히 실존하는 것으로, 치바오
곳곳에서 보물찾기 하듯 찾는 재미가 있다.

그런가 하면 전설로만 남아있어 더 이상 찾을 수 없는 보물도
있다. 금계는 말 그대로 황금색 닭이다. 치바오 북쪽의 높은
흙더미 아래 금과 은이 가득 차 있는 항아리가 각각 7, 8개씩
묻혀있는데, 금계가 이를 지킨다고 전해진다. 또 황제가 어느
공신에게 하사한 옥 젓가락인 옥쾌는 사악한 것을 물리쳐주는
신통방통한 마력을 갖고 있었다고 한다. 공신은 이를 귀하게
여긴 나머지 잃어버릴까 두려워 마을 북쪽에 있는 장가교 다리의

치바오의 풍경

기둥 안에 숨겨 두었지만 결국 도둑맞고 말았다. 이 전설에
신빙성이라도 더하는 듯 다리 기둥에는 한 쌍의 젓가락 흔적이
남아있다. 마지막으로 옥부는 푸후이탕교(浦匯塘橋)의 건설과
관련이 있다. 이 다리를 세울 때 거센 물살 때문에 많은 어려움을
겪었다. 심지어 여러 장인들이 나서서 손을 써봤으나 어찌할
방법이 없었다고 한다. 그런데 마침 백발이 무성한 노인이
식당에서 고기를 써는 데 사용했던 도끼를 갖고 오더니, 다리
밑에 던지는 게 아닌가. 놀랍게도 이 도끼가 물길을 막아주어
다리를 건설할 수 있었다고 한다.

이 밖에도 치바오에는 이 지역의 발전역사와 특산물을 한눈에 볼 수 있는 박물관이 여러 군데 마련되어 있다. 치바오의 면 방직업을 전시한 면직방 박물관, 옛날 상점을 그대로 재현해 놓은 '작은 상점 박물관', 그리고 치바오의 유명한 귀뚜라미를 전시해 놓은 '귀뚜라미 박물관' 등 박물관이 곳곳에 있어 볼거리가 풍성하다. 박물관은 보통 5위안 정도의 입장료를 내고 들어가야 하지만, 먼 옛날 치바오 사람들이 어떻게 살아왔는지 엿볼 수 있기에 구경할만한 가치가 있다고 생각한다.

치바오에서 판매하는 여러 먹거리 역시 빼놓을 수 없다. 그중 가장 유명한 특산품은 치바오 방고(七寶方糕)라 불리는 떡이다. 마치 우리의 백설기와 비슷한 흰 떡인데, 모양이 네모반듯한 모양으로 납작하게 눌려있다. 얼핏 보기에는 흔한 떡이지만, 여기에 얽힌 이야기도 있다. 본래 이 떡은 송나라 문인이었던 범중엄(范仲淹)에게서 비롯되었다고 전해진다. 어릴 적부터 집이 가난하던 그는 하루 세끼를 모두 죽으로 해결해야 했다. 가끔 죽을 남겨 접시에 떠 놓았는데, 겨울이 되면 추운 날씨로 인해 죽이 딱딱하게 굳었다고 한다. 그는 책을 보다 배고플 때면 이것을 한 조각씩 떼어먹곤 했다. 이 사실을 알게 된 그의 친구 석해경(石海卿)은 사람을 시켜 범중엄의 방법을 본떠 찹쌀떡을 만들었고, 매일매일 그에게 보내주었다. 떡 배달은 범중엄이 향시에 급제했을 때까지 계속되었다고 한다. 그래서 이 치바오 방고에는 승진, 그리고 합격을 기원하는 뜻이 담겨 있다고 한다.

치바오 방고에 이런 뜻이 담겨 있다는 말을 듣고, 나도
머지않아 있을 시험을 잘 보기를 기원하며 떡을 사서 한 입 베어
물었다. 쫄깃한 찹쌀과 안에 들어있는 달콤한 단팥이 잘 어우러진
게 담백하니 맛있었다.

　고개를 들어 올려다본 하늘이 점점 어둑어둑해진다. 치바오
건축의 조명이 하나둘씩 켜지면서 낮과는 사뭇 다른 야경이
펼쳐진다. 어둠 속의 치바오도 참 멋지구나. 더 구경하고 싶은
아쉬운 마음을 뒤로 하고 지하철역으로 발걸음을 재촉했다.
고작 십여 분 거리를 걸어왔는데, 커다란 현대식 건물들이
여기저기서 불쑥불쑥 나타난다. 뭔가 어색한 기분에 잠시 발길을
멈췄다. 반나절 동안 치바오를 둘러보며 과거의 모습에 푹 빠져
있었나보다. 흔히들 상하이를 두고 현대와 과거가 공존하는
도시라고 하지 않는가. 천 년 전의 역사를 거슬러 올라간 시간
여행을 하고 돌아오는 길이라 그런지, 유난히 이 말이 선뜻
와닿았다.

5

상하이를
기억하다

# 대한민국 역사의
# 중요한 한 조각

한국에서 비행기를 타고 파란 하늘을 감상하다 보면 얼마 지나지 않아 상하이에 도착한다. 비행시간만 따져보면 한 시간 반에서 두 시간 남짓 밖에 걸리지 않는다. 서울에서 차 타고 부산에 가는 것보다 더 가까운 거리이다. 이처럼 상하이는 가까운 거리에 위치해 있고, 볼거리가 풍성하기 때문에 매년 한국 관광객들의 발걸음이 끊이지 않는다.

한국에서 상하이까지 가는 길은 거리만 가까운 것이 아니다. 역사적으로도 깊은 인연이 있다. 상하이에 살면서 한국과 관련된 역사의 발자취를 찾아보는 재미도 쏠쏠했다.

상하이는 우리에게 있어 매우 특별한 곳이다. 한국의 독립운동을 상징하는 대한민국 임시정부가 자리했던 곳이기 때문이다. 우리 민족은 1910년 일제에게 나라를 빼앗긴 이후 국외 각지로 흩어져 독립운동을 전개하였다. 그중에서도 상하이는 독립운동의 중심지였다. 1919년 4월 11일 상하이에서 대한민국 임시정부를 수립하여 이곳을 중심으로 독립운동을 펼쳤고, 당시의 역사적 발자취와 유적이 상하이 곳곳에 남아있다. 그렇기 때문에 한국인들이 상하이에 오면 꼭 들리는 곳, 또

상하이 대한민국 임시정부 청사

꼭 가야 하는 곳이 있다. 바로 '대한민국 임시정부 청사'와
'매헌(梅軒) 윤봉길 의사 기념관'이다.

그중 대한민국 임시정부 청사는 상하이의 중심가이자 상하이
속 작은 유럽이라 불리는 신톈디(新天地) 옆에 있다. 신톈디는
상하이의 유명한 관광명소 중 하나이다. 중국식 전통주택 양식인
스쿠먼(石庫門)을 토대로 보수·수리를 거쳐 개발된 곳으로,
지금은 분위기 좋은 레스토랑과 바, 노천카페가 즐비해 있다.
중국의 건축양식에 서양의 분위기가 융합된 공간으로 재탄생하여
중국인은 물론 외국인들도 많이 찾는다. 이런 번화하고 화려한
신톈디에서 마당로(馬當路) 방향으로 몇 걸음만 옮기면 대한민국
임시정부에 도착한다.

문 앞에 걸려있는 구릿빛의 커다란 표지판에는 검정색
글씨로 '大韓民國臨時政府舊址(대한민국 임시정부 유적지)'라고
쓰여 있다. 오른쪽 유리문을 열고 안으로 들어가면 입장표를
구매하는 매표소가 나온다. 다시 왼편에 있는 청사 쪽으로 걸음을
옮겨보자. 큰 문 앞에서 잠시 고개를 들어 위로 올려다보면
'보경리(普慶里) 1925'라고 새겨진 글자가 보인다. 과거
상하이의 건축물 대부분에는 지어졌던 년도와 동네 이름을 함께
새겨놓았다. 이 역시 1925년에 지어졌고, 당시에는 보경리라
불리었다는 표시이다.

롱탕(弄堂)이라 일컫는 작은 골목길을 따라 청사 쪽으로
들어가면 붉은 벽돌로 쌓아 올린 건축물이 눈에 들어온다. 옛

상하이 사람들의 전통적인 주거 양식이었던 스쿠먼 양식이다. 신톈디와 같은 건축양식이지만, 서양의 분위기가 가미되어 관광명소로 화려하게 탈바꿈한 신톈디의 분위기와는 전혀 다르다. 보경리의 스쿠먼은 아무런 보수나 수리를 거치지 않았기 때문에 본래의 모습을 고스란히 간직하고 있다. 건물이 여전히 오래되고 낡아 있기 때문에 이곳의 첫인상은 초라해 보일 수도 있겠다.

푸칭리의 스쿠먼은 여전히 주거의 기능을 하고 있다. 이러한 이유로 이곳에서는 옛 모습 그대로 살아가는 상하이 사람들을 만날 수 있다. 가끔 롱탕에는 주민들이 삼삼오오 모여 이야기를 나누고, 길가 한편에는 먼지 묻은 자전거들이 세워져 있다. 빨랫줄에 걸린 빨래들은 바람이 불 때마다 펄럭거린다. 청사로 쓰이던 당시에도 이곳은 민가였으며, 바꿔 말하면 청사는 민가를 임대한 곳이었다. 그 당시에도 지금과 같이 주변에는 상하이 시민들이 살고 있었던 것이다.

그렇다면 임시정부 요인들은 왜 이곳을 청사로 정했던 것일까? 처음부터 이런 민가를 임대한 좁은 공간에서 시작한 것은 아니었다. 수립 당시에는 옛 김신부로(金神父路-지금의 瑞金二路)에 있는 2층 양옥집을 빌려 청사로 삼았다. 지금도 2층 베란다에 태극기를 게양한 당시의 사진이 남아 귀중한 사료로 전해지고 있다. 그리고 정문에는 인도와 베트남인들을 고용하여 보초를 서게 했다고 한다. 하지만 임시정부가 수립된 후,

계속되는 일본의 압박 속에 프랑스 조계 당국은 임시정부에게
문을 닫으라고 통보할 수밖에 없었다. 이후 임시정부는 일제의
감시와 경제적 어려움 등으로 여러 차례 장소를 옮겨 다녀야
했다. 그러다 민가로 이전하여 집무실로 사용했던 것이 지금의
대한민국 임시정부 청사인 것이다.

대한민국 임시정부는 1919년부터 1932년까지, 총 13년 동안
상하이에서 활동하였다. 그 이전에 사용되었던 청사 건물은 모두
철거되어 흔적을 찾아볼 수 없지만, 그나마 다행스럽게도 마당로
보경리에 자리해 있던 청사는 잘 보존되어 있다. 보경리에 위치한
임시정부 청사는 1926년 이곳으로 옮겨와 7년 동안 사용하던
건물이다. 상하이에서 가장 오랜 시간 동안, 그리고 가장
마지막으로 사용되었던 장소이기도 하다.

신톈디가 상하이의 중심지에 위치한 노른자 땅이다 보니,
상하이 도시개발계획으로 인해 신톈디 일대가 개발되기
시작했다. 임시정부 청사 주변을 살펴보면, 신톈디 부근은
모두 높은 빌딩들로 빽빽하게 둘러싸여 있는 것을 볼 수
있다. 임시정부 청사도 철거될 위기에 놓여 있었다. 그러나
다행스럽게도 상하이시에서 한국의 귀중한 역사를 보존해달라는
요청을 받아들였다. 덕분에 우리는 지금처럼 독립운동의 상징인
대한민국 임시정부의 역사적 현장을 볼 수 있게 되었다. 이곳을
방문하는 한국인들이 매년 30만 명에 달한다고 한다. 하루 평균
약 800명의 한국인이 찾는 셈이다.

마당로
왼편에는 상하이 대한민국 임시정부 청사가 있고, 그 주변은 고층 아파트, 백화점 등으로 개발이 되어 있다.

    대한민국 임시정부 청사가 위치해 있던 건물은 1925년에
지어진 건축물이다. 임시정부 요인들이 상하이를 떠난 1932년
이후로는 중국인들이 거주하기도 했지만, 지금은 임시정부
시절 모습 그대로 복원되어 있다. 굳게 닫혀있는 시커먼
철문을 열고 들어가면 좁은 실내 공간이 보인다. 국무위원회
회의실로 사용되었던 곳이다. 중앙에는 탁자와 의자가 놓여
있고, 벽면에는 당시 사용되었던 태극기가 걸려있다. 타국에서
보는 태극기, 게다가 오랜 역사를 지닌 빛바랜 태극기는 이곳에

방문하는 사람들의 마음을 숙연하게 만든다. 임시정부 요인들이
오르락내리락했을 비좁고 가파른 나무계단을 따라 2층으로
올라가면 집무실이 나온다. 예전에 사용하였던 책장과 책상을
그대로 배치해두었고, 경무국장이었던 김구 선생의 인물모형이
함께 전시되어 있어 당시의 생생함을 더해준다. 마지막으로
3층으로 올라가면 임시정부 활동과 관련한 자료가 전시되어
있다. 이 전시관은 이후 청사 주변 건물을 매입하여, 대대적인
개보수를 진행한 뒤 전시관으로 개조해놓은 것이라고 한다.

　대한민국 임시정부 청사, 그리고 이곳을 중심으로 독립운동이
전개되었던 신톈디 주변에는 애국지사들의 삶의 애환이 담겨
있다. 이곳엔 과연 어떤 이야기들이 깃들어 있을까?

　이야기는 지금으로부터 약 백 년 전으로 거슬러 올라간다.
주지하다시피 우리 민족은 1910년 8월 일제에게 나라를 빼앗기고
식민지지배를 받게 되었다. 반만년 역사를 유지해오면서
처음으로 겪는 일이었다. 하지만 한민족의 강인한 의지와 굳건한
애국심은 꺼지지 않았고, 언제든 활활 타오를 준비가 되어있는
작은 불씨로나마 남아있었다. 대다수의 국민들은 일제에게
빼앗긴 나라를 되찾아야 한다고 생각하였다. 독립에 대한 간절한
염원은 1919년 3월 1일 독립선언과 만세시위운동으로 표출된다.
3·1독립 선언에 일본의 식민지 지배를 거부하고, 우리 한국은
독립국임을 선언한 것이다.

　"오등(吾等)은 자(玆)에 아(我) 조선의 독립국임과 조선인의

자주민임을 선언하노라"

3·1독립선언을 통해 독립국임을 선언하고, 그 독립국을
세우기위해 독립운동가들이 상하이로 모여들었다. 국내에서는
일제의 감시와 탄압이 심하여 어려웠지만, 상하이는 국내외에
흩어져 있는 한인들과 연락하는 것이 비교적 쉬웠다. 뿐만 아니라
프랑스·미국·영국 등의 조계지가 있는 국제도시라는 이점도
있었다.

상하이에 모인 독립지사들의 숫자만 해도 천여 명을 헤아렸다고
한다. 이들 중에서 대표들이 모여 1919년 4월 11일 국호를
'대한민국'으로 한 임시정부를 수립하였다. 이를 대한민국
임시정부라고 한다. 대한민국 임시정부는 대한민국이라는 국가,
그리고 국가를 유지 운영하기 위한 임시정부를 일컫는다. 3월 1일
선언서를 통해 독립국임을 선언하고, 그 독립국으로 4월 11일
대한민국이란 국가를 세운 것이다.

대한민국 임시정부 청사가 있던 곳은 당시 프랑스 조계지였다.
영미공공조계지에는 일본의 영향력이 컸던 반면, 프랑스 조계지는
일본군의 영향이 미칠 수 없었다. 프랑스 측에서 한국인들의
활동을 어느 정도 보호해 주었기 때문이다. 당시 상하이에 있던
한국인들은 프랑스 조계 안에 있는 보강리(寶康里)에 모여살기
시작하며, 이곳을 중심으로 한인 거주지가 형성되었다. 임시정부
청사도 보강리와 가까운 곳에 위치해 있었다. 보강리가 있던
자리는 지금의 화이하이중로(淮海中路)이며, 태평양백화점과

루이안광장(瑞安廣場)이 들어옴과 동시에 철거되어 남아있지 않다.

당시 활동하였던 임시정부 요인들 가운데 대표적인 인물로는 경무국장이었던 김구, 내무총장이었던 안창호, 국무총리였던 이동휘, 제2대 임시정부 대통령이었던 박은식, 외무총장이었던 신규식 등이 있었다. 그들은 상하이에서 활동하는 시간 동안 갖은 어려움과 고초를 겪었다. 당시 임시정부 주요 지도자였던 김구 선생의 『백범일지』에는 그 어려웠던 상황이 잘 묘사되어 있다.

언어를 비롯해 낯선 이국 타향에 와서 겪는 어려움은 한두 가지가 아니었을 것이다. 그중에서도 특히 임시정부의 경제적 상황은 매우 어려웠다. 항상 재정난을 겪고 있었기 때문에 집세를 지불하기조차 어려웠다. 임시정부 요인들의 생활도 어려웠다. 늘 돈이 부족했던 요인들은 구두나 운동화 같은 제대로 된 신발을 신을 수 없었다. 그러나 맨발로 다닐 수는 없는 노릇이라 헌 헝겊 조각을 몇 겹씩 겹쳐 겨우 신발로 만들었다. 김구 선생의 어머니인 곽낙원 여사는 사람들 눈에 잘 띄지 않을 깜깜한 밤이 되면 조심스레 골목으로 나갔다. 그 길로 골목 쓰레기통을 뒤져 채소 장사나 중국인들이 다듬다가 버린 배춧잎 잎사귀를 남몰래 서둘러 주웠다. 그리고는 이것들을 소금에 절여 반찬을 만들었다. 그들은 인간 삶의 가장 기본적인 요소인 의·식·주조차 힘들게 버티고 있었던 것이다.

임시정부 요인들의 끼니도 겨우겨우 해결하고 있는 상황인데, 더 막대한 자금이 들어가는 임시정부를 운영하기엔 자금이

턱없이 부족했다. 김구 선생은 궁여지책으로 미주에 있는
동포들에게 임시정부의 어려운 사정을 알리는 편지를 썼다.
편지를 받은 동포들은 십시일반으로 성금을 모아 보내주었다.
이처럼 상하이의 임시정부는 다행스럽게도 미주 동포들의 후원을
받아 자금난을 해결할 수 있었다.

이렇게 어려운 와중에도 매해 크리스마스가 되면 김구 선생이
꼭 한 일이 있다고 한다. 바로 적어도 몇백 원어치의 선물을
사서 프랑스 영사와 공무국, 그리고 그의 서양 친구들에게
보내는 일이었다. 상하이에서 활동하던 기간 동안 이 일만은 한
해도 빠뜨리지 않았다고 한다. 프랑스 측과 외국인들에게 우리
임시정부가 존재한다는 것을 인식시키기 위함이었다. 다행히도
프랑스 조계 당국에서도 대한민국 임시정부의 독립운동을
적극적으로 지지해주었다. 일본군이 임정 요인들을 체포하려고
프랑스 조계 당국에 협조를 요청하면 프랑스 조계 당국에서는
소극적으로 대처하거나 혹은 사전에 한국 독립운동 인사들에게
알려 피신할 수 있게 해주었다.

이 밖에도 어려운 상황에서도 임시정부 요인들이 꿋꿋이 버틸
수 있었던 버팀목은 조국의 광복을 꼭 이루고야 말겠다는 굳센
의지가 있었기 때문일 것이다. 그리고 그들을 따라 상하이까지
온 가족들이 있었기에 더욱더 힘을 낼 수밖에 없었다. 김구
선생 역시 가족들이 상하이로 왔다. 생이별하였던 아내 최준례
여사와 큰아들 김인, 그리고 어머니인 곽낙원 여사도 상하이로

오게 되어 온 가족이 다 모여 살았다. 당시 김구 선생과 가족은 영경방(永慶坊) 10호의 2층 다락방에서 거주하였다. 그 자리는 황피난로(黃陂南路)와 타이창로(太倉路)부근으로, 비록 현재 신톈디로 개발되었지만 영경방 건물은 아직 남아있다. 하지만 재건 및 보수 공사를 마친 후 상점이 들어서 있어 옛 흔적을 찾기란 쉽지 않다. 이 영경방에서 김구 선생은 상하이 시절 가장 큰 행복을 맛보았다. 가족들이 모인 후 겹경사를 맞아 곧 작은 아들인 김신이 태어난 것이다. 아마 이때가 김구 선생에게 있어 가장 행복했던 시절이 아니었을까 생각이 든다.

하지만 이러한 행복도 잠시, 영경방에서 김구 선생은 또다시 큰 슬픔을 겪게 된다. 아내 최준례가 매우 가파르고 비좁은 계단을 내려가다 발을 헛딛는 바람에 굴러떨어진 것이다. 그때의 사고로 늑막염이 폐병이 되었고, 홍커우에 있는 한 폐병원에 입원하였다. 하지만 안타깝게도 1924년 새해 첫날, 그녀는 서른여섯의 젊은 나이로 이국땅에서 쓸쓸히 세상을 떠났다.

김구 선생은 아내의 임종도 지키지 못했다. 그녀가 입원 한 홍커우 폐병원은 당시 일본군의 감시가 삼엄했던 곳이었기 때문에 일본 경찰에 쫓기는 신세였던 김구는 문병조차 하지 못했던 것이다. 거리로 보면 프랑스 조계지가 있던 신톈디 부근에서 홍커우까지는 매우 가까운 거리다. 김구 선생은 지척의 거리이지만, 부인의 마지막 임종도 지켜보지 못한 채 하늘나라로 떠나보내야 했다.

김구 선생과 가족이 살았던 영경방(永慶坊)
신텐디 개발 이후 상점이 들어와서 옛 흔적을 찾기란 쉽지 않다.

최준례 여사가 떠난 뒤, 김구 어머니인 곽낙원 여사가 어린 두 손자를 키웠다. 김구 선생은 어머니에게 "손자를 데리고 국내 고향으로 가십시오. 고향에 가면 고향 사람들이 있으니 밥은 굶지 않지 않겠습니까"라고 말하며, 국내로 가는 배표를 사서 어머니와 아들을 국내로 들여보냈다. 아마 자신을 따라 머나먼 이국땅까지 와서 고생하는 가족을 보며 만감이 교차했을 것이다. 거기다 임시정부 역시 어려움을 겪고 있었기에 피붙이인 자식도 하나 제대로 돌볼 수 없던 상황이었다. 비록 가족은 돌보지 못한 채 떠나보냈지만, 김구 선생은 임시정부를 떠나지 않았고, 끝까지 붙들고 지켰다.

이처럼 가족과 생이별을 하여 떨어져 지낸 사람이 어디 한둘이었을까. 임시정부 요인들이 감당해야 할 것은 경제적인 어려움이나 가족과 떨어져 홀로 지내는 외로움뿐만이 아니었을 것이다. 1919년 임시정부를 세운 후, 상하이로 건너온 한국인들은 온통 애국심에 불타올라 열성적으로 활동에 참가했다. 하지만 그로부터 아무런 성과도 없이 야속하게 시간만 흘렀고, 점점 생활이 어려워지자 많은 이들이 취직을 하거나 행상을 하기 시작했다. 한때 천여 명에 이르던 독립운동자들이 차차 줄어 수십 명에 불과한 정도까지 이르는 상황이 되어버린 것이다. 여러 사람이 함께 가득 찬 열정으로 시작하였던 독립운동은 점점 자신과의 싸움이 되어가고 있었다.

이외에도 많은 어려움이 도사리고 있었지만 대한민국

임시정부가 상하이에서 활동할 당시 가장 문제가 되는 것은 일본이었다. 일본 경찰들은 임정요인들을 잡기 위해 혈안이 되어있었다. 하지만 프랑스 조계 당국의 허가 없이는 마음대로 조계지에 들어와 그들을 체포할 수는 없었다. 이러한 일본군의 감시 때문에 임정 요인들은 프랑스 조계지 밖으로 나갈 수 없었다. 임정 요인들을 잡을 방법이 없자, 일본군은 교활한 수법으로 괴롭히기 시작했다고 한다. 바로 한인 청년들을 잡아 밀정으로 만들어 임정을 감시하도록 한 것이다. 이 밖에 한국인 간에 서로 불신하고 분열을 일으키도록 계략을 꾸미기도 하였다.

일본의 간계는 여기서 그치지 않았다. 1931년 7월 만주 지린성 만보산에서는 한국 이주민과 중국 농민 사이에 수로 문제로 충돌사태가 벌어졌다. 사실 이는 한국과 중국 양국 간의 관계를 악화시키려는 일본의 계략에 의해 조작된 사건이었다. 하지만 이 사실을 몰랐던 한국인과 중국인 사이에서는 서로에게 악감정이 생기기 시작했고, 감정싸움으로 불 번지듯 퍼져나갔다. 한국 곳곳에서는 중국인 배척 운동이 일어났고, 상하이에서는 버스나 전차 검표원 일을 하는 한국인들이 중국인들에게 억울하게 구타를 당하는 일이 종종 발생하였다. 양국의 갈등은 극으로 치달았던 것이다.

이와 동시에 임시정부의 독립운동 역시 위기를 맞아 힘든 나날을 보내고 있었다. 하지만 먼 타국까지 와서 조국을 지키겠다는 일념으로 어렵사리 전개한 독립운동이었다. 반드시

이 위기에서 벗어나야 했다. 1930년에 들어서 김구 선생은
임시정부의 침체되어 있는 국면에서 벗어나기 위해 한인애국단을
조직하기에 이른다. 조국을 위해 이 한 몸 다 바쳐 희생하겠다고
찾아온 두 청년인 이봉창, 윤봉길도 이에 가입하였다. 그 후
1932년, 상하이뿐만 아니라 전 세계를 깜짝 놀라게 하는 사건이
발생하게 된다. 바로 이들이 1932년 1월 8일과 4월 29일에
각각 일본 도쿄에서 일왕에게 폭탄을 투척하는 의거를, 상하이
홍커우공원에서 일제 요인들을 처단한 의거를 결행하게 된
것이다. 이 사건이 계획되고 추진된 것은 모두 상하이 임시정부
청사에서 이루어졌다.

　시간은 흘러 이 모든 것들은 한낱 바람처럼 사라졌지만,
공간은 역사를 기억하고 있다. 백 년 전의 이곳은 당시의 모습을
그대로 간직한 채 임시정부 청사로 남아있고, 독립운동가들의
삶의 애환이 담긴 이 일대는 신텐디가 되었다. 오늘날 중국인과
외국인에게 있어 신텐디는 단지 분위기 좋은 관광명소로
기억될지도 모른다. 하지만 우리에게 있어 이곳은 대한민국의
중요한 역사 한 조각이 담겨 있는 아주 특별한 곳이다.
임시정부는 갖은 어려움과 고난을 겪으면서도 우리나라를
지켜내기 위해 헌신했다. 화려한 풍경 속에 묻힌 소중한 우리의
역사를, 적어도 한국인인 우리만큼은 꼭 기억해야 할 것이다.

## 매헌기념관에서 만난
## 스물다섯 청년, 윤봉길

　상하이는 전체가 평지이고, 산이 적기 때문에 시내 곳곳에는
공원이 잘 조성되어 있는 편이다.

　동네 주민을 위한 아담한 공원에서부터 조각상을 전시해 놓은
조각공원, 온갖 식물들을 볼 수 있는 식물원, 그리고 상하이에서
가장 큰 호수가 있는 푸동 세기공원(世紀公園)까지, 가볼 만한
공원만 해도 여러 곳이다.

　시간이 여유로운 주말이 되면 나는 답답한 일상에서 벗어나
종종 공원에 가곤 했다. 높이 솟은 시멘트 건물과 희뿌연 공기를
뒤로 한 채 나무가 빼곡히 심어진 공원에 들어서면 마치 숲속에
들어온 것 같은 기분이 들었다. 바람이 살랑살랑 불어올 때면
푸른 빛깔의 잎사귀가 서로 부딪치는 소리가 들려왔고, 나무 위에
앉은 이름 모를 새들은 짹짹거리며 소리를 냈다. 공원에서나마
자연의 소리를 들으며, 나무가 뿜어내는 상쾌한 공기를 마시는
게 소소한 행복이었다. 많은 공원 중에서도 가장 많이 갔던 곳은
루쉰공원(魯迅公園)이다.

　그 곳은 내가 다니던 학교와 꽤 가까운 거리에 위치해
있는데, 지하철로는 두세 정거장, 버스로는 대여섯 정거장이면

다다를 수 있다. 또한 공원의 이름에서도 알 수 있듯이 이곳은 우리에게 『아Q정전』의 저자로 잘 알려진 중국 대문호 루쉰과 깊은 관련이 있는 곳이다. 루쉰은 말년에 상하이에 정착하여 9년 동안 생활하였고, 이곳에서 생을 마감하였다. 상하이에서도 홍커우공원(虹口公園, 현 루쉰공원)에서 그리 멀지 않은 곳에 살았던 그는 생전에 자주 공원을 산책했다고 한다. 서거 후 만국공묘(萬國公墓)에 묻혔으나, 루쉰 서거 20주년을 맞은 1956년에는 홍커우공원으로 이장하였고, 그 옆에는 루쉰의 생애와 사적(事迹)을 담은 상하이 루쉰기념관을 세웠다. 이러한 이유로 1988년에 홍커우공원에서 루쉰공원으로 이름이 바뀌게 된 것이다. 루쉰이 잠들어 있는 이곳은 중국 문학을 공부하는 나에게 의미가 깊은 곳이다.

　또 다른 이유는 한국 독립운동의 발자취가 남아있는 곳이기 때문이다. 윤봉길이 폭탄을 던져 일본 고위 관리들을 사상케 한 사건, 즉 우리에게는 윤봉길 의거 혹은 홍커우공원 의거로 잘 알려진 의거가 바로 이 공원에서 일어났다. 윤봉길 의사의 의거를 기리기 위해 공원 안에는 그의 호인 매헌(梅軒)을 따서 '매헌기념관'을 2003년 개관하였다. 매년 4월 29일이 되면 매헌기념관 앞에서는 윤봉길 의사의 의거 기념식을 거행하고 있다. 몇십 년이 지난 지금까지도 타국에서 개인의 역사적인 순간을 회고하는 기념식이 열린다는 것은 큰 의미를 갖는다고 생각된다.

윤봉길 의거를 기념하기 위해 개관한 매헌기념관

　특이하게도 루쉰공원에는 할아버지와 할머니들이 대부분이다.
마치 노인 분들의 아지트 같다고나 할까? 날씨 좋은 주말이면
홍커우구에 사는 노인들은 다 루쉰공원으로 모이기로 약속이라도
한 것 같다. 하지만 노인 분들이 많이 모였다고 해서 공원이
조용하고 따분할 것이라는 생각은 큰 오산이다. 공원에 모인
할머니들은 음악을 크게 틀어놓은 채 무리지어 춤을 추고,
중절모를 눌러쓴 몇 무리의 할아버지들은 둘러앉아 그윽한
음색의 색소폰을 멋지게 연주하며, 음악이 꽝꽝 울리는 노래방
기계를 틀어놓고 마이크를 잡고는 유행했던 옛 노래를 가수
뺨치게 부르는 등 젊은이들 못지않게 활력이 넘친다.

몇 해 전, 어느 방송국에서 윤봉길 의사에 관한 특집을
취재하였을 때 통역을 맡아 동행한 적이 있다. 상하이 사람들이
윤봉길 의사에 대해 어떠한 인상을 갖고 있는지 인터뷰하면 좋을
것 같다는 기자님의 말에 공원 안에 있던 어르신들께 윤봉길에
대해 아시는지 질문하였다. 무려 90년이 지난 역사이지만,
대부분의 사람들이 윤봉길과 1932년 4월 29일에 발생했던 윤봉길
의거에 대해 알고 있었다. 어렸을 적 자신의 할아버지에게 그에
대한 이야기를 들었다며, 윤봉길을 일본에 굴복하지 않고 맞서
싸운 용감한 한국인으로 기억하시는 분도 다수였고, 길을 묻는
줄 알고 저 안쪽으로 들어가면 윤봉길 의사 기념관이 나온다며
길까지 친절히 알려주던 할머니도 계셨다. 나 역시 한국인으로서
굉장히 자랑스러운 순간이었다.

청년 윤봉길, 조국을 위해 떠난 여정

할머니가 가리키던 곳을 따라 공원 안으로 쭉 들어가다 보면
고즈넉한 곳에 매헌기념관이 보인다. 입구에서 15위안을 주고
입장표를 살 수 있다. 울타리로 둘러싸여 있어 고요하고 한적한
이곳은 또 다른 공간을 만들어낸다. 문 안으로 들어서면 '윤봉길
의거 현장(尹奉吉義擧現場) 1932년 4월 29일', 그리고 의거에 대해
기록된 기념석비가 입장객을 맞이한다. 울타리 밖의 오른편에는
큰 호수가 있는데, 공원에 놀러 온 이들이 둥둥 떠다니는 배를

타며 즐거운 시간을 보내고 있다. 왼쪽 모퉁이를 돌아 계단을
차곡차곡 올라서면 2층으로 된 기념관이 시야에 들어온다.

기념관은 규모가 그리 크지 않다. 내부에는 그의 생애에 관한
설명과 함께 의거 현장으로 떠나기 직전 김구 선생과 교환한
윤봉길 의사의 시계, 의거에 사용했던 물통 모양의 폭탄 모형,
선언문 등이 전시되어 우리에게 90여 년 전의 역사와 상황을
생생하게 전달해주고 있다.

충남 예산에서 농촌 계몽운동을 하던 윤봉길은
'장부출가생불환(丈夫出家生不還, 대장부가 집을 떠나 뜻을 이루기
전에는 살아서 돌아오지 않는다)'이라는 글을 남기고 홀연히 고향을
떠났다. 고향을 떠난 윤봉길이 처음으로 도착한 곳은 중국
산동성(山東省) 칭다오(靑島)였다. 칭다오에서 일본인이 운영하는
세탁소의 종업원으로 일하며 여비를 마련한 후 1931년 4월
상하이에 도착하였다.

윤봉길은 상하이에서 노동을 하며 기회를 살폈다. 처음에는
말총 모자를 만드는 공장에 들어가 노동자로 일했고, 얼마 후
일본인들의 거주 지역이었던 홍커우로 옮겨갔다. 홍커우에서
야채 행상을 하며 기회를 엿보던 중, 이봉창 의사가 일왕에게
폭탄을 투척하는 의거를 결행하였다는 소식을 듣게 되었다. 그는
곧바로 이봉창 의거를 주도했던 김구 선생을 찾아갔다. 그리고는
자신에게도 그런 기회를 마련해 달라고 부탁하였다.

'뜻이 있으면 반드시 일을 이룬다(有志者事竟成)'고 했던가!

조국의 독립을 위해 자신의 목숨을 바치겠다는 강한 의지를
가진 열혈 청년 윤봉길에게 드디어 기회가 왔다. 일본이
홍커우공원에서 일왕의 생일을 축하하는 천장절(天長節)
겸 전승축하기념식을 거행한다는 소식이 들려온 것이다.
전승축하기념식이란 일본이 1932년 1월 28일 상하이 사변을
일으켜 상하이를 점령하고, 이를 축하하기 위해 벌인 행사였다.

　　일본이 상하이를 침략한 것은 이봉창 의사의 의거와 관련이
있었다. 이봉창 의사는 1932년 1월 8일 일본의 동경에서
새해 관병식을 마치고 황궁으로 돌아가던 일왕에게 폭탄을
투척하였다. 폭탄은 일왕의 뒤를 따르던 궁내부대신이 탄 마차에
떨어져 일왕을 처단하지 못하였지만, 이 의거는 일왕을 직접
대상으로 하였다는 점에서 세계를 깜짝 놀라게 한 대사건이었다.
특히 일본이 만주를 침략하면서 일본에 대해 적대감이 고조되고
있던 중국에서는 이 의거에 대한 반향이 남달랐다. 중국의 여러
신문들은 이 사건을 크게 보도하면서, 폭탄이 일왕에게 적중되지
못했음을 아쉬워한 것이다.

　　이러한 중국 신문들의 보도에 대해 일본은 일왕에 대해
불경스러운 기사를 실었다며 강력하게 반발하고 나섰다.
칭다오를 비롯하여 곳곳에서 일본군들이 신문사를 습격하여
불태우는 일들이 일어났고, 상하이에서는 시장에게 사과를
요구했다. 상하이 시장은 이를 거부하고 강력하게 맞섰다. 이에
일본은 자작극을 꾸미기에 이르렀다. 동본원사(東本願寺)에 있던

일본인 승려가 중국인에게 살해되었다고 조작한 것이다. 일본은 이를 빌미로 1932년 1월 28일 상하이를 침략했다. 중국국민당 지도자 장제스(蔣介石)는 최정예부대인 제19로군을 비롯하여 30만 병력을 동원하여 일본군과 싸웠지만, 막아내지 못했다. 중국군은 물러섰고, 일본이 상하이를 점령하게 되었다.

상하이를 점령한 일본은 일왕의 생일인 4월 29일 천장절을 맞아 전승축하기념식을 대규모로 거행하고자 했다. 당시 홍커우 일대에는 약 5만 명에 이르는 일본인들이 거주하고 있었는데, 이들을 동원하여 기념식을 거행한다는 것이었다. 그리고 상하이를 점령한 시라카와 요시노리(白川義則)육군대장을 비롯한 군 간부들과 상하이에 주재하고 있던 일본총영사, 교민단 간부들도 참석한다고 하였다. 상하이에서 발행되는 일본신문인 「니찌니찌신문(日日新聞)」은 이를 대대적으로 홍보하면서, "식장에 참석하는 사람들은 도시락과 물병, 그리고 일장기를 가지고 입장하라"는 기사를 실었다.

홍커우공원에서 전승축하기념식을 거행한다는 소식을 접한 김구는 거사를 계획했다. 그리고는 윤봉길을 불러 계획을 알려주었다. 윤봉길은 "저는 이제부터 가슴에 한 점 번민이 없어지고 마음이 편안해집니다. 준비해주십시오."라며, 자신이 이 거사를 거행하겠다고 나섰다. 김구는 이봉창 의거 때 폭탄을 마련해주었던 김홍일 장군을 찾아가 다시 부탁했다. 김홍일은 이봉창 의거 때 폭탄의 위력이 약했던 것에 대해 아쉬움을 갖고

매헌기념관 안에 전시되어 있는 윤봉길 의사의 사진

있었다. 그는 푸단대 화학과 교수인 린지용(林繼鏞) 등과 함께
폭발력이 강한 폭탄을 제조하였고, 여러 차례 실험을 거쳤다.
마침내 도시락과 물통 모양의 강력한 폭탄을 만들었다.

　윤봉길도 치밀하게 준비하였다. 기념식이 거행될 홍커우
공원을 미리 여러 차례 답사하면서 기념식의 준비상황을
살펴보았고, 기념식 단상이 설치될 곳과 동선을 조사하였다.
폭탄이 마련되자 김구는 윤봉길을 불렀다. 윤봉길을
한국애국단에 가입시키고 선서식을 가졌다. 그리고 이봉창을
일본으로 보내면서 그랬던 것처럼, 윤봉길과 기념사진을 찍었다.

　매헌기념관 안에 폭탄과 권총을 양손에 쥐고 사진을 찍은
윤봉길의 모습이 전시되어 있다. 죽음을 앞둔 그 순간에도 태연할

정도로 덤덤한 표정인 윤봉길의 모습에서는 긴장감이라고는 전혀 찾아볼 수 없었다. 그리고 사진 앞에는 당시 그가 죽음을 앞둔 채 써 내려갔던 선언문이 담겨있다. 또 하나의 고귀한 생명을 잃는 마음 아픈 순간이지만, 조국의 독립운동에 있어 한 획을 긋는 역사적인 의거를 앞둔 순간이기도 했다.

드디어 1932년 4월 29일, 역사적인 날이 밝았다. 그날 아침 윤봉길 의사는 김구 선생과 함께 아침 식사를 하였고, 마지막 작별 인사를 나누었다. 윤봉길은 작별 인사를 하면서 "제 시계는 6원짜리인데 선생님 시계는 불과 2원짜리입니다. 저는 이제 한 시간 밖에 더 소용이 없습니다."라며, 자신의 시계를 풀어 김구의 시계와 바꾸었다. 김구는 차를 타고 떠나는 윤봉길을 향해 "후일 지하에서 다시 만납시다."라는 인사로 작별했다.

기념식을 거행하는 홍커우공원에는 일본군이 경비를 서고, 입장하는 문에는 검문이 있었다. 입장 시 검문이 있다는 것을 미리 알았던 윤봉길 의사는 검문이 시작되기 전에 공원 안으로 들어갔다. 옷도 일본인들 사이에 유행하던 양복과 스프링코트를 입고 있었다. 도시락 모양의 폭탄은 일본 보자기로 싸고, 물통 모양의 폭탄은 어깨에 멨다. 그 단상 가까운 곳에 자리를 잡았다.

기념식은 오전 9시부터 일본의 군·관·민 약 3만여 명이 참석한 가운데 열렸다. 먼저 일왕의 생일을 기념하는 천장절 기념식이 거행되었고, 이어 일본 군인들의 열병식이 있었다. 그리고 11시 30분부터 관민친선회가 시작되었다. 단상에는

일본군과 거류민단장을 비롯한 인사들이 도열해 있었다. 이들의
연설이 끝나고 참석자들이 국가를 제창할 때, 윤봉길은 단상을
향해 물통 모양의 폭탄을 던졌다. 폭탄은 단상 위에 정확하게
떨어졌고, 엄청난 굉음을 내며 폭발했다.

　행사장은 순식간에 아수라장이 되었다. 단상 위에 있던
요인들은 폭발음과 함께 모두 쓰러졌다. 일본거류민단장인
가와바타 사다지(河端貞次)는 창자가 쏟아져 나오는 부상을
입고 단상 아래로 굴러 떨어졌다. 나머지 요인들도 얼굴과
팔다리에 수많은 파편을 맞았고 비명을 질러댔다. 가와바타는
민단직원들이 들쳐 업고 일본군의 병원인 복민(福民)병원으로
후송되었지만, 다음 날 새벽에 사망했다.

　이 밖에 단상에 있던 다른 요인들 역시 커다란 부상을 입었다.
주중국공사 시께미스 마모루(重光葵)는 오른쪽 다리에 수많은
파편이 박혔다. 파편을 제거하는 수술을 받았지만, 결국 그의
다리는 절단되고 말았다. 1945년 9월 2일, 연합군이 미조리
함상에서 일본의 항복을 접수할 때 지팡이를 짚고 절뚝거리며
항복문서에 서명한 인물이 바로 시께미스였다. 그는 이후 일본의
외무상이 되었고, 일본 대표로 항복문서에 서명한 것이다.
제3함대사령관인 해군중장 노무라 기치사부로(野村吉三郎)는
오른쪽 눈에 파편이 박혀 실명하였고, 제9사단장 우에다
겐키치(植田謙吉) 육군중장은 왼쪽 종아리에 파편이 박히는 등
모두 커다란 부상을 당했다.

상하이파견군 총사령관인 시라카와 요시노리(白川義則)
육군대장도 치료 중 사망했다. 시라카와는 온몸에 80여 개의
파편을 맞았다. 일본군 병원에 후송되어 온몸에 박혀있던
파편들을 모두 빼내어 몸이 겨우 회복되었다. 그러나 자신의
건강에 자신이 있었던 걸까? 평소 술을 좋아했던 그는
병상에서도 그 습관을 버리지 못하고 양주 브랜디를 찾아 마시곤
했다. 차차 회복되어 가던 중 갑자기 병세가 악화되었고, 한 달
만인 5월 26일 패혈증으로 사망했다.

시라카와는 일본육군을 대표하는 인물이자 상징적인
인물로 존재하였다. 시베리아와 만주의 관동군 사령관으로
일제의 대륙침략에 선봉 역할을 하였고, 육군대신을 지내기도
했다. 1928년 군복을 벗었던 그는 상하이 사변이 발발한 후,
상하이파견군 총사령관으로 임명되어 다시 군복을 입고 상하이
침략을 총지휘하였던 것이다. 일왕도 그를 특별히 대우할
정도였다고 한다. 그의 병세가 악화되자 일왕은 사주(賜酒)를
내리고 남작이란 작위를 수여하기도 했다. 그리고 그의 유해가
일본에 도착하자 특별한 애도를 표했다고 한다.

윤봉길 의사는 현장에서 체포되었다. 체포될 때 엄청난 구타를
당하였고, 피투성이가 되었다고 한다. 그는 홍커우공원에서 멀지
않은 일본군헌병대 사령부로 끌려가 혹독한 고문을 받았다.
일제는 배후에 김구가 있다는 것을 알아냈고, 김구를 체포하기
위해 온갖 방법을 동원하였다. 그 방안의 하나로 윤봉길 의사를

일본총영사관 지하실에 감금하였다. 김구가 윤봉길 의사를
구출하러 오게 만든 일종의 미끼였던 것이다. 그 후, 1932년 11월
윤봉길 의사를 일본으로 데려갔고, 12월 19일 가네자와(金澤)에
있는 육군작업장에서 총살형으로 사형을 집행했다.

　윤봉길 의사는 사형을 당해 세상을 떠났지만, 그의 의거가
한국독립운동에 끼친 영향은 대단히 컸다. 시라카와 육군대장을
처단한 것도 커다란 성과였지만, 중국 측의 지원과 지지를 받게
된 것도 또 하나의 커다란 성과였다. 장제스는 "중국의 백만
대군도 해내지 못한 일을 한국의 한 청년이 해냈다"며 윤봉길
의사의 의거를 높이 평가했고, 김구를 만났다. 그리고 김구와
면담한 것을 계기로 중국 정부 차원에서 한국의 독립운동을
지원하기로 했다. 이로 인해 침체되어 있던 대한민국 임시정부는
다시 활기를 찾게 되었다. 윤봉길 의거와 그의 희생으로 한국의
독립운동이 다시 전환점을 맞게 된 것이다.

　그러나 안타까운 일도 발생했다. 윤봉길 의거의 배후가 김구와
임시정부라는 것을 알아낸 일제 경찰은 이들을 체포하기 위해
프랑스 조계 안으로 들어왔고, 10여 명의 청년들이 체포된
것이다. 이때 도산 안창호 선생도 체포되었다. 김구 선생을
비롯한 임시정부 요인들은 급히 몸을 피해 피신하였지만, 미처
소식을 접하지 못한 안창호는 체포되고 만 것이다. 안창호는
한 달여 만에 국내로 압송되었고, 서대문 감옥에 투옥되었다가
1938년에 서거했다.

매헌기념관 내부

일제 경찰이 프랑스 조계에 들이닥치자 임시정부 요인들은 뿔뿔이 흩어져 급히 피신하였다. 임시정부는 항저우(杭州)로 이전하였고, 요인들 중 일부는 자싱(嘉興)으로 옮겨갔다. 윤봉길 의거를 주도한 김구는 미국인 선교사 피치 목사의 집으로 피신하였다가 자싱에 있는 중국국민당 지도자 주푸청(褚輔成)의 도움을 받아 그의 양아들 집에 은신하였다. 일제 경찰의 추적이 계속되자 김구는 주푸청 며느리의 친정이 있는 하이옌(海鹽)으로 옮겨가며 피신 생활을 할 수밖에 없었다. 이후 일본이 중국 대륙을 침략하면서 임시정부와 요인들은 전장(鎭江)·창사(長沙)· 광저우(廣州)·류저우(柳州)·치장(綦江) 등지로 피난을 다니다가 1940년 충칭(重慶)에 정착하였다.

　　비록 임시정부와 요인들은 세상을 떠났지만, 이들이 활동하던 흔적은 상하이를 비롯하여 자싱·하이옌·항저우 등지에 그대로 남아있다. 상하이에는 마당로에 임시정부 청사가 보존되어 있고, 홍커우공원에는 윤봉길의사기념관이 건립되어 있다. 자싱과 하이옌에는 '김구선생피난처'가, 그리고 항저우의 서호(西湖) 부근에도 대한민국임시정부 청사가 옛 모습 그대로 복원되었고, 전시관을 꾸며놓았다.

　　홍커우공원으로 산책 나올 때면 나는 종종 매헌기념관에 들리곤 한다. 비록 지금은 사진이나 글을 통해 당시의 상황을 이해할 수밖에 없지만, 독립운동의 숨결이 남아있는 이곳을 찾을 때면 마음한 구석이 뭉클해지곤 한다. 기념관을 관람하고 막 떠나려 하는데, 한 무리의 한국인 관광객이 기념관 안으로 들어온다. 모두들 숙연한 마음으로 기념관을 둘러보고, 몇십 년 동안 고이 간직되어 온 유품 앞에서 한참을 서 있기도 한다.

당시 윤봉길은 스물다섯 밖에 되지 않은 청년이었지만, 두 아들의 아버지이기도 했다. 한국에 가정을 둔 그로써 한 몸 희생하여 의거를 하고자 마음먹기까지는 결코 쉽지 않았을 것이다. 그가 두 아들에게 남긴 시「강보에 싸인 두 아들」은 아들에 대한 애틋한 마음과, 나라 사랑의 마음이 담겨 있어 눈시울이 붉어지게 만든다. 그의 의거를 통해 중국, 특히 국민당의 지원을 받게 되었고, 뿐만 아니라 한국이 일본에 굴복하지 않고 격렬하게 대항하는 강인한 민족이라는 것을 전 세계에 몸소 보여주었다.

또한 윤봉길 의사의 의거와 함께 안중근 의거와 이봉창 의거는 우리 한국 독립운동의 3대 쾌거라고 일컫는다. 일본 최고의 정치인이자 일본인들이 숭상하는 이토 히로부미(伊藤博文)를 처단한 안중근 의사, 일본 동경에서 일왕을 노린 이봉창 의사 역시 우리가 기억해야 할 의사(義士)이다. 그들의 희생이 당시 독립운동에, 전 세계에, 그리고 몇십 년이 지난 지금까지 우리 후손들에게 주는 울림은 대단히 크다.

## 한국 천주교의 성지

　상하이에는 한국인에게 유서 깊은 장소가 많다. 상하이를
무대로 독립운동을 전개하던 대한민국 임시정부가 있었고,
윤봉길 의사가 홍커우공원에서 물통 폭탄을 던져 일본 고위
인사들을 사상케 한 '윤봉길 의거'도 이곳 상하이에서 일어났다.
이처럼 낯선 타국 땅에서 우리 한국인의 발자취를 찾아갈 때면
나는 사막 한가운데서 오아시스를 발견한 것처럼 무척 반가운
느낌이 들곤 했다.

　1840년대의 역사를 살펴보면, 상하이에 큰 족적을 남긴
반가운 이들을 또 만날 수 있다. 바로 한국의 첫 신부가 된 김대건
안드레아 신부와 두 번째 신부가 된 최양업 토마스 신부이다. 비록
두 분이 상하이에서 머문 기간은 짧았지만, 모두 신부가 되는
역사적인 순간을 상하이에서 맞이했다. 이러한 까닭에 한국 최초의
신부가 탄생한 상하이는 '한국 천주교의 성지'라고도 불린다.

　김대건 신부와 진자샹 성당

　그중에서 김대건 신부가 사제서품을 받았던 곳은

'진자샹(金家巷) 성당'이다. 한국인들은 이곳을 금가항 성당, 혹은 김가항 성당으로 부르기도 한다. 성당은 푸동 지역의 번화가에 자리하고 있는데, 이곳에서는 매주 일요일 오전 11시마다 한인 미사가 열린다.

진자샹 성당을 찾아가는 길은 그리 어렵지 않다. 푸동에서 꽤 번화한 '다무즈 광장(大拇指廣場)' 옆에 위치해 있기 때문이다. 다무즐은 중국어로 엄지손가락이란 뜻이다. 이를 온몸으로 표현하려는 듯 광장 한가운데는 양손의 엄지손가락을 치켜올린 동상이 우뚝 서 있다. 광장에는 대형마트와 각종 상점, 그리고 휴식 공간까지 갖추고 있기에 제법 많은 사람들로 붐빈다. 여러 상점을 지나 광장 안쪽으로 들어서니 작은 길 하나를 사이에 두고 진자샹 성당이 모습을 드러낸다. 성당 특유의 고요한 분위기를 생각해서인지 처음 찾아갔을 때는 시끌벅적한 광장 옆에 있으리라고는 생각지도 못해 몇 번을 두리번거리며 찾았던 기억이 있다. 성당 지붕의 정 중앙에는 두 팔 벌린 성모상이 세워져 있다. 마치 이곳에 오는 모든 이들을 반갑게 맞아주는 듯한 기분이 든다. 작은 길을 건너 성당 대문 안으로 들어서니 시끌벅적함은 서서히 멀어져갔다.

큼직한 회색 벽돌로 차곡차곡 쌓아 올려진 성당은 밝은 회색빛이 감돈다. 높고 웅장한 여타 성당과는 다르게 낮고, 둥그런 곡선이 주된 모양이다. 아마도 하늘 위에서 내려다본다면 둥근 원형처럼 보이지 않을까 싶다. 건물 앞에는 "한국의 첫

**푸동 다무즈 광장**
이곳에서 안쪽으로 들어가면 진자상 성당이 있다.

진자상 성당의 외관

사제인 성 김대건 안드레아 신부가 1845년 8월 17일 사제서품을
받은 곳"이라며 설명이 붙어있다.

　그런데 아마 예리한 관찰력을 가지신 분이라면 아마도 '음…
설명에 따르면 김대건 신부가 사제서품을 받은 지도 거의
200년이 되어 간다는 건데, 그에 비해 성당은 지어진 지 얼마 안
되어 보이네?'하며 의문을 가질지도 모르겠다. 정확한 관찰이다.
사실 지금 우리가 보고 있는 진자샹 성당은 200년 전 당시의
성당이 아니기 때문이다. 김대건 신부가 사제서품을 받을 때의
성당은 중국식으로 지어진 아담하고 소박한 목조건물이었다.
그러나 아쉽게도 상하이시 정부의 도시개발계획에 따라 2001년
철거되고 말았다.

　역사 속으로 사라진 옛 진자샹 성당은 과연 어떤 역사를 담고
있던 성당이었을까? 옛 진자샹 성당은 명나라 때인 1600년대
초반에 세워진 성당이었다. 성당이 있던 마을은 주로 천주교를
믿는 김씨 집안의 사람들이 살았다. 김씨 가문이 모여 사는
동네라고 하여 '김가항(金家巷)'이라 불렸다. 그리고 성당 역시
지명을 따서 자연스레 '진자샹 성당'이라 불리게 된 것이다.

　오늘날 푸동, 그리고 이 성당 주변을 둘러보면 온통 높은
아파트와 고층빌딩으로 숲을 이루고 있다. 그러나 이것은
1990년대부터 푸동개발이 시작되고 나서의 모습이다. 개발이
시작되기 전까지만 하더라도 현재의 번화한 모습과는 확연히
다른 모습이었다. 하물며 성당이 지어지던 17세기에 이곳이

상하이의 변두리이자 외진 곳이었음은 당연한 일이었다.
그렇다면 왜 하필 이곳에 성당을 세웠던 것일까? 당시
중국에서는 한창 종교에 대한 감시가 삼엄하던 시기였다.
그렇기에 안전을 가장 중요하게 생각하던 천주교 예수회
선교사들은 작은 마을이었던 이곳을 거점으로 활동하였던
것이다.

김대건 신부가 사제서품을 받았던 것은 상하이가 개항하고
얼마 지나지 않았을 때였다. 그는 1845년 8월 17일, 옛 진자샹
성당에서 조선 교구장이었던 페레올 주교로부터 사제서품을
받았다. 이 성당에서 한국의 첫 번째 신부가 탄생하면서 한국은
상하이와 또 하나의 인연을 맺게 되었다.

성당이 세워지고 나서부터 철거되기 직전까지, 성당은
무려 400여 년 동안 묵묵히 자리를 지켜왔다. 또한 기나긴
역사만큼이나 갖은 우여곡절을 겪기도 했다. 1930~1940년대
발발한 중일전쟁과 국공내전으로 상하이가 공격을 받을 때,
성당도 몇 차례 훼손된 적이 있었다. 불행 중 다행이었던 것은
김대건 신부가 사제서품을 받았던 성당은 무너지지 않고 그대로
남아있었다는 것이다. 그곳은 오래되고 누추하였기에 1872년
그 부근에 새 성당을 지으면서 부속 성당으로 사용되고 있었다.
전쟁 통에는 새로 지은 성당만 파괴되었을 뿐, 부속 성당은
아무런 피해도 입지 않았다. 그러나 전쟁의 포화 속에서도
끄떡없이 견뎌낸 유서 깊은 성당이, 상하이시의 도시계획으로

철거되었으니 안타까운 일이 아닐 수 없다.

대신 옛 성당의 자리에서 동쪽으로 1km 남짓 떨어진 곳에 진자샹 성당이 2004년 재건되었다. 이로써 이전의 역사를 이어받게 된 것이다. 철거된 성당의 일부 자재는 옛 진자샹 성당 복원을 위해 용인의 은이(隱里)성지로 옮겨졌다. 이곳은 김대건 신부가 어린 시절 세례를 받은 곳이며, 사제품을 받고 귀국한 후 처음으로 사목활동을 했던 의미 있는 장소이기 때문이다. 은이 성지의 김가항 성당은 지난 2016년 복원되었는데, 외관은 물론, 성당 안의 내부 모습 역시 당시 김대건 신부가 사제품을 받던 중국식 목조 건물과 똑같이 복원했다고 한다.

현재 상하이에 있는 진자샹 성당은 약 천여 명을 수용할 수 있는 규모다. 성당 안으로 들어서면 둥그런 공간이 아늑하고 포근하게만 느껴진다. 제단을 제외한 벽은 온통 하얀색이며, 천장 위에 난 창문에는 햇살을 닮은 노란색 스테인드글라스가 붙어있어 성당 안을 더욱 밝고 환하게 비춰주고 있었다. 눈에 띄는 화려함은 없으나, 정결하고 절제된 분위기가 성당 안을 더욱 경건하게 만들고 있었다.

성당 내부 오른편에는 김대건 신부의 기념 경당도 마련되어 있다. 경당 내부에는 한국 천주교회에서 기증한 김대건 신부의 성해, 석고상, 초상화 등이 모셔져 있다. 흑립(갓)과 도포를 착용한 채 짚신을 심은 김대건 신부의 석고상은 영락없는 조선 시대 사람의 모습이다. 여기다 성직자의 직책과 의무, 성덕을

상하이의 진자샹 성당을 복원하여 용인 은이성지에 세워진 김가항 성당

상징한다는 빨간 영대를 둘렀다. 상하이에서 도포를 입고 갓을 쓴
조선 시대 옷차림을 보게 되다니, 한편으로 반갑기도 하고 감회가
새롭기만 하다. 색감까지 칠해진 석고상은 얼마나 사실적으로
조각되었는지, 당장이라도 김대건 신부가 살아 움직여 상하이를
누빌 것만 같다. 당시 중국인들은 조선에서 온 낯선 옷차림의
김대건 신부를 얼마나 신기하게 쳐다봤을까.

고개를 들어 경당의 천장을 바라보면, 마치 배 한 척이 거꾸로
매달려있는 모습이다. 이는 김대건 신부가 사제서품을 받고
상하이에서 조선까지 라파엘호를 타고 아득한 망망대해를 오가던

항해 여정을 상징한다고 한다. 이처럼 경당 내부의 모양과 그의
석고상 하나하나는 이렇게 김대건 신부의 이야기를 담고 있다.

집안 대대로 천주교를 믿으며 순교자의 집안에서 태어난
김대건은 어릴 적부터 신앙심이 깊은 소년이었다. 마카오에서
신학 공부를 마친 뒤, 신앙을 전하기 위해 조선 입국로를
개척하였다. 꿈에 그리던 조국 땅을 밟은 그는 상하이로 가서
조선교구의 제3대 교구장이 된 페레올 주교를 맞으라는 임명을
받는다. 그는 작은 배 한 척을 빌려 또다시 먼 길을 떠나게
되었다. 아득한 망망대해에서 칠흑 같은 어둠과 위협적인
풍랑을 뚫고, 나침반이 가리키던 방향을 따라 한 달이 좀 넘어서
상하이에 도착했다.

1845년 8월 17일, 김대건 신부는 진자샹 성당에서 페레올
주교로부터 사제로 서품된다. 한국의 첫 신부가 탄생한
영광스러운 순간이었다. 열다섯의 어린 나이에 신학 공부를
하러 마카오로 향했던 그는, 약 10년 후 듬직한 청년으로 성장해
사제가 된 것이다. 일주일 후, 진자샹 성당에서 서남쪽으로 30km
남짓 떨어진 헝탕(橫塘)성당에서 첫 미사를 드렸다. 상하이에서
사제서품과 첫 미사를 봉헌한 김대건 신부는 8월 말 페레올
주교님을 모시고 배를 통해 귀국길에 오른다. 작은 배에 몸을
싣고 오로지 나침반에 의존한 채 망망대해를 항해한 김대건 신부.
그의 삶 자체도 오로지 종교에 대한 믿음에 의지한 채 아득한
세상으로 떠난 여정이 아니었을까.

상하이 진자샹 성당 밖에 있는
김대건 신부 동상

최양업 신부와 쉬자후이 성당

　김대건 신부에 이어 상하이에서 사제서품을 받은 사람이 또
하나 있다. 한국의 두 번째 사제가 된 최양업 신부이다. 최양업
신부 역시 소년 시절 김대건, 최방제와 함께 마카오로 떠난 한국
최초의 천주교 신학생 중 하나다. 이후 조국에 신앙을 전파하고자
입국로를 개척하는데 몰두한다. 그리고 1849년 4월 15일,
마레스카(F. Maresca) 주교에 의해 사제로 서품되었다. 첫 신부가

탄생한 지 4년 만에 두 번째 신부가 탄생한 것이다.

쉬자후이(徐家匯) 성당은 최양업 신부가 신학 교육을 받았던 성당이라고 알려져 있다. 그리고 사제서품을 받았던 성당은 푸동의 장자러우(張家樓) 성당이라고 추정되고 있다. 그중에서도 쉬자후이 성당은 상하이의 유명한 성당이기 때문에 언급할 가치가 있다. 그러나 현존하는 쉬자후이 성당은 1910년에 신축된 성당으로, 최양업 신부가 신학 교육을 받던 당시의 성당은 아니다. 그러나 이곳 역시 이전의 역사를 이어받은 성당이기에 의미 있는 성당이다.

쉬자후이 지하철역에서 내리면 멀지 않은 곳에 성당이 있다. 라틴 십자형의 고딕양식으로 지어졌기에, 주변의 건축과는 달라 쉽게 눈에 뜨인다. 붉은 벽돌로 쌓아진 성당은 경건하고 장엄한 분위기를 자아낸다. 이런 분위기 덕에 성당 앞 작은 공원에서는 성당을 배경으로 웨딩촬영 하는 신랑 신부를 자주 볼 수 있다. 성당의 외관이 주는 장엄하고 무거운 분위기와는 다르게, 성당 내부는 밝고 환하다. 쉬자후이 성당은 한 번에 삼천 명을 수용할 수 있는 상하이에서 가장 큰 성당이라고 한다. 주말에도 중국어 미사와 영어 미사가 진행된다.

사실 쉬자후이 성당의 명칭도 진자샹 성당의 유래와 비슷하다. 명나라 말기의 유명한 학자이자 독실한 천주교 신자였던 서광계(徐光啓)가 이곳을 중심으로 천주교를 전파하였다. 그가 세상을 떠난 후에는 그의 후손들이 이곳에 모여 살았다. 서씨

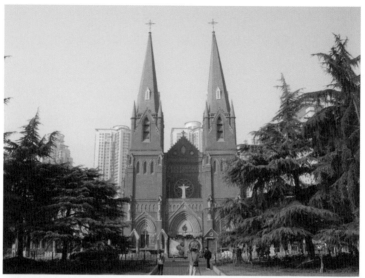

쉬자후이 성당의 외관과 내부 모습

일가들이 이곳에 모여 산다고 하여 '서가회(쉬자후이)'라고
불리게 된 것이다. 1840년대 개항 이후, 상하이에 들어온
선교사들은 이곳 쉬자후이를 예수회 근거지로 삼아 활동하였다.
그리고는 1847년 이곳에 성당을 세웠다고 한다. 이 밖에도 성당
주변에는 오래된 외국 문헌을 보관한 장서루(藏書樓)와 상하이시
기상청(옛 천문대) 등이 있는데, 당시 선교사들이 이곳에서
활동한 것과 관련이 있다. 그러나 신자가 점점 늘어나자 나중에는
더 많은 신자들을 수용할 수 있는 큰 성당을 짓기로 한다. 이렇게
해서 지어진 게 현재 우리가 보는 신축된 성당이다.

진자샹 성당이 전쟁으로 인해 수난을 겪었다면, 쉬자후이
성당은 문화대혁명 기간 동안 암흑의 시간을 겪어왔다. 성당
건물은 모두 회수되었는데 두 개의 높은 종탑 꼭대기가 부서지고,
스테인드글라스가 산산조각나는 등 크게 훼손된 것이다. 또한
성당 건물은 종교적인 기능을 상실한 채, 과일 및 잡화를
보관하는 창고로 전락하기도 했다. 문화대혁명이 끝난 이후에야
교구로 돌려졌고, 수리와 복원을 거쳐 1980년부터 성당으로서의
역할을 다시금 찾게 되었다. 다만 쉬자후이 성당이나 장자러우
성당에는 최양업 신부에 관한 기념관이 없으며, 그와 관련한
자료나 설명이 전시되어 있지 않다는 게 아쉬운 점이다. 어찌
됐든 한국의 첫 번째, 그리고 두 번째 신부가 탄생한 상하이는
한국 천주교사에 있어서 중요한 의미를 갖는 곳임은 분명하다.

낯선 타국 땅에서 사제가 된 그 순간, 김대건 신부와 최양업

신부의 마음은 어땠을까? 물론 사제가 된다는 것은 영광스럽고 기쁜 일이기도 했지만, 또 한편으로는 언제 닥칠지 모르는 순교와 죽음을 각오해야 했을 것이다. 그러나 사제가 되어 귀국한 두 신부는 결코 죽음을 두려워하지 않았다. 김대건 신부는 1846년, 외국 선교사들의 입국로를 개척하다 체포되어 26세의 나이로 순교하였고, 최양업 신부는 사목활동에 전념하다가 1861년 그의 나이 마흔에 과로로 쓰러져 숨을 거두었다. 그리고 주어진 사명을 다하고 하늘나라로 간 두 신부는 각각 '피의 순교자'와 '땀의 순교자'라고 불리게 되었다.

# 쑤저우강가 여관에서
# 최후를 맞이한 김옥균

언젠가 김옥균이 상하이에서 암살되었다는 글을 접한 적이 있다. 학창 시절 배운 얕은 지식으로 김옥균에 대해서는 개화파의 대표적 인물로 갑신정변을 일으켰고, 이것이 실패로 돌아가자 일본으로 망명하였다는 것만 알고 있던 터였다. 그런 김옥균이 상하이에서 암살당했다는 글을 접하고 나는 깜짝 놀랐다. 이후 내 머릿속에는 마치 추리소설과도 같은 의문점들이 연이어 맴돌았다.

'일본으로 망명했던 김옥균은 왜 상하이에 왔던 걸까? 김옥균은 누구에게 죽임을 당했을까? 그리고 왜 하필 상하이에서 죽음을 맞이했을까?……'

수많은 질문들이 꼬리를 물고 계속되었다. 나는 그 궁금증을 견디지 못하고 김옥균의 흔적을 찾아 나섰다. 김옥균이 암살당했다는 장소는 의외의 곳에 있었다. 암살이라고 하여 어두컴컴하고 으슥하며 외진 곳을 떠올렸지만, 사건이 있었던 장소는 상하이 시내 한복판이었다. 쑤저우강의 강변으로, 나도 종종 지나다니던 곳이었다. 심지어 이곳은 관광객들이 자주 가는 와이탄과도 멀지 않은 곳이다. 와이탄에서

김옥균이 암살당했던 여관이 있던 자리

와이바이두교(外白渡橋) 교량을 건너 강을 따라 조금만 걸어가면
허난중로(河南中路)와 베이쑤저우로(北蘇州路)가 교차하는 지점이
있는데, 이곳에 동화양행(東和洋行) 여관이 있었다. 1894년
김옥균이 암살당했던 곳은 바로 동화양행이었다.

   아쉬운 점은 여관은 이미 오래전에 철거되었고, 지금은
1935년에 세워진 하빈대루(河濱大樓)라는 아파트가 자리하고 있어
동화양행의 옛 모습을 찾아볼 수 없다는 것이다. 흑백 사진으로만
동화양행의 옛 모습을 볼 수 있을 뿐이다. 잠시 여관이 있었던
자리에 서서 주변을 둘러보았다. 바로 앞에는 쑤저우강이 유유히

흐르고 있고, 주변 도로에는 여전히 사람들과 차량들이 바쁘게 오가고 있다. 이곳은 백 년 전이나 지금이나 크게 변함이 없는 곳이다. 김옥균이 암살당했을 당시에도 지금과 비슷했으리라. 문득 이곳에서 일어난 김옥균 암살사건이 궁금해졌다.

김옥균은 어떤 인물이고, 왜 상하이에서 암살당했을까.

김옥균은 충청남도 공주군 정안면의 한 양반 가문에서 태어났다. 6세에 친척이었던 김병기의 집에 양자로 보내져 서울 북촌과 강릉에서 어린 시절을 보냈고, 16세에 다시 북촌으로 돌아왔다. 북촌은 주로 양반들이 모여 살던 곳으로 이러한 환경은 김옥균에게 많은 영향을 끼쳤다. 주변에 살던 연암 박지원의 손자인 박규수의 문하에 들어가 그를 스승으로 모셨고, 개화사상을 가진 인사들과 교유하여 성장하였기 때문이다. 22세에는 과거에 장원급제하여 홍문관교리에 임명된 이후, 승정원우부승지·이조참의·외아문협판 등의 요직을 거쳤다. 1881년 이래, 세 차례에 걸쳐 일본에 건너가 여러 인사들을 만나고 명치유신 이후 일본의 근대화한 모습을 직접 살펴보기도 했다. 이를 통해 조선도 부국강병을 이루기 위해서는 서양의 근대 문물을 받아들여야 한다는 생각이 굳어졌고, 뜻을 같이 하는 박영효·홍영식 등과 개화당을 형성하여 개혁을 도모하고자 하였다.

갑신정변은 1884년 12월 4일 저녁, 우정국 개국을 축하하는 자리에서 일어났다. 개화파는 축하연을 이용해 정부의 주요

인사들을 처단하며 정변을 일으킨 것이다. 일본의 힘을 빌려 정변을 일으키고 정권을 잡았지만, 당시 조선에 주둔해 있던 청나라 군대가 개입하며 정변은 3일 만에 실패로 돌아갔다.

　정변에서 실패한 김옥균과 그의 동지들은 더 이상 조선에 머무를 수 없었기 때문에 일본 망명길에 오른다. 조선 정부는 김옥균 등을 대역죄인이라고 하며 일본 정부에 그들을 체포하여 인도할 것을 요청하였지만, 일본 측에서는 양국 사이에 범인 인도에 관한 조약이 없다는 이유로 번번이 거절하였다. 그러나 이러한 거절은 일본 측이 김옥균을 보호하기 위한 것이 아니었다. 오히려 그를 냉대하여 일본 본섬으로부터 멀리 떨어져 있는 태평양의 외딴섬 오가사와라섬(小笠原島)과 일본의 최북단인 홋카이도(北海道)에 억류하기도 했다. 일본 측의 입장에서는 김옥균의 이용 가치가 떨어졌을뿐더러 조선에서 보낸 자객들에게 암살당하여 정치적·외교적인 문제가 발생하지 않을까 우려하여 유배 보낸 것이었다. 조선 정부에서는 장은규·지운영 등을 비롯한 자객들을 일본으로 보내 김옥균 암살을 계획한 적이 있었다. 그러나 김옥균과 그 일행들의 경계심이 워낙 강했기 때문에 그들의 호감을 사고 다가가기에는 역부족이었다. 암살을 시도하려던 자객이 오히려 김옥균과 그 일행들에게 신분이 발각된 적도 있었기 때문이다. 일본에서 김옥균의 유배 생활은 무려 4년 동안이나 계속 되었다.

　유배 생활을 끝낸 김옥균은 도쿄로 와서 생활하였고,

주일청국공사와 교류하였다. 당시 주일공사는 이홍장의 양자로
알려진 이경방(李經方)이었다. 이홍장(李鴻章)은 당시 외교
문제를 직접 관장하면서 청나라의 실질적인 권력자로 활동하고
있었고, 그의 양자인 이경방은 일찍이 유럽을 여행한 적이 있어
서구문물에 익숙한 사람이었다. 임기를 마친 이경방은 청나라로
귀국하면서 김옥균에게 청으로 올 것을 초청하였다고 한다.
그러나 김옥균은 신변 안전에 대한 우려로 줄곧 망설일 수밖에
없었다.

　김옥균이 도쿄에서 생활하는 동안 만난 또 다른 사람이
있었는데, 바로 홍종우라는 조선인이었다. 홍종우는 프랑스
파리에서 공부한 우리나라 최초의 프랑스 유학생이었고,
『심청전』과 『춘향전』을 번역하여 프랑스에 소개한 것으로
알려져 있다. 프랑스 유학을 마친 홍종우는 귀국 전 잠시 일본에
도착했다. 당시에는 서양으로 건너가 선진문물을 체험하고
견문을 쌓는 게 쉽지 않을 때였고, 홍종우처럼 프랑스에서
유학한 사람은 굉장히 드물었다. 김옥균은 이러한 경험을 가진
홍종우에게 특별한 관심을 가졌다. 홍종우 역시 프랑스에서의
체험과 문화를 소개하며 자연스럽게 다가갈 수 있었다. 근대적
개혁을 꿈꾸었던 김옥균과 프랑스에 유학하며 서구문물을 배운
홍종우는 서로 통하는 점이 있었고, 연배도 홍종우가 김옥균보다
한 살 위로 비슷한 또래이기도 했다. 그러나 두 사람의 생각은
같지 않았다. 김옥균은 외세를 등에 업고서라도 근대화를

추진하기 위해 갑신정변을 일으켰던 급진개화파였고, 홍종우는
조선의 현 상태를 보존하며 서구의 문화를 이용하고자 하는
생각을 갖고 있었기 때문이다.

홍종우는 김옥균을 만나면서 청나라에 갈 것을 권유하였다.
김옥균의 입장에서는 새로운 방향을 모색할 수 있는 기회가
될 수 있었기에 가히 솔깃한 제안이었다. 그러나 홍종우가
청국행을 권유한 데는 이유가 있었다. 김옥균을 암살하기 유리한
곳으로 유인하려는 속셈이었다. 사실 홍종우는 김옥균을 만나기
전부터 이미 김옥균의 암살을 도모하고 있었다. 일본에서 만난
이일직이라는 자객에게 포섭되어 암살계획에 가담하게 되었는데,
이일직은 민씨 척족의 거물이었던 민영소로부터 김옥균 등
개화파 인사들을 암살하라는 밀명을 받고 파견된 자객이었다.

자객들의 위협에 시달리고 쫓기던 신세 탓에 김옥균은 워낙
경계심이 많았다. 그런 그는 마음속으로 홍종우를 의심하고
경계하기도 했지만 결국 청국행을 결심한다. 오랜 시간 망명
생활로 인해 어려운 상황에 있었고, 일본에서 더 이상 기대하거나
활동할 여지도 없었기 때문이다. 홍종우는 김옥균의 의심을
거두기 위해 고베(神戸) – 상하이를 왕복하는 배표를 지불하기도
했다.

상하이로 떠나기 전, 김옥균은 일본의 사상가이자 혁명가인
미야자키 도텐(宮崎滔天)과 만났다. 이때 김옥균은 "청나라에 가서
이홍장과 만나 담판할 것"이라고 하면서 "인간 만사가 운명이다.

호랑이 굴에 들어가야 호랑이 새끼를 잡을 수 있다"는 말을
했다고 한다. 이 대화를 통해 청국행을 결심한 김옥균의 심사를
짐작해볼 수 있겠다. 김옥균은 10년 동안의 일본 망명 생활을
접고 '모 아니면 도'라는 생각으로 과감히 상하이행을 결정한다.
이홍장을 만나 새로운 삶을 개척하려는 희망도 있었지만, 한 치
앞도 모르는 자신의 앞날을 운명에 맡긴 것이다.

　김옥균은 수행원으로 일본인인 와다 엔지로(和田延次郎),
통역으로 주일청국공사관 직원이자 중국인 오승(吳昇), 그리고
홍종우와 동행하기로 한다. 이 네 사람은 고베항에서 상하이로
출발하는 사이쿄마루(西京丸)라는 배를 탔다. 나흘 뒤인 3월 27일
배는 상하이에 도착하였다.

　김옥균과 그 일행은 황푸강의 부두에서 내렸다. 당시 황푸강은
상하이를 드나드는 관문이었고, 강변에는 많은 부두가 있었다.
김옥균 일행은 쑤저우강 위에 있는 교량을 건너 동화양행에
숙소를 정했다. 동화양행은 요시지마 토쿠죠(吉島德三)라는
일본인이 1886년에 상하이 최초로 문을 연 여관이었다. 여관이
자리하던 곳은 행정구역상으로는 홍커우구였고, 이곳은 미국이
관리하는 조계지였다. 하지만 미국의 조계지 관리가 느슨하였기
때문에 많은 일본인들이 이 일대에 거주하고 있었다.

　동화양행은 당시 상하이에서 꽤나 유명한 여관이었다.
일본인이 상하이에서 최초로 문을 열었을 뿐만 아니라, 3층
양옥의 건물로 정갈하기로 소문나 있었기 때문이다. 또한 이

여관은 『상하이 신보(上海新報)』라는 일본어판 신문에 1890년
10월 실은 광고 때문에 지명도가 높아지기도 했다. 광고에서는
동화양행은 매춘에 단호히 반대하며, 남편 없이 여성이 혼자서
투숙하는 것을 거절한다는 내용을 담고 있었다. 당시 일본인들이
경영하는 여관에서 매춘이 성행하며 문제가 되고 있었다. 이러한
상황에서 동화양행은 매춘을 반대한다는 광고를 실으면서, 많은
사람들에게 건전한 여관으로 알려진 것이다.

여관에 도착한 이들은 객실을 잡았다. 김옥균은 일본인
와다 엔지로와 함께 2층의 1호실 객실에 묵었고, 홍종우는
같은 층의 다른 방에 묵었다. 당일 저녁, 김옥균은 상하이
중서서원(中西書院)에서 영어 강사로 있던 윤치호를 만났다.
윤치호는 갑신정변에는 직접 가담하지는 않았지만, 김옥균
등과 친밀한 관계를 맺고 있던 인물이었다. 갑신정변이 실패로
돌아가자 윤치호 역시 신변의 위협을 느껴 1885년 상하이로
망명한 것이다. 김옥균으로부터 상하이로 오게 된 과정에 대해
이야기를 들은 윤치호는 김옥균에게 "홍종우라는 수행원이
수상해 보입니다. 조심해야겠습니다. 스파이 같아요"라며
홍종우를 조심하라고 했다. 그러나 김옥균은 "스파이 같지는
않지만, 그래도 신임하는 것은 아니야"라고 대답하면서, 왕복
배표가 석 달간 유효하니 당분간 중국에 머물 계획이라고 했다.
그리고는 오랜 승선으로 피로가 쌓인 탓인지 김옥균은 별다른
외출 없이 방안에 머물며 휴식을 취했다.

이튿날인 3월 28일, 오전부터 여관 앞 쑤저우강에 정박해 있던 배에서 폭죽을 터뜨리는 소리가 요란했다. 쑤저우강 주변이 폭죽 소리로 시끌벅적했고, 동화양행 여관에도 폭죽 소리가 진동하였다. 통역으로 온 중국인 오승은 볼일이 있다며 외출하였고, 일본인 수행원 와다 엔지로는 여관의 1층에 내려가 있었다. 김옥균은 2층 객실에서 오후 시간을 보내고 있었다. 오후 3시경 김옥균이 침대에 누워 책을 읽고 있을 때, 한복을 입은 홍종우가 나타났다. 문을 열고 들어온 홍종우는 소매에 숨겨온 권총을 꺼내 들었다. 그리고 침대에 누워있는 김옥균을 향해 권총 3발을 쏘았다.

어디선가 '팡팡팡' 소리가 들려왔지만, 사람들은 이번에도 바깥에서 터뜨린 폭죽 소리인 줄 알고 있었다. 그런데 한복을 입은 홍종우가 2층에서 급하게 뛰어 내려와 밖으로 나가더니 곧바로 자취를 감추어 버렸다. 와다 엔지로는 홍종우가 허둥지둥 대며 서둘러 뛰어나가는 것을 보고 이상하다고 여겼고, 곧바로 2층으로 뛰어 올라갔다. 객실로 들어가 보니 김옥균은 가슴에 총상을 입고 숨져 있었다. 좀 전에 들려왔던 소리는 총성으로, 홍종우는 호시탐탐 기회를 엿보다가 김옥균이 혼자 있는 순간을 틈타 그를 암살한 것이었다. 이처럼 마흔셋의 김옥균은 낯선 타국땅 상하이의 한 여관에서 자객의 손에 의해 숨을 거두었다.

암살사건이 일어나자 여관 주인인 요시지마는 곧바로 상하이에 있는 일본총영사관에 신고했다. 일본총영사관은 여관에서 1km도

채 안되는 와이바이두교 바로 근처에 있었다. 관할 지역을
담당하고 있던 미국 조계, 또 중국 정부의 상하이현(上海縣)
당국에도 보고되었다. 일본총영사관 경찰, 미국 조계의 경찰,
중국의 경찰 등이 여관에 도착해 현장 조사에 나섰다. 그리고
다음 날 미국 조계 경찰에 의해 홍종우가 체포되었다. 홍종우는
상하이 교외 지역인 오송(吳淞)으로 도주하여 민가에 숨어있다가
체포된 것이다.

  그러나 예기치 못한 일이 발생했다. 김옥균의 시신을 어떻게
처리할 것인가를 두고 문제가 복잡해진 것이다. 일본 측은
김옥균이 일본에 망명한 인물이었고, 일본인이 경영하는
여관에서 숨졌기 때문에 관을 만들어 일본으로 가져가려고
하였고, 미국 조계 당국은 자신들의 관할구역에서 일어난 일이기
때문에 자신들이 처리해야 한다고 여겼다. 또 중국은 중국 영토
안에서 발생한 일이기 때문에 시신을 일본에 넘겨줄 수 없다는
입장이었다. 김옥균의 시신을 둘러싸고 일본과 미국 조계, 그리고
중국의 의견이 서로 달랐기 때문에 합의를 보지 못했다. 결국
김옥균의 시신은 30일 오전까지 여관에 그대로 방치되어 있었다.
이러한 일화는 조계 시절, 상하이라는 공간의 복잡성을 잘
보여준다고 할 수 있겠다.

  결론은 완전히 다른 방향으로 결정되었다. 김옥균의 시신을
조선으로 인계하기로 한 것이다. 일본·미국 조계·중국 당국이
협의하는 과정에서 상하이 경찰은 김옥균의 시신을 일본 측에

옛 주상하이 일본총영사관으로 쓰였던 건물

상하이 우정박물관

인계하는 것으로 결정하였다. 그런데 갑자기 태도를 바꾸었다.
바꾸게 된 데는 조선 정부의 요청이 있었다. 조선 정부는 청정부에
김옥균의 시신과 홍종우를 조선에 인계하기를 요청하였고, 중국
측은 이러한 요청을 받아들인 것이다. 그리고는 4월 7일, 중국 측은
군함 위정호(威靖號)에 김옥균의 시신과 홍종우를 태워 상하이에서
인천까지 이송했다. 이미 시일이 많이 지난 터라 부패를 막기 위해
김옥균의 시신을 소금에 절였다고 한다.

　그로부터 5일 후인 4월 12일, 김옥균의 시신이 조선에
도착했다. 김옥균은 시신으로 돌아왔지만 사후에도 참혹한

형벌을 받았다. 조선 정부는 김옥균이 대역죄를 범한 죄인이라며 머리와 몸통, 팔과 다리를 잘라서 처형하는 능지처참형으로 처해진 것이다. 그의 머리는 '대역부도옥균(大逆不道玉均)'이라고 쓰인 깃발과 함께 한강 양화진에 효수되었다. 잘려진 팔과 다리는 상자 속에 담겨 전국 각지로 돌려졌다. 타국에서 갑작스러운 죽음을 맞이했던 김옥균은 고국에 와서도 잔혹한 형벌을 받게 된 것이다.

김옥균이 암살당했다는 동화양행 여관 자리에서 주위를 둘러보며 흥미로운 점을 발견했다. 김옥균은 바로 조선의 우정국에서 정변을 일으켰던 인물이 아니던가. 공교롭게도 동화양행 여관이 있던 자리 옆에는 상하이 우정총국과 우정박물관이 있었다. 상하이의 우편 업무는 1866년부터 시작되었고, 이곳으로 자리를 옮긴 것은 1924년의 일이라고 한다. 1884년 조선의 우정국에서 갑신정변을 일으켰던 김옥균이 10년만인 1894년 상하이의 어느 한 여관에서 죽음을 맞이했다. 그리고 30년 후, 이곳 부근에는 상하이의 우정총국이 세워졌다. 우연이라고 하면, 참으로 묘한 우연이 아닌가 한다.

# '영화 황제'라 불린
# 배우, 김염

  학교 다니던 때, 매주 토요일 오전마다 클럽활동 시간이
있었다. 학교 수업을 벗어난 일종의 취미 활동 시간인데 독서나
과학실험·운동·서예· 영화감상 등 여러 부서가 있고, 학생들은
각자 관심 있는 분야를 골라 참여하는 식이었다. 그중에서도
영화감상부는 그 어떤 활동 중에서도 가장 인기가 많았다. 영화를
보고 나서는 감상문을 써서 제출해야 한다는 번거로움이 있었지만,
그럼에도 항상 지원자가 많았다. 높은 경쟁률 때문에 담임선생님은
가위바위보나 제비뽑기 등 최대한 공평한 방식으로 담판을 짓도록
했다. 가위바위보에서 이긴 학생들은 환호성을 질러댔고, 진
학생들은 아쉬움의 탄식을 뱉어냈다. 그러나 하필 부서 선정하는
날만 되면 운이 없던 건지, 가위바위보에서 계속 졌던 나는 결국
학창 시절 내내 영화감상부에 발조차 들이지 못했다. 단편적인
일화이긴 하지만, 이처럼 영화는 많은 사람들이 좋아하는 취미생활
중 하나일 것이다.
  나 역시 영화감상이 좋아하는 문화생활 중 하나인데, 보고
싶었던 영화는 개봉일을 손꼽아 기다렸다가 영화관에 가서 보곤
한다. 스크린에서 생생하게 펼쳐지는 연기를 보고 있노라면, 내가

그 삶 속으로 빨려 들어가는 느낌이다. 가끔은 영화 한 편을 보고 여운이 가시지 않아 일주일 내내 영화 속에 살고 있는 듯한 착각이 들기도 했다. 비록 영화 속의 삶은 배우들의 연기이자 타인의 삶이지만, 우리는 영화를 보며 그 감정에 이입해 다른 관중들과 함께 웃기도 하고, 또 함께 울기도 한다.

그런가 하면 '불후의 명작'이라고 불리는 영화 명작은 몇십 년이 지나도 두고두고 사람들에게 꾸준히 기억되기도 한다. 시대가 변하고 공간이 바뀌어도 그 가치는 변하지 않는 것이다. 중국에서도 오랜 세월이 지났음에도 사람들에게 꾸준히 기억되는 영화 작품들이 있다. 중국에서는 중국 영화의 시작이 1905년으로 알려져 있다. 1905년 베이징의 펑타이(豊泰) 사진관에서 경극 배우인 탄신페이(譚鑫培)의 연기를 영화로 제작하여 중국 최초의 영화인 '정군산(定軍山)'을 찍었기 때문이다. 그로부터 100년이 흐른 2005년에는 중국 영화 100주년을 맞이하여 중국영화평론가협회 등에서 영화 명작 100편을 발표하였다. 중국 영화 100주년을 맞이하면서 중국 영화 역사에서 가장 대표적이고 훌륭한 영화 100편을 선정하여 발표한 것이다. 옛날에 제작되었던 무성 영화나 흑백영화도 순위 안에 있기 때문에 현대인들에게 낯선 영화들도 적지 않다.

그중에서도 1935년에 개봉한 '대로(大路)'라는 영화는 명작 중의 명작으로 손꼽힌다. 이 영화는 쑨위(孫瑜) 감독이 항일을 주제로 제작한 영화인데, 김염이라는 배우가 이 영화의 주연으로 등장한다. 아마 이름이 익숙하실지도 모르겠다. 김염은 앞선 글 '영화가 있어 찬란했던 1930년대'에서 잠깐 언급한 배우이다. 김염은 상하이 영화의 전성기라고 할 수 있는 1930년대에 영화배우로 활동하며 '영화 황제'라는 칭호를 얻었으며, 중국영화사에서도 빼놓을 수 없는 대표적 인물이다.

내가 김염이라는 배우를 언제부터 알게 된 것인지 정확히 생각은 나지 않지만, 그를 알고 나서 여러 감정이 교차했던 것으로 기억한다. 한국인이 중국에서 유명한 영화배우가 되었다는 사실도 놀라웠고, 서울에서 태어난 그가 도대체 왜, 그리고 어떻게 중국까지 와서 영화배우가 된 건지 그 과정도 궁금했다. 쟁쟁한 영화배우들 사이에서 '영화 황제'라는 칭호를 얻었다는 것에 커다란 자부심도 느꼈다. 또 시대는 다르지만, 김염이 활동했던 상하이라는 공간에서 공부하고 있다는 것이 나에게 큰 위로가 되기도 했다.

김염에 대해 더 알고 싶은 마음에 중국에서 간행된 신문 잡지 등을 통해 김염과 관련된 자료들을 수집하기도 하고, 그가 출연했던 '대로', '들장미(野玫瑰)' 등의 영화를 구해 보기도 했다. 그리고 김염의 후손인 박규원 작가가 쓴 『상하이 올드 데이스』(2003년)와 일본인 스즈키 쓰네카쓰(鈴木常勝)가 쓴 『상해의 조선인 영화황제』(1996년)라는 책을 읽기도 했다. 이러한 과정 속에서 그에 대한 나의 궁금증은 조금씩 사르르 풀렸다. 김염의 인생과 삶의 궤적을 살펴보면서 느낀 점이 있다. 영화보다도 더 영화 같은 삶을 살았다는 것이다.

## 김염의 어린시절과 중국 망명

그렇다면 김염은 왜 중국으로 망명했으며, 어떻게 상하이에서
영화배우로 활동했고, 영화황제가 되었던 것일까?

김염이 왜 중국에 가게 되었는지 알기 위해서는 먼저
김염의 집안에 대해 이해할 필요가 있다. 김염은 독립운동가의
아들이었다. 김염의 아버지인 김필순은 세브란스 의학교 제1회
졸업생으로, 조선 최초의 서양 의사가 된 사람이다. 김필순은
서양 의학 서적을 번역하고, 후학을 양성하며 우리나라의 의학
발전에 커다란 공헌을 했다. 그리고 그는 의사로 활동하는 동시에
비밀결사인 신민회에 참여하기도 했다. 세브란스병원 앞길에
형 김윤오와 함께 김형제 상회를 운영하였는데, 건물의 1층은
인삼과 가구를 수출하는 무역상사로, 2층은 애국지사들이 모이는
독립운동의 비밀 기지로 사용했던 것이다. 김필순은 집회 장소와
활동 자금을 지원하며 독립운동에 가담하고 있었다.

김필순은 105인 사건을 계기로 중국으로 망명하였다.
이 사건은 일제가 1911년 조선 총독이었던 데라우치
마사타케(寺內正毅)의 암살 미수사건을 조작하여, 애국지사
600여 명을 체포하여 고문하고, 이들 중 105명을 투옥한 사건을
말한다. 눈엣가시로 여기고 있던 신민회 인사들을 와해시키려는
것이었다. 애국지사들이 체포되어 뒤숭숭한 분위기가 계속되던
어느 날, 이전에 김필순에게 맹장 수술을 받았던 일본 형사가

김염(좌)과 김필순(우)

급히 찾아와 김필순이 이에 연루되었다는 소식을 전해주었다.
소식을 들은 김필순은 급히 몸을 피해야 했기 때문에 그 길로
서둘러 서울을 떠났다. 그는 1911년 12월 31일 기차를 타고
신의주로 간 후, 꽁꽁 얼어붙은 압록강을 건넜다. 그리고
북쪽으로 올라가 중국 통화(通化)에 정착했다. 김필순은 통화에서
병원을 설립하고 운영하면서 멀지 않은 곳에 독립운동기지를
건설한 신민회 인사들과 연계를 맺으며 활동했다.

　김필순이 통화에 정착한 후, 서울에 남아있던 가족들은
이듬해인 1912년에 통화로 갔다. 두 살이었던 김염도 이때
가족을 따라 중국에 가게 된다. 그러나 일제의 손길이 뻗쳐오자
일가족은 통화를 떠날 수밖에 없었다. 일제의 영향력이 미치지
않는 북쪽을 향해 계속 이동하다가 결국 1916년, 헤이룽장성

치치하얼(黑龍江省 齊齊哈爾)에 도착했다. 치치하얼은 중국에서도 거의 동북쪽 끝에 위치한 곳이다. 김필순과 일가족은 매섭고 차디찬 바람이 휘몰아치는 이 황무지에 짐을 풀었다. 그리고 토지와 농기구를 사들이고 주변의 조선인들을 모아 토지를 개간하여 조선인 이상촌을 건설했다. 또한 병원을 운영하며 모은 수입의 대부분을 독립군을 양성하는 데 제공했다.

그러던 중 1919년 9월, 마흔한 살의 김필순은 의문의 죽임을 당하고 만다. 병원의 조수로 일하던 일본인이 준 우유를 마시고 숨진 것이다. 나중에 알고 보니 그는 김필순을 독살하기 위해 병원 조수로 위장하고 접근한 일본인 특무였다고 한다.

아버지인 김필순이 갑작스레 세상을 떠나자 가족들의 생활이 어려워졌다. 어머니는 동네 사람들의 빨래를 해주거나 조산원으로 일했지만, 식구들이 많았기 때문에 생계가 곤란했다. 형편이 어려워진 가족들은 결국 친척 집으로 뿔뿔이 흩어질 수밖에 없었다. 김염은 1923년 상하이에 있는 둘째 고모 김순애와 고모부 김규식의 집으로 가서 의탁하였다. 이후 지난(濟南)과 톈진(天津)등 지역에서 학창 시절을 보냈다.


영화배우를 꿈꾸다


학창 시절 김염의 마음속에는 영화배우가 되고 싶다는 꿈이 움트기 시작했다. 어린 시절 치치하얼에 살 때도 가족들과 종종 함께 영화를 보러 갔기 때문에 그에게 영화는 익숙한 예술이었다. 도시로 나와 생활을 하면서 영화는 훨씬 더 접하기 쉬운 환경이 되었다. 김염은 학교 친구들과 자주 영화를 보러 다니곤 했다. 그에게 있어 영화는 갑갑한 현실에서 벗어날 수 있는 탈출구와도 같았다.

또 영화의 줄거리나 영화배우, 영화의 제작을 담은 이야기가 실린 수많은 영화잡지들이 발간되고 있었는데, 김염은 이런 영화잡지를 즐겨보기도 했다. 그렇지만 고모 김순애와 고모부 김규식은 그가 영화에 관심을 갖는 것을 못마땅해 했고, 영화배우가 되고 싶어 하는 그의 꿈을 극구 반대했다. 반대가 심했지만, 김염은 포기할 수 없었다. 영화배우의 꿈을 이루기 위해 영화가 발전한 상하이에 가겠다고 결심했다. 그는 『대공보(大公報)』의 기자가 상하이의 어느 영화감독과 잘 아는 사이라는 말을 듣고, 일면식도 없던 기자를 찾아가 소개장을 받았다. 그리고 친구들이 마련해준 돈으로 겨우 배표를 마련하고는 열일곱의 나이에 상하이를 향해 떠났다. 상하이에는 의탁할 곳도 없었고, 앞으로 어떤 일이 펼쳐질지 도무지 알 수 없었지만 훌륭한 배우가 되고 싶다는 꿈 하나로 배에 올랐던 것이다.

상하이에 도착한 김염은 기자가 써준 소개장을 들고 민신(民新) 영화사의 허우야오(侯曜) 감독을 찾아갔다. 다행히 감독은 김염에게 영화사 기록계원의 자리를 소개해주었다. 영화사에서 일하며 김염은 영화 엑스트라나 단역으로 출연할 수 있는 기회를 얻기도 했다. 비록 단역이긴 했지만 영화계에 발을 들여놓는 계기가 되었던 것이다. 그러나 누군가의 농간으로 김염은 몇 개월 만에 이곳에서의 일자리를 잃고 만다. 이후 김염은 어느 극장 매표소에서 영화표를 팔고, 극장 청소도 하는 잡일을 하며 버텼다. 벌이가 적었기 때문에 어렵고 힘든 생활이 계속되었다. 굶는 일이 허다했고, 극장 복도의 의자에서 잠을 청해야 했다. 며칠 동안 계속된 굶주림에 견딜 수 없던 그는 추운 겨울이었지만 자신의 외투를 팔아서 겨우 끼니를 해결하기도 했다. 상하이에서의 생활은 실낱같은 희망조차 없어 보였지만, 영화배우라는 꿈을 갖고 있던 김염은 이 힘든 시기를 꿋꿋하게 견뎌냈다.

그러나 어두컴컴한 터널도 계속해서 걷다 보면 끝이 보이기 마련이다. 온갖 어려움을 견뎌내며 영화배우가 되고자 했던 김염의 꿈은 마침내 실현된 것이다. 가장 어려운 시기에 영화배우의 꿈을 이끌어줄 은인과도 같은 사람을 만날 수 있었는데, 그 은인은 바로 쑨위 감독이었다. 미국에서 영화 공부를 마치고 온 쑨위 감독은 '풍류검객(風流劍客)'이라는 영화를 준비하고 있었다. 주인공으로 적합한 배우를 찾고 있다가 '열혈남아(熱血男兒)'에서 대장장이 역할을 맡아 단역으로 잠깐 나온 김염의 모습을 보게 되었다고 한다. 쑨위는 자신의 감을 믿고 무명 배우인 김염을 과감히 캐스팅했다. 이때 쑨위 감독은 김염의 모습에서 건강미 넘치는 체격과 열정, 그리고 새로운 청년상을 엿보았다고 한다. 그렇지만 쑨위와 김염의 첫 합작품이었던 풍류검객은 아쉽게도 흥행을 거두지 못했다. 고대 협객을 다룬 내용으로, 내용과 형식적인 면에서 기존 영화와 별다른 차별성이 없었기 때문이다.

흥행에는 실패했지만, 쑨위는 김염이라는 열아홉 살의 신인을 주인공으로 발탁한 것을 성과로 여겼다고 한다. 김염에게서 영화 배우로서의 자질과 발전 가능성을 본 것이다. 이후 쑨위는 김염이 영화계에서 활동할 수 있도록 적지 않은 도움을 주었고, 김염은 쑨위를 만나면서 영화계에서 배우로 활동할 수 있는 길이 열렸다.

풍류검객이 실패한 이후, 쑨위는 롄화(聯華)영화제작사에 들어가 감독으로 활동했다. 진보적이고 참신한 시각을 갖고 있던 쑨위 감독은 당시 중국 영화에서 대부분을 차지하는 무협 시대극이나 고전 애정물에서 벗어난 새로운 영화를 만들고자 결심했다. 그리하여 현실을 반영하고 현대적인 감각을 더한 '야초한화(野草閑花)'라는 영화를 준비했다. 이 영화는 봉건적 중매 결혼에 불만을 품은 부잣집 아들과 가난한 목수의 딸이자 꽃 파는 처녀의 사랑 이야기를 다룬 것으로, 두 사람은 신분 차이로 집안의 반대에 부딪히지만 결국 결혼한다는 내용이다. 쑨위는 이를 제작하면서 당시 최고 인기를 누리고 있던 롼링위(阮玲玉)를 여자 주인공으로, 그리고 남자 주인공으로는 김염을 발탁했다. 김염은 다시 한 번 기회를 얻게 되었다. 이 영화는 기존의 영화와는 차별화된 내용으로 많은 관객들의 호응을 받았다.
김염의 생기발랄한 모습과 자연스러운 연기도 호평을 받았다.
이 영화를 보기 위해 모여든 관객들로 극장은 그야말로
문전성시를 이루었고, 신문에서도 이 영화와 출연 배우들에 관해
대서특필했다. 야초한화가 대성공을 거두면서 그야말로 김염은
하루아침에 스타가 된 것이다. 이 영화는 김염이 영화배우로
쏘아올린 신호탄이 되었다고 할 수 있겠다.

중국에서 김염의 이름이 언급될 때면 함께 따라다니는
수식어가 있다. 바로 영화 황제라는 칭호다. 김염이 이 칭호를
얻게 된 것은 1933년도의 일이다. 『전성일보(電聲日報)』는
1932년 5월 상하이에서 창간한 영화잡지였는데, 발간한 지 얼마
되지 않은 시점에 흥미로운 이벤트를 열었다. 독자들을 상대로
좋아하는 배우를 선택하는 투표를 진행한 것이다. 공전의 대규모
투표는 1932년 11월 11일부터 이듬해 2월 3일까지 진행되었다.
약 세 달 가량 진행된 투표에서는 모두 만 오천 명이 넘는
독자들이 참여하였다. 투표 결과 여자배우로는 후디에(胡蝶)가,
그리고 남자배우로는 김염이 1위로 뽑혔다. 이때부터 이들은
각각 영화 황후, 영화 황제로 불리게 된다. 또한 이어 진행된
부문별 투표에서도 10가지 항목 중, 김염은 '가장 좋아하는
남자배우', '가장 잘생긴 남자배우', '가장 친구가 되고 싶은
남자배우' 등 세 가지 항목에서 1위로 뽑혔다.

# 영화로 항일 운동을 한 김염

1930년대에 들어서면서 중국은 일제의 침략을 받았다. 일제는
1931년 9월 18일, 소위 '9·18 사변'을 일으켜 만주를 침략하였다.
만주에 이어 1932년 1월 28일에는 상하이를 침략하며 '상하이
사변'을 일으켰다. 혼란스러운 상황이 계속되면서 중국인들의
반일 감정이 거세졌다.

중국인들의 항일열기가 고조되는 가운데, 영화인들은 항일을
주제로 한 영화를 제작하였다. 쑨위 감독은 일제가 만주를 침략한
직후 그 선두에 서서 항일영화를 제작하였다. 영화의 제목은
'들장미(野玫瑰)'(1932)로, 중국인들의 항일 정신을 고취시키고자
했다. 이 영화를 제작하면서 쑨위는 남자 주인공으로 김염을,
여자 주인공에는 왕런메이(王人美)를 캐스팅했다.

들장미 이후에도 여러 항일영화가 제작되었고, 김염도 적지
않은 항일영화에 출연해 주인공을 맡았다. '공부국난(共赴國難)',
'세 명의 모던 여성(三個摩登女性)', '대로', '장지릉운(壯志凌雲)'
등이 김염이 출연한 항일영화다. 그중에서도 '대로'는 항일영화의
대표적인 작품이자 쑨위 감독이 메가폰을 잡고 김염과 함께
한 영화다. 건장한 청년 노동자들이 군용도로를 건설해
항전에 이바지한다는 것이 주된 내용이다. 특히 이 영화는
「대로가(大路歌)」, 「개로선봉가(開路先鋒歌)」라는 영화 주제곡이
삽입되어 있는데, 김염이 영화 주제곡을 직접 부르기도 했다.

영화가 상영되고 나서 이 영화의 주제곡은 중국인들이 즐겨
부르는 노래가 되었다. 이 밖에도 김염은 영화 속에서 주로
일제에 맞서 싸우는 용감한 청년 역할로 등장했다. 영화는 지금도
그렇지만 당시에도 영향력이 상당히 커다란 매체였다. 김염은
영화라는 예술을 통해 항일을 하며, 많은 중국인들에게 영향을
끼쳤다.

    김염은 중국인들에게 영향력이 큰 스타였기 때문에 이후
항일전쟁을 일으킨 일본은 앞잡이와 일본군 소좌를 대동해 김염을
일중 합작 영화에 출연시키려 했다. 그러나 김염은 이에 단호히
거절하였다. 1938년 가을, 일본의 압박을 피해 상하이를 탈출하여
홍콩으로 피신하였고, 이후 충칭(重慶)과 쿤밍(昆明) 등지로 건너가
또 한 번 쑨위 감독과 함께 항일영화 '장공만리(長空萬里)(1940)'를
촬영하였다.

    김염이라고 하면 일반적으로 영화 황제를 떠올리지만, 정작
김염은 그 칭호를 자랑스럽게 여기지 않았다. 그는 대중들의
인기에 연연하지 않았다. 다만 김염은 영화배우로서 시대와 사회에
도움이 되는 예술을 발휘해야 한다고 생각했다. 시대적 사명감을
갖고, 영화로써 항일에 투쟁하는 길을 선택한 것이다. 쑨위
감독은 어느 영화잡지에서 김염에 대해 '김염 연기의 비밀은 그가
조선인으로서 사회에 가지고 있던 불안과 불만을 영화에 그대로
투영했기 때문'이라고 언급하였다. 중국의 영화사에서도 김염은
항일영화에서 뛰어난 연기를 한 배우로 높이 평가받고 있다.

## 김염이 잠들어 있는 곳, 복수원

김염에 대한 자료를 찾던 중, 그가 상하이의 복수원(福壽園)이라는 공원묘지에 묻혀있다는 것을 알게 되었다. 이곳은 상하이 서남쪽 변두리 지역인 칭푸취(靑浦區)라는 곳에 있었다. 상하이 시내에서도 거리가 멀어 찾아가기까지 교통편이 만만치 않았지만 찾아 나섰다.

복수원은 주로 상하이에서 활동했던 영화계나 예술계의 유명인사들이 묘지가 모여있어 상하이 인문기념공원이라고 부르기도 한다. 예술의 향기가 남아있는 곳이라 그런지 기존의 공원묘지와 분위기가 확연히 달랐다. 드넓은 푸른 잔디밭이 펼쳐져 있었고, 그 옆에는 작은 호수도 있었다. 또 조경수들과 여러 특징을 갖고 있는 조각상들도 여기저기 세워져 있었다. 마치 잘 가꾸어 놓은 정원이나 조각공원에 들어온 것 아닌가 착각이 들 정도였다. 각 조각상들은 묘지 주인의 특징을 담아 조각되었기 때문에, 이 묘지의 주인이 누구인지를 여실히 드러내고 있었다. 그중에서도 눈길을 사로잡는 조각상이 있었다. 아주 편안하게 누워있는 여인의 흰 조각상이었다. 자세히 들여다보니 1930년대 최고의 인기를 누리던 롼링위였다. 바로 김염을 스타자리에 오르게 한 '야초한화'라는 영화에서 그와 함께 여주인공을 맡았던 배우였던 것이다.

롼링위와 멀지 않은 곳에서 김염의 조각상을 발견하고 그 앞에 섰다. 봉분이 없었기 때문에 묘지라는 느낌이 전혀 들지 않았다.

복수원 공원묘지에 있는 배우 롼링위의 기념비

단지 새카만 돌로 된 묘비가 서 있을 뿐이다. 돌에는 영화필름을
배경으로 한 김염의 얼굴과 '김염(1910~1983)'이라는 글귀가
새겨져 있었다. 아래를 내려다보니 김염의 무덤임을 알려주는
붉은 대리석이 있었다. 왼편에는 김염의 아들 김첩이 있었고,
가운데에는 김염이 안장되어 있었다.

　김염은 일제가 패망한 이후에도 계속 영화배우로 활약하였다.
신중국에서는 김염을 일급배우로 임명하기도 하였고, 영화인으로
특별배우를 받았다. 사회활동으로 상하이영화제작소 배우
극단장을 맡기도 했고, 상하이시 인민대표와 정치협상회의

복수원 공원묘지에 있는 김염의 묘지

위원으로 활동하기도 했다. 그러나 활발히 활동을 이어가던 와중
위병이 생겼고, 위 수술을 하는 도중 발생한 의료사고로 영화계를
은퇴할 수밖에 없었다. 안타깝게 병세에 차도가 없었기 때문에
그 이후로 다시는 스크린에 모습을 보일 수 없었다. 결국 김염은
1983년 12월, 폐기종으로 인해 73세를 일기로 상하이에서 눈을
감았다. 그리고 동시대를 살아가며 함께 활동했던 영화배우,
영화감독, 예술가들과 함께 지금 이곳, 복수원에 잠들었다.
　　그의 묘지에 세워진 조각상 뒷면에는 "(영화 속 김염은) 청춘과
활력이 넘치는 기질, 꾸밈없고 자연스러운 순수한 연기가

한데 뒤섞여 있다. 참신하고 매력적인 그의 연기는 중국의 영화 공연 예술을 새로운 경지로 끌어올렸고, 많은 관중들을 매료시켰다"라는 글귀가 새겨져 있다.

　김염의 아버지를 비롯한 가족 구성원은 독립군을 양성하고 3·1운동을 주도하는 등 독립운동을 하며 일제에 맞섰다. 김염의 동생인 김덕홍과 김위, 김로 역시 직접 항일전선에 뛰어들며 생사를 넘나드는 순간을 겪었다. 김염은 영화라는 가장 영향력 있는 예술을 통해 항일영화를 촬영하여 항일에 앞장섰다. 각자의 방식으로 항일에 참여한 것이다. 김염이 영화배우로 활동한 지 이미 백 년이라는 시간이 가까워졌다. 하지만 스크린 속 그의 모습은 시간이 흘러도 여전하다. 여전히 많은 관객들은 그의 작품들을 보며 함께 웃기도 하고, 또 함께 울기도 한다. 당시 시대를 살아가며 고뇌했던 김염의 모습과 작품들은 여전히 관객들에게 위로가 되며 명작으로 기억되고 있다.

상하이를 엿보다

| 장소 | 중국명 | 주소 | 비고 |
| --- | --- | --- | --- |
| 광계공원 | 光启公园 | 徐汇区 南丹路 17号 | |
| 쉬자후이 성당 | 徐家汇教堂 | 徐汇区 蒲西路 158号 | 서가회 지하철역 8번 출구에 위치해 있음 |
| 쉬자후이 장서루 | 徐家汇藏书楼 | 徐汇区 漕溪北路 80号 | |
| 쉬자후이 천문대 | 徐家汇观象台 | 徐汇区 蒲西路 166号 | |
| 쉬자후이 메이뤄청 | 美罗城 | 徐汇区 肇嘉浜路 1111号 | 가전제품, 컴퓨터, 핸드폰을 판매하는 전자상가 |
| 상하이도서관 | 上海图书馆 | 徐汇区 淮海中路 1555号 | |
| 바진 고거 | 巴金故居 | 徐汇区 武康路 113号 | 중국 문호 바진의 고택 |
| 쑹칭링 고거 | 宋庆龄故居 | 徐汇区 淮海中路 1843号 | |
| 딩샹화원 | 丁香花园 | 徐汇区 华山路 849号 | |
| 동방명주 | 东方明珠电视塔 | 浦东新区 陆家嘴世纪大道 1号 | |
| 진마오타워 | 金茂大厦 | 浦东新区 陆家嘴世纪大道 88号 | |
| 상하이 세계금융센터 | 上海环球金融中心 | 浦东新区 陆家嘴世纪大道 100号 | |
| 상하이타워 | 上海中心大厦 | 浦东新区 陆家嘴银城中路 501号 | |
| 루자주이 녹지공원 | 陆家嘴中心绿地 | 浦东新区 陆家嘴环路 717号 | |
| 상하이해양수족관 | 上海海洋水族馆 | 浦东新区 陆家嘴环路 1388号 | |
| 빈장공원 | 滨江公园 | 浦东新区 陆家嘴西路 2967号 | 푸동에서 황푸강과 그 건너편의 와이탄을 바라볼 수 있는 공원 |
| 쓰지공원 | 世纪公园 | 浦东新区 锦绣路 1001号 | |
| 와이탄 페리 | 上海轮渡 | 黄浦区 中山东二路 外滩 141号 | 진링동로(金陵东路) 부근에서 탑승할 수 있음 |
| 와이탄 관광 지하터널 | 外滩观光隧道 | 黄浦区 中山东一路 349号 | 베이징동로(北京东路) 부근 |
| 와이바이두차오 | 外白渡桥 | 黄浦区 北苏州路 111号 | |

| 장소 | 중국명 | 주소 | 비고 |
|---|---|---|---|
| 난푸다차오 | 南浦大桥 | 黄浦区 董家渡内环南浦大桥立交桥 | 푸시와 푸동을 잇는 황푸강 위의 첫 대교로 1991년에 건설됨 |
| 상하이박물관 | 上海博物馆 | 黄浦区 人民大道 201号 | |
| 상하이자연사박물관 | 上海自然博物馆 | 静安区 北京西路 510号 | |
| 중화미술관 | 中华艺术宫 | 浦东新区 周家渡上南路 205号 | 2010년 상하이 엑스포 박람회가 열렸을 때, 중국관으로 사용하던 곳. 현재는 예술품을 전시하는 미술관으로 사용되고 있음 |

상하이를 느끼다

| 장소 | 중국명 | 주소 | 비고 |
|---|---|---|---|
| 난샹마을 | 南翔古镇 | 嘉定区 南翔古镇 解放街 206号 | |
| 상하이대극원 | 上海大剧院 | 黄浦区 人民大道 300号 | |
| 궈타이영화관 | 国泰电影院 | 黄浦区 淮海中路 870号 | 1930년 건축 |
| 다광밍영화관 | 大光明电影院 | 黄浦区 南京西路 216号 | 1928년 건축 |
| 상하이영화박물관 | 电影博物馆 | 徐汇区 漕溪北路 595号 | |
| 상하이 영화촬영 세트장 | 上海影视乐园 | 松江区 车墩镇 北松公路 4915号 | |
| 수석공관 호텔 | 首席公馆酒店 | 徐汇区 新樂路 82号 | |

상하이를 만나다

| 장소 | 중국명 | 주소 | 비고 |
|---|---|---|---|
| 런민공원 | 人民公园 | 黄浦区 人民广场 南京西路231号 | |

상하이를 거닐다

| 장소 | 중국명 | 주소 | 비고 |
|---|---|---|---|
| 대경각 | 大境阁 | 黄浦区 大境路 269号 | 대경관제묘(大境关帝庙)라고도 함. 상하이 성벽이 대부분 철거되고 그 일부가 유일하게 남아있는 곳임 |
| 문묘 | 文庙 | 黄浦区 文庙路 215号 | |

| 장소 | 중국명 | 주소 | 비고 |
|---|---|---|---|
| 성황묘 | 城隍庙 | 黄浦区 方浜中路 249号 | |
| 위위엔 | 豫园 | 黄浦区 四牌楼 豫园老街 279号 | |
| 영국 주 상하이 총영사관 옛터 | 外滩源33号 | 黄浦区 中山东一路 33号 | |
| 황푸공원 | 黄浦公园 | 黄浦区 中山东一路 500号 | |
| 상하이 푸동발전은행 | 上海浦东发展银行 | 黄浦区 中山东一路 12号 | |
| 옛 사순빌딩 | 沙逊大厦 | 黄浦区 中山东一路 20号 | 지금의 화평반점 |
| 난징로 보행가 | 南京路 步行街 | 黄浦区 南京东路 | |
| 채동덕당 | 蔡同德堂 | 黄浦区 南京东路 450号 | |
| 왕카이 사진관 | 王开照相 | 黄浦区 南京路步行街 378号 | |
| 쑨중산 고거기념관 | 上海中山故居 | 黄浦区 香山路 7号 | |
| 쓰난공관 | 思南公馆 | 黄浦区 复兴中路 509弄4 | 푸싱중로(復兴中路)와 쓰난로 (思南路) 교차 지점에 있음 |
| 푸싱공원 | 复兴公园 | 黄浦区 复兴中路 516号 | |
| 이핀춘 | 义品村 | 黄浦区 思南路 51-95号 | |
| 주공관 | 周公馆 | 黄浦区 思南路 73号 | |
| 매이란팡 고거 | 梅兰芳故居 | 黄浦区 思南路 87号 | 매이란팡은 1931년 9·18사 변 후, 일본인을 위한 연출을 거절하고, 베이징을 떠나 상 하이로 거처를 옮기고 이곳에 칩거함. 4층 높이의 스페인식 화원양방 |
| 류야즈 고거 | 柳亚子故居 | 黄浦区 复兴中路 517号 | 시인 류야즈가 1936년부터 1940년까지 살던 곳 |
| 대한민국 임시정부 청사 | 大韩民国临时政府旧址 | 黄浦区 马当路 306弄 4号 | |
| 스쿠먼 우리샹 박물관 | 石库门屋里厢博物馆 | 黄浦区 太仓路 181弄 25号 | |
| 티엔즈팡 | 田子坊 | 黄浦区 泰康路 210弄号 | 프랑스 조계지. 중국의 예술가 들이 활동하는 문화공간 |
| 상하이 도시계획전시관 | 上海城市规划展示馆 | 黄浦区 人民大道 100号 | 상하이의 도시 발전과 역사에 대 해 알아볼 수 있는 전시관 |
| 모간산로 M50 문화예술 단지 | M50创意园 | 普陀区 莫干山路 50号 | 예술가들이 활동하는 문화예 술단지 |
| 쓰항창고 | 四行仓库抗战纪念馆 | 静安区 光复路 21号 | |
| 징안공원 | 静安公园 | 静安区 南京西路 1649号 | 징안쓰 맞은편에 있는 공원 |
| 정안사 | 静安寺 | 静安区 南京西路 1686号 | 유구한 역사를 가진 고찰 |
| 상하이전시관및무역센터 | 上海展览中心 | 静安区 延安中路 1000号 | |

| 장소 | 중국명 | 주소 | 비고 |
|---|---|---|---|
| 우장루 미식거리 | 吴江路美食街 | 静安区 吴江路 169号 | 여러 음식점, 먹거리가 밀집해있는 거리 |
| 상하이방송국 | 上海电视台 | 静安区 威海路 298号 | |
| 좌련기념관 | 中国左翼作家聯盟成立大会会址纪念馆 | 虹口区 多倫路 201弄 2号 | 공식 명칭은 중국좌익작가연맹기념관(中国左翼作家聯盟成立大会会址纪念馆). 1930년 3월 2일, 이곳에서 혁명문학단체인 '중국좌익작가연맹' 창립대회가 열림 |
| 상하이 루쉰 고거 (대륙신촌) | 大陆新村 | 虹口区 山阴路 132弄 9号 | |
| 내산서점 옛 터 | 内山书店旧址 | 虹口区 四川北路 2050号 | |
| 루쉰기념관 | 鲁迅记念馆 | 虹口区 甜爱路 200号 鲁迅公园 内 | |
| 펑징 옛 마을 | 枫泾古镇 | 金山区 枫泾镇 亭枫公路 8588弄 28号 | |
| 신창 옛 마을 | 新场古镇 | 浦东新区 新场镇 海泉街 128号 | |
| 주자자오 | 朱家角 | 青浦区 朱家角镇 课植园路 555号 | |
| 치바오 | 七宝 | 闵行区 青年路 | |

상하이를 기억하다

| 장소 | 중국명 | 주소 | 비고 |
|---|---|---|---|
| 신톈디 | 新天地 | 黄浦区 太仓路 181弄 | |
| 훙커우공원 | 虹口公园 | 虹口区 四川北路 2288号 | 지금의 루쉰공원 |
| 매헌기념관 | 梅园 | 虹口区 四川北路 2288号 鲁迅公园 内 | |
| 헝탕 성당 | 横塘天主堂 | 松江区 沪松公路 2188号 | |
| 장자러우 성당 | 张家楼耶稣圣心天主堂 | 浦东新区 红枫路 151号 | |
| 진자샹 성당 | 天主教上海教区大金家巷圣母无垢胎堂 | 浦东新区 紫槐路 80号 | |
| 다무즈 광장 | 大拇指广场 | 浦东新区 芳甸路 235号 | |
| 하빈대루 아파트 | 河滨大楼 | 虹口区 北苏州路 400号 | 동화양행 여관이 있던 자리 |
| 상하이 우정 박물관 | 上海邮政博物馆 | 虹口区 北苏州路 250号 | |
| 복수원 공원묘지 | 福寿园新四军广场 | 青浦区 外青松公路 7270弄 600号 | |

● 참고한 자료 ○

루쉰 저, 지세화 역, 『상하이런 베이징런; 중국인을 알 수 있는 눈』, 일빛, 2006.

리어우판 저, 장동천 등 역, 『상하이 모던』, 고려대학교 출판부, 2007.

박규원 저, 『상하이 올드 데이스』, 민음사, 2003.

손과지 저, 『상해 한인 사회사: 1910-1945』, 한울아카데미, 2012.

스즈키 쓰네카스 저, 이상 역, 『상해의 조선인 영화황제』, 실천문학사, 1996.

이중톈 저, 박경숙 역, 『이중톈 중국인을 말하다』, 은행나무, 2008.

조정래, 『정글만리』, 해냄출판사, 2013.

조창완, 하경미 저, 『오감만족 상하이』, 성하, 2010.

한시준 저, 『대한민국 임시정부의 지도자들』, 역사공간, 2016.

馮紹霆, 『石庫門前』, 上海文化出版社, 2005.

何益忠, 『老城廂--晩淸上海的一個窗口』, 上海人民出版社, 2008.

李天綱, 『人文上海--市民的空間』, 上海敎育出版社, 2004.

陸其國, 『畸形的繁榮--租界時期的上海』, 百家出版社, 2001.

羅蘇文, 『大上海, 石庫門: 尋常人家』, 上海人民出版社, 1991.

羅蘇文, 『上海傳奇--文明嬗變的側影』, 上海人民出版社, 2004.

馬長林 主編, 『租界里的上海』, 上海社會科學院出版社, 2003.

孫科志, 金光載, 『上海的韓國文化地圖』, 上海文藝出版, 2010.

王安憶, 『王安憶的上海』, 生活·讀書·新知三聯書店, 2014.

熊月之, 『上海通史』, 上海人民出版社, 1999.

許國興, 祖建平, 『老城廂--上海城市之根』, 同濟大學出版社, 2011.

楊東平, 『城市季風—北京和上海的文化精神』, 2006.

易中天, 『讀城記』, 上海文藝出版社, 2003.

鄭祖安, 『百年上海城』, 學林出版社, 1999.

仲富蘭, 『上海民俗』, 文匯出版社, 2009.

**다큐멘터리**

『外灘』, 『往事』, 『世博海上行』, 『紀錄片編輯室』